CONTEÚDO DIGITAL PARA ALUNOS

Cadastre-se e transforme seus estudos em uma experiência única de aprendizado:

1 Escaneie o QR Code para acessar a página de cadastro.

2 Complete-a com seus dados pessoais e as informações de sua escola.

3 Adicione ao cadastro o código do aluno, que garante a exclusividade de acesso.

2537103A4585799

Agora, acesse:
www.editoradobrasil.com.br/leb
e aprenda de forma inovadora
e diferente! :D

Lembre-se de que esse código, pessoal e intransferível, é válido por um ano. Guarde-o com cuidado, pois é a única maneira de você utilizar os conteúdos da plataforma.

TeMpo De Português

CÉLIA FAGUNDES ROVAI
- Licenciada em Letras pela Pontifícia Universidade Católica de São Paulo (PUC-SP)
- Professora e coordenadora de Língua Portuguesa

MARA SCORSAFAVA
- Licenciada em Letras pela Pontifícia Universidade Católica de São Paulo (PUC-SP)
- Professora e coordenadora de Língua Portuguesa

ROSANA CORRÊA
- Licenciada em Letras pela Pontifícia Universidade Católica de São Paulo Pontifícia Universidade Católica de São Paulo (PUC-SP)
- Especialista em Tecnologias Interativas Aplicadas à Educação pela PUC-SP
- Professora de Língua Portuguesa e formadora de professores

COLEÇÃO **TEMPO**
LÍNGUA PORTUGUESA

4ª edição
São Paulo, 2019.

Dados Internacionais de Catalogação na Publicação (CIP)
(Câmara Brasileira do Livro, SP, Brasil)

> Rovai, Célia Fagundes
>   Tempo de português 8 / Célia Fagundes Rovai, Mara Scorsafava, Rosana Corrêa. – 4. ed. – São Paulo: Editora do Brasil, 2019. – (Coleção tempo)
>
>   ISBN 978-85-10-07582-4 (aluno)
>   ISBN 978-85-10-07583-1 (professor)
>
>   1. Português (Ensino fundamental) I. Scorsafava, Mara. II. Corrêa, Rosana. III. Título. IV. Série.
>
> 19-27115   CDD-372.6

Índices para catálogo sistemático:
1. Português: Ensino fundamental 372.6
Maria Paula C. Riyuzo - Bibliotecária - CRB-8/7639

© Editora do Brasil S.A., 2019
Todos os direitos reservados

Direção-geral: Vicente Tortamano Avanso

Direção editorial: Felipe Ramos Poletti
Gerência editorial: Erika Caldin
Supervisão de arte e editoração: Cida Alves
Supervisão de revisão: Dora Helena Feres
Supervisão de iconografia: Léo Burgos
Supervisão de digital: Ethel Shuña Queiroz
Supervisão de controle de processos editoriais: Roseli Said
Supervisão de direitos autorais: Marilisa Bertolone Mendes

Supervisão editorial: Selma Corrêa
Coordenação pedagógica: Maria Cecília Mendes de Almeida
Edição: Simone D'alevedo
Assistência editorial: Camila Grande, Gabriel Madeira e Jamila Nascimento
Auxílio editorial: Laura Camanho
Assessoria pedagógica: Nelci Vieira de Lima
Apoio editorial: Mariana Gazeta e Carolina Massanhi
Copidesque: Flávia Gonçalves, Gisélia Costa, Sylmara Beletti e Ricardo Liberal
Revisão: Alexandra Resende, Elis Beletti, Martin Gonçalves e Rosani Andreani
Pesquisa iconográfica: Elena Molinari e Marcia Sato
Assistência de arte: Carla Del Matto
Design gráfico: Andrea Melo
Capa: Megalo Design
Imagem de capa: Stokkete/Shutterstock.com
Ilustrações: Bruna Ishihara, Claudia Mariano, Elder Gavão, Hugo Araújo, Ricardo Ventura, Rodrigo Arraya, Ronaldo Barata, Sandra Lavandeira, Simone Matias, Simone Ziasch e Vanessa Alexandre
Produção cartográfica: DAE (Departamento de Arte e Editoração) e Sonia Vaz
Coordenação de editoração eletrônica: Abdonildo José de Lima Santos
Editoração eletrônica: Select Editoração
Licenciamentos de textos: Cinthya Utiyama, Jennifer Xavier, Paula Harue Tozaki e Renata Garbellini
Controle de processos editoriais: Bruna Alves, Carlos Sidney, Rafael Machado e Stephanie Paparella

4ª edição / 1ª impressão, 2019
Impresso na Gráfica Santa Marta Ltda.

Editora do Brasil
Rua Conselheiro Nébias, 887
São Paulo, SP – CEP 01203-001
Fone: +55 11 3226-0211
www.editoradobrasil.com.br

Caro aluno,

Você está convidado a participar de nosso trabalho. É o convidado especial, com quem contamos para que nossa jornada seja completa.

Foi pensando em você que dedicamos nosso tempo, nossas experiências, nossos estudos, nossos ideais para preparar um itinerário – ao mesmo tempo desafiador e prazeroso – nesta busca do conhecimento.

Aqui o esperam bons momentos de leitura, de reflexões, de experiências como produtor de texto para fazê-lo avançar na aprendizagem da Língua Portuguesa e também para ampliar sua capacidade, como ser humano, de expressar sua forma única de ver e sentir o mundo.

Conte com nosso apoio.

Abraços das autoras e de toda a equipe

SUMÁRIO

UNIDADE 1
Você é o detetive 8

CAPÍTULO 1 10
- **ANTES DE LER** 10
- **LEITURA**
  - "Escândalo na Boêmia" (parte I), de Arthur Conan Doyle (conto) 11
- **ESTUDO DO TEXTO** 16
- **CURIOSO É...** Residência fictícia de Sherlock Holmes 19
- **ORALIDADE**
  - Apresentando detetives famosos 20
- **AQUI TEM MAIS** Como nasceu o gênero 21
- **ESTUDO DA LÍNGUA**
  - Frase, oração e período 22
    - Frase 22
    - Oração 23
    - Período 23
- **ATIVIDADES** 24

CAPÍTULO 2 26
- **LEITURA**
  - "Escândalo na Boêmia" (parte II), de Arthur Conan Doyle (conto) 26
- **ESTUDO DO TEXTO** 32
- **O QUE APRENDEMOS COM O ESTUDO DE** Narrativa de enigma 34
- **DICAS** 34
- **DIÁLOGO**
  - Há 100 anos as britânicas conquistaram o direito ao voto 35
- **ESTUDO DA LÍNGUA**
  - Sujeito e predicado 36
  - Tipos de sujeito 37
  - Oração sem sujeito 39
  - Sujeito agente e sujeito paciente 40
- **ATIVIDADES** 40
- **PRODUÇÃO ESCRITA**
  - Narrativa de enigma 42

UNIDADE 2
Em pauta: a reportagem 44

CAPÍTULO 1 46
- **ANTES DE LER** 46
- **LEITURA**
  - "O planeta pede água", de Jennifer Ann Thomas (reportagem) 47
- **ESTUDO DO TEXTO** 49
- **ENTRELAÇANDO LINGUAGENS** 51
- **CURIOSO É...** A função do jornalismo 52
- **ESTUDO DA LÍNGUA**
  - Verbos significativos e verbos de ligação 53
  - Transitividade verbal 54
- **ATIVIDADES** 54

CAPÍTULO 2 56
- **LEITURA**
  - "Oceanos recebem 25 milhões de toneladas de lixo por ano", de Giovana Girardi (reportagem) 56
- **ESTUDO DO TEXTO** 58
- **O QUE APRENDEMOS COM O ESTUDO DE** Reportagem 59
- **AQUI TEM MAIS** Leitura conectada 60
- **ESCRITA EM FOCO**
  - Verbos de elocução 61
- **ENTRELAÇANDO LINGUAGENS** 62
- **DICAS** 62
- **PRODUÇÃO ESCRITA**
  - Reportagem fotográfica 63
- **CONSTRUIR UM MUNDO MELHOR**
  - A voz da comunidade 65

UNIDADE 3
Retratos do cotidiano 68

CAPÍTULO 1 70
- **ANTES DE LER 70**
- **LEITURA**
  - "Segredo de Natal", de Ivan Angelo (crônica) 71
- **ESTUDO DO TEXTO 73**
- **CURIOSO É...** A crônica: entre o efêmero e o perene 75
- **ORALIDADE**
  - *Podcast* de crônica 77
- **ESTUDO DA LÍNGUA**
  - Verbos transitivos e complementos verbais .. 78
  - Complemento nominal 80
- **ATIVIDADES 81**

CAPÍTULO 2 84
- **LEITURA**
  - "Debaixo da ponte", de Carlos Drummond de Andrade (crônica) 84
- **ESTUDO DO TEXTO 86**
- **O QUE APRENDEMOS COM O ESTUDO DE** Crônica 89
- **ENTRELAÇANDO LINGUAGENS 89**
- **DIÁLOGO**
  - O que são direitos sociais? 90
- **AQUI TEM MAIS** O gênero textual crônica .. 91
- **ESTUDO DA LÍNGUA**
  - Aposto 92
- **ATIVIDADES 93**
- **PRODUÇÃO ESCRITA**
  - Crônica 94
- **ESCRITA EM FOCO**
  - Regência verbal e regência nominal 96
- **ATIVIDADES 98**
- **DICAS 99**

UNIDADE 4
Com a palavra, o cidadão 100

CAPÍTULO 1 102
- **ANTES DE LER 102**
- **LEITURA**
  - Carta endereçada ao Procon, de Débora R. (carta de reclamação) 103
- **AQUI TEM MAIS** O que é o Procon? 104
- **ESTUDO DO TEXTO 105**
- **ENTRELAÇANDO LINGUAGENS 107**
- **ORALIDADE**
  - Gravação de vídeo 108
- **AQUI TEM MAIS** Em busca de soluções ... 109
- **ESTUDO DA LÍNGUA**
  - Adjunto adnominal 111
- **ATIVIDADES 112**

CAPÍTULO 2 116
- **LEITURA**
  - Carta ao presidente dos Estados Unidos, de Jackie Robinson (carta de solicitação) .. 116
- **AQUI TEM MAIS** Esporte e cidadania 117
- **ESTUDO DO TEXTO 118**
- **CURIOSO É...** O negro no futebol brasileiro 120
- **AQUI TEM MAIS** O segregacionismo estadunidense 121
- **O QUE APRENDEMOS COM O ESTUDO DE** Carta de reclamação e carta de solicitação 121
- **DIÁLOGO**
  - A cada 3 desempregados no Brasil, 2 são pretos ou pardos, diz IBGE 122
- **ESTUDO DA LÍNGUA**
  - Adjunto adverbial 123
  - Pontuação: a vírgula nos adjuntos adverbiais 124
- **ATIVIDADES 126**
- **PRODUÇÃO ESCRITA**
  - Carta de solicitação 128
- **DICAS 129**

UNIDADE 5
O teatro – A arte de representar 130

CAPÍTULO 1 132
ANTES DE LER 132
LEITURA
O santo e a porca, de Ariano Suassuna (texto teatral) 133
ESTUDO DO TEXTO 138
CURIOSO É... Algumas funções dos profissionais do teatro 141
ESTUDO DA LÍNGUA
Concordância verbal 142
   Sujeito coletivo 143
   Verbos impessoais 143
   Sujeito formado por nomes no plural 144
   Sujeito formado por porcentagem 144
ATIVIDADES 145
CURIOSO É... Você já ouviu falar em Sírio Possenti? 146
AQUI TEM MAIS O teatro ao longo do tempo 147

CAPÍTULO 2 148
LEITURA
Romeu e Julieta, de William Shakespeare (texto teatral) 148
ESTUDO DO TEXTO 152
O QUE APRENDEMOS COM O ESTUDO DE Texto teatral 155
ENTRELAÇANDO LINGUAGENS 155
ESTUDO DA LÍNGUA
Concordância nominal 156
   Concordâncias nominais que suscitam dúvidas 157
ATIVIDADES 158
ESCRITA EM FOCO
Pontuação – Vírgula 160
ATIVIDADES 161
DICAS 162
PRODUÇÃO ESCRITA
Adaptação de texto para produção de texto teatral 163

UNIDADE 6
Diferentes pontos de vista 164

CAPÍTULO 1 166
ANTES DE LER 166
LEITURA
Foi correta a decisão da Folha *de deixar o* Facebook? *Sim*, de Mario D'Andrea (artigo de opinião) 167
ESTUDO DO TEXTO 168
AQUI TEM MAIS Senso crítico é arma para combater 'fake news' 172
ENTRELAÇANDO LINGUAGENS 173
ESTUDO DA LÍNGUA
Vozes verbais: voz ativa e voz passiva analítica 174
ATIVIDADES 176
O QUE APRENDEMOS COM O ESTUDO DE Artigo de opinião 177

CAPÍTULO 2 178
LEITURA
João Paulo S. de Siqueira: O individualismo tecnológico, de João Paulo S. de Siqueira (artigo de opinião) 178
ESTUDO DO TEXTO 179
ESTUDO DA LÍNGUA
Voz passiva sintética e voz reflexiva 183
   Voz passiva sintética 183
   Voz reflexiva 185
DICAS 185
ATIVIDADES 186
PRODUÇÃO ESCRITA
Artigo de opinião 188

UNIDADE 7
Criatividade e persuasão .. 190

CAPÍTULO 1 192
ANTES DE LER 192
LEITURA
Campanhas do Greenpeace (propaganda) 193
ESTUDO DO TEXTO 194
O QUE APRENDEMOS COM O ESTUDO DE Propaganda 196
AQUI TEM MAIS O publicitário 196
ENTRELAÇANDO LINGUAGENS 197
CURIOSO É... Pica-pau 197
ESTUDO DA LÍNGUA
Período composto por coordenação 198
ATIVIDADES 200
CURIOSO É... Abandono de animais aumenta 20% nas férias, diz ONG de São Carlos, SP 201

CAPÍTULO 2 202
LEITURA
Anúncio do clube Leiturinha (anúncio publicitário) 202
ESTUDO DO TEXTO 204
O QUE APRENDEMOS COM O ESTUDO DE Anúncio publicitário 206
ESTUDO DA LÍNGUA
Período composto por subordinação 206
ATIVIDADES 208
PRODUÇÃO ESCRITA
Anúncio de campanha 209
ESCRITA EM FOCO
Processos de formação de palavras 210
ATIVIDADES 212
DICAS 212
AQUI TEM MAIS Anúncios publicitários antigos 213
CONSTRUIR UM MUNDO MELHOR
O jovem adolescente tem voz ativa! 214

UNIDADE 8
A palavra é poesia 216

CAPÍTULO 1 218
ANTES DE LER 218
LEITURA
"Lembranças do mundo antigo", de Carlos Drummond de Andrade (poema) 219
ESTUDO DO TEXTO 219
AQUI TEM MAIS Poesia: entre a música e a pintura 222
ORALIDADE
A hora e a voz da poesia 223
CURIOSO É... Sarau 224
ENTRELAÇANDO LINGUAGENS 225
AQUI TEM MAIS "*Guernica*, obra-prima de Pablo Picasso" 226
ESTUDO DA LÍNGUA
Figuras de linguagem 227
ATIVIDADES 229

CAPÍTULO 2 230
LEITURA
"Canção do exílio", de Gonçalves Dias (poema) 230
ESTUDO DO TEXTO 231
AQUI TEM MAIS Um poema, várias interpretações 233
O QUE APRENDEMOS COM O ESTUDO DE Poema 234
ESTUDO DA LÍNGUA
Sílabas poéticas 235
CURIOSO É... I-Juca Pirama 236
ATIVIDADES 237
PRODUÇÃO ESCRITA
Poemas – lambe-lambes 238
DICAS 239
REFERÊNCIAS 240

O ESCARAVELHO DO DIABO

QUEM SERÁ A PRÓXIMA VÍTIMA?

UNIDADE 1

Você é o detetive

NESTA UNIDADE
VOCÊ VAI:

- ler narrativas de enigma e compreender o contexto de produção, a forma composicional e o estilo dessas narrativas;
- desenvolver estratégias e habilidades de leitura que ampliem sua capacidade de compreensão do texto literário, bem como sua apreciação;
- desenvolver habilidades de pesquisa, oralidade e TI por meio da leitura de contos de detetive e posterior apresentação à turma com recursos multimídia;
- rever as noções de frase, oração, período;
- revisar o conceito de sujeito e predicado e estudar a classificação do sujeito e as orações sem sujeito;
- desenvolver habilidades para planejar, produzir e revisar uma narrativa a fim de compor uma coletânea de contos de enigma.

1. Você já leu o livro *O escaravelho do diabo* ou assistiu ao filme?
2. Observe o cartaz e levante hipóteses sobre o enredo dessa história.
3. Reflita sobre o título *O escaravelho do diabo* e a pergunta que se lê no cartaz. Com base nesses elementos, quem representa os criminosos? E a vítima?

CAPÍTULO 1

Você vai ler a primeira parte de um conto que segue o modelo tradicional da narrativa de enigma e conhecer recursos empregados na construção desse gênero. Também terá a oportunidade de fazer uma apresentação oral e rever as noções de frase, oração e período.

ANTES DE LER

1. Você já ouviu falar em Conan Doyle e Sherlock Holmes? Há quem conheça o detetive e desconheça seu criador. Mas devemos a Conan Doyle, autor de *O cão dos Baskervilles* e *O sinal dos quatro*, entre outras inúmeras obras publicadas, a popularização do gênero narrativa de enigma.

   a) Você já leu algum livro ou assistiu a algum filme com o personagem Sherlock Holmes? Conhece seu fiel companheiro, o Dr. Watson?
   b) Como são as histórias em que esses personagens aparecem? Conte o que sabe para os colegas.
   c) Conhece outros detetives famosos? Quais?
   d) O título do texto que vamos ler, "Escândalo na Boêmia", apresenta duas informações. Quais são elas?
   e) O que você acha que vai acontecer na narrativa?

2. Leia o início do conto "Escândalo na Boêmia".

> Para Sherlock Holmes, ela será **sempre a** mulher. Raramente o ouvi chamá-la de outro modo. Aos seus olhos, ela obscurece todo o sexo feminino, e predomina sobre ele. Não que Sherlock Holmes sentisse por Irene Adler qualquer emoção parecida com amor. Todas as emoções, e essa em particular, eram detestáveis à sua mente fria, precisa, mas admiravelmente equilibrada. [...]

Arthur Conan Doyle. Escândalo na Boêmia. In: Flávio Moreira da Costa (Org.). *Os 100 melhores contos de crime e mistérios da literatura universal.* Trad. Waltensir Dutra. Bonsucesso: Ediouro, 2002. p. 346. (Grifo nosso).

   a) Levante hipóteses: Por que será que o narrador inicia a narrativa destacando uma figura feminina?
   b) Que características essa mulher pode apresentar?
   c) O que teria feito a personagem para merecer tanta consideração de Holmes?
   d) Como o emprego do advérbio **sempre** e o artigo definido **a** ajudam a exaltar Irene Adler?
   e) Observe a cena do filme *Sherlock Holmes: O jogo de sombras* na qual aparece Irene Adler. Você vê relação entre a cena e o parágrafo inicial? Qual?

1. Agora continue a ler o conto.

Escândalo na Boêmia

I
[...]
Certa noite – foi no dia 20 de março de 1888 – eu voltava de uma visita a um paciente (pois já então voltara a praticar a medicina), quando meu caminho me levou a Baker Street. [...] Seus aposentos estavam brilhantemente iluminados, e, ao olhar para cima, vi mesmo a sua figura alta e magra passar duas vezes, numa silhueta escura, pela cortina. Estava caminhando pela sala, com rapidez e impaciência, a cabeça inclinada sobre o peito e as mãos unidas às costas. Para mim, que conhecia todos os seus humores e hábitos, sua atitude e maneira tinham toda uma história a contar. Ele estava novamente em ação. [...] Toquei a campainha e o criado me levou até a sala que outrora também fora minha.

Sherlock Holmes não foi efusivo; raramente o era, mas me pareceu estar satisfeito em me ver. [...] E, de pé ante a lareira, examinou-me com seu singular modo introspectivo.

– O casamento fez-lhe bem – observou. – Creio, Watson, que você engordou três quilos e meio desde a última vez que o vi.

– Três – respondi.

– Realmente, eu devia ter pensado um pouco mais. Apenas um pouco mais, acho, Watson. E voltou à medicina, pelo que vejo. Você não me disse que pretendia trabalhar.

– Então, como é que você sabe?

– Eu vejo, eu deduzo. Como sei que você andou se molhando muito ultimamente e que tem uma empregada desajeitada e descuidada?

– Meu caro Holmes – disse eu –, é demais. Você certamente teria sido queimado se tivesse vivido há alguns séculos. É verdade que andei pelo campo na quinta-feira e voltei para casa muito sujo. Mas, como mudei de roupas, não posso imaginar como deduziu isso. Quanto a Mary Jane, ela é incorrigível, e minha mulher já a despediu. Mas também nesse caso não entendo como você percebeu.

Ele deu um risinho e esfregou as longas e nervosas mãos: – É a própria simplicidade. Meus olhos me dizem que na parte interna do seu sapato esquerdo, exatamente onde bate a luz da lareira, o couro está marcado por seis cortes quase paralelos. Evidentemente foram causados por alguém que, com muito descuido, raspou a beirada das solas para remover barro seco. Daí, você bem vê, minha dupla dedução de que você enfrentara um tempo chuvoso [...]. Quanto ao exercício da medicina, se um cavalheiro entra em minha sala cheirando a iodofórmio, com uma marca negra de nitrato de prata no dedo indicador da mão direita e uma saliência no lado da cartola indicando onde escondeu o estetoscópio, eu teria de ser realmente embotado se não visse que se trata de um membro atuante da profissão médica.

Não pude deixar de rir da facilidade com que ele explicava seu processo de dedução. [...]

Passou-me uma folha de papel de carta encorpado, de tom róseo, que estava sobre a mesa, aberta.

– Chegou pelo último correio. Leia em voz alta.

A carta não trazia data, assinatura ou endereço, e dizia:

> **GLOSSÁRIO**
>
> **Efusivo:** entusiasmado, animado.
> **Estetoscópio:** instrumento auxiliar para se escutar ruídos internos do organismo.
> **Introspectivo:** característica daquele voltado para si mesmo, que não expõe seus sentimentos.

"Hoje à noite, quando faltar um quarto para as oito, o senhor receberá a visita de um cavalheiro que deseja consultá-lo sobre um assunto da maior seriedade. Seus recentes serviços a uma das Casas Reais da Europa mostraram que é digno de confiança em assuntos cuja importância dificilmente poderia ser exagerada. Essas informações a seu respeito de várias fontes recebemos. Esteja em seus aposentos, portanto, àquela hora, e não estranhe se seu visitante usar máscara."

– É realmente um mistério – observei. – Que acha que isso significa?

– Ainda não disponho de dados. É um erro capital teorizar antes de dispor de dados. Começamos a deformar insensivelmente os fatos para que se enquadrem nas teorias, em lugar de fazer teorias que se enquadrem nos fatos. Mas veja a carta em si. Que deduz dela?

Examinei cuidadosamente a letra e o papel em que estava escrita.

– O homem que a escreveu é presumivelmente rico – disse eu procurando imitar os processos de meu companheiro. – Esse papel não é barato. É peculiarmente forte e encorpado.

– Peculiarmente, é essa a palavra. Não é um papel inglês, absolutamente, veja-o contra a luz.

Foi o que fiz, vi um *E* grande, um *g* pequeno, um *P* e um *G* grandes com um *t* pequeno marcados na própria textura do papel.

– Que acha disso? – perguntou Holmes.

– O nome do fabricante, sem dúvida. Ou então seu monograma.

– Nada disso. O *G* com o *t* pequeno significam "*Gesellschaft*", que é a palavra alemã para "Companhia". É uma abreviatura usual, como o nosso "Cia.". O *P*, é claro, representa "Papel". Agora, o *Eg*. Vamos ver o nosso dicionário geográfico europeu.

Tirou um pesado volume marrom de sua estante.

– Eglow, Eglonitz… cá estamos, Egria. É um país de língua alemã, na Boêmia, perto de Carlsbad. "Notável por ter sido o local da morte de Wallenstein e pelas numerosas fábricas de vidro e de papel." Aha, que lhe parece? [...]

– O papel foi feito na Boêmia – disse eu.

– Precisamente. E o homem que escreveu a carta é alemão. Você notou a construção peculiar da frase "essas informações a seu respeito de várias fontes recebemos". Um francês ou um russo não poderia tê-la escrito. São os alemães que têm essa descortesia para com os seus verbos. Resta apenas, portanto, descobrir o que deseja esse alemão que escreve em papel da Boêmia e prefere usar máscara a mostrar o rosto. E eis que ele chega, se não estou enganado, para esclarecer todas as nossas dúvidas.

Enquanto falava, ouviu-se o som claro de cascos de cavalos e rodas de carruagem no calçamento da rua, seguido de um vigoroso toque da campainha. Holmes deu um assobio. [...]

– Acho melhor eu me retirar, Holmes.

– Nada disso, doutor. Fique onde está. [...]

– Mas o seu cliente...

– Não se importe com ele. Posso precisar de sua ajuda e, portanto, ele também. Eis que chega. [...]

Passos pesados e lentos, que se fizeram ouvir nas escadas e no corredor, pararam imediatamente junto à porta. Houve uma batida forte e autoritária.

– Entre! – disse Holmes.

O homem que entrou dificilmente teria menos de 1,95 m de altura, com o peito e os braços de um Hércules. Suas roupas eram ricas, de uma riqueza que, na Inglaterra, teria sido considerada próxima do mau gosto. Grossas faixas de astracã enfeitavam as mangas e lapelas do jaquetão, e o manto azul-escuro que trazia sobre os ombros era forrado de seda amarela, preso ao pescoço com um broche feito de um único e flamejante berilo. As botas subiam até o meio das pernas e tinham no alto um arremate

GLOSSÁRIO

Astracã: tecido de lã que imita pele.
Berilo: pedra semipreciosa.
Peculiarmente: singularmente, diferentemente.
Presumivelmente: possivelmente.

de boa pele marrom, o que completava a impressão de uma opulência bárbara, sugerida por toda a sua aparência. Trazia na mão um chapéu de abas largas e tinha na parte superior do rosto, cobrindo-o até abaixo das maçãs, uma máscara negra que parecia ter acabado de colocar, pois a mão ainda estava erguida quando entrou. Pela parte inferior do rosto, parecia um homem de vontade forte, com lábios grossos e salientes, queixo reto e longo, sugerindo decisão levada à teimosia.

– Recebeu minha carta? – perguntou numa voz profunda, áspera, com forte sotaque alemão. – Eu lhe disse que viria. [...]

– Por favor, sente-se – disse Holmes. – Este é o meu amigo e colega Dr. Watson, que ocasionalmente tem a gentileza de me ajudar em meus casos. A quem tenho a honra de falar?

– Pode me chamar de conde von Kramm, um nobre da Boêmia. Suponho que este cavalheiro, seu amigo, é homem honrado e discreto, a quem posso confiar uma questão da maior importância. Se não for, preferiria falar a sós com o senhor.

Levantei-me para sair, mas Holmes me segurou pela manga e me puxou de volta para a minha cadeira.

– O senhor pode dizer na frente dele qualquer coisa que tenha a me dizer. Fale com os dois ou não falará com nenhum – disse Holmes.

O conde sacudiu os ombros largos:

– Então, devo começar pedindo a ambos segredo absoluto por dois anos, pois ao fim desse prazo o assunto deixará de ter importância. No momento, não será exagero dizer que ele é de tal peso que pode influir na história europeia.

– Prometo – disse Holmes.

– E eu também – acrescentei.

– Os senhores desculparão a máscara – continuou nosso estranho visitante. – A augusta personagem que me emprega deseja que seu agente permaneça incógnito, e posso confessar desde logo que o título que me atribuí não é exatamente o meu.

– Eu tinha consciência disso – disse Holmes secamente.

– As circunstâncias são muito delicadas, e será necessário tomar todas as precauções para evitar o que poderia transformar-se em um enorme escândalo [...]. Falando francamente, a questão implica a grande Casa de Ormstein, os reis hereditários da Boêmia.

– Também sabia disso também – murmurou Holmes, sentando-se em sua poltrona e fechando os olhos. [...]

– Se Vossa Majestade condescender em expor o seu caso – disse ele –, estarei em melhores condições de opinar.

GLOSSÁRIO

Opulência: abundância.

O homem saltou da cadeira e caminhou pela sala numa agitação incontrolável. Depois, com um gesto de desespero, arrancou a máscara do rosto, jogando-a no chão.

— O senhor tem razão — exclamou. — Eu sou o rei. Por que haveria de procurar ocultar isso?

— Por que, na verdade? — murmurou Holmes. — Vossa Majestade não havia falado ainda e eu já sabia que me estava dirigindo a Wilhelm Gottsreich Sigismond von Ormstein, grão-duque de Cassel-Falstein e soberano hereditário da Boêmia.

— Mas o senhor há de compreender — disse nosso estranho visitante, sentando-se novamente e passando a mão pela testa saliente e branca —, há de compreender que não estou habituado a fazer estas coisas pessoalmente. Mas a questão era tão delicada que eu não podia confiá-la a nenhum agente sem me colocar nas mãos dele. Vim incógnito de Praga com a finalidade de consultá-lo. [...]

— Os fatos, em resumo, são os seguintes: há cinco anos, durante uma prolongada visita a Varsóvia, foi-me apresentada a conhecida aventureira Irene Adler. O nome não lhe é, sem dúvida, estranho.

— Por favor, procure-a no meu fichário, doutor — murmurou Holmes sem abrir os olhos. [...]

— Vejamos — disse Holmes. — Hum! Nasceu em Nova Jersey, 1858. Contralto... hum! La Scala, hum! Prima-dona da Ópera Imperial de Varsóvia... Sim! Retirou-se do teatro. Ah! Mora em Londres. Então! Vossa Majestade, pelo que percebo, envolveu-se com essa jovem, escreveu-lhe algumas cartas comprometedoras e agora deseja reavê-las.

— Exatamente isso. Mas como...

— Houve um casamento secreto?

— Não.

— Papéis ou certificados legais?

— Nenhum.

— Então não estou entendendo bem, Vossa Majestade. Se essa jovem deseja usar suas cartas para chantagem ou outra finalidade, como poderá provar a sua autenticidade?

— A caligrafia.

— Ora, ora! Falsificada.

— Meu papel de cartas privado.

— Roubado.

— Meu próprio selo.

— Imitado.

— Minha fotografia.

— Comprada.

— Estamos os dois na foto.

— Ora essa! Isso é muito mau! Vossa Majestade cometeu na verdade uma indiscrição.

— Eu estava louco, insano.

— Vossa Majestade comprometeu-se seriamente.

— Eu era, na ocasião, apenas príncipe herdeiro. Era jovem. E tenho apenas trinta anos agora.

— É preciso recuperá-la.

— Tentamos e fracassamos.

— Vossa Majestade tem de pagar. Ela deve ser comprada.

— Irene Adler não quer vender.

— Roubada, então.

— Fizeram-se cinco tentativas. Duas vezes, ladrões a meu soldo vasculharam-lhe a casa. Uma vez desviamos a sua bagagem quando ela viajava. Duas vezes, Irene foi sequestrada. Não houve resultados.

— Nenhum indício da foto?

— Absolutamente nenhum.

GLOSSÁRIO

Augusta: respeitosa, importante.
Iminência: qualidade do que está próximo, urgente.
Incógnito: quem não quer ser reconhecido.
La Scala: Teatro La Scala de Milão, uma renomada casa de ópera.
Prima-dona: cantora principal de uma ópera.

[...]

[...] – E que pretende ela fazer com a fotografia?

– Arruinar-me.

– Mas como?

– Estou na iminência de me casar.

– Ouvi dizer.

– Com Clotilde Lothman von Saxe-Meningen, segunda filha do rei da Escandinávia. O senhor deve conhecer os rigorosos princípios de sua família. Ela mesma é a delicadeza em pessoa. Uma sombra de dúvida sobre a minha conduta poderia encerrar o assunto.

– E Irene Adler?

– Ameaça mandar-lhes a fotografia. É o que fará. Sei que o fará. O senhor não a conhece, tem alma de aço. Tem o rosto de uma mulher extremamente bela e a mente do mais decidido dos homens. [...]

– Tem certeza de que ela ainda não mandou a foto?

– Tenho certeza.

– E por quê?

– Porque disse que o mandaria no dia seguinte em que o noivado fosse anunciado publicamente. Isso acontecerá na próxima segunda-feira.

– Ah, então ainda temos três dias – disse Holmes com um bocejo. – Isso é muito bom, pois tenho uma ou duas questões importantes para examinar nesse momento. Vossa Majestade ficará naturalmente em Londres, no momento?

– Decerto. O senhor me encontrará no Langham, sob o nome de conde von Kramm.

– Então eu lhe escreverei para informá-lo de nosso progresso.

– Por favor. Estarei ansioso.

– Bem, e quanto ao dinheiro?

– O senhor tem carta branca.

– Absoluta?

– Digo-lhe que daria uma das províncias do meu reino para ter de volta aquela fotografia.

[...]

– E o endereço da senhorita?

– É Briony Lodge, Serpentine Avenue, St. John's Wood.

Holmes anotou-o e disse:

– Uma outra pergunta. Era uma fotografia grande?

– Era.

– Então, boa noite, Majestade. Espero ter boas notícias dentro em pouco. E boa noite, Watson – acrescentou Holmes quando as rodas da carruagem real se perderam pela rua. – Se tiver a gentileza de me procurar amanhã à tarde, às 3h, gostaria de falar sobre esse assunto com você.

[...]

Arthur Conan Doyle. Escândalo na Boêmia. In: Flávio Moreira da Costa (Org.). *Os 100 melhores contos de crime e mistérios da literatura universal*. Trad. Waltensir Dutra. Bonsucesso: Ediouro, 2002. p. 346-353.

Arthur Conan Doyle nasceu em Edimburgo, na Escócia, em 1859. Formou-se em Medicina em 1885, pela Universidade de Edimburgo. Em *Um estudo em vermelho*, publicado em 1887, o autor presenteou o público com os personagens Sherlock Holmes e Dr. Watson. Com eles, Conan Doyle imortalizou o método de dedução lógica, usado por Sherlock. Faleceu em 1930, na Inglaterra.

Apreciação

1. A leitura da primeira parte de "Escândalo na Boêmia" foi prazerosa? Você sentiu alguma dificuldade? Explique.

2. Você se identificou com algum personagem? Qual? Por quê?

3. Tratando-se de uma obra do século XIX, que indícios da época você pôde perceber?

4. Quais desses indícios mais o surpreenderam? Por quê?

5. Você nota diferenças entre os atuais detetives da ficção e Sherlock Holmes?

Interpretação

1. Quem é o narrador desse conto?

2. Observe o primeiro parágrafo. Quais atitudes de Holmes possibilitam a Watson deduzir que "ele estava novamente em ação"?

3. Leia o fragmento a seguir.

[...] E, de pé ante a lareira, [Sherlock Holmes] examinou-me com seu singular modo introspectivo.
– O casamento fez-lhe bem – observou. – Creio, Watson, que você engordou três quilos e meio desde a última vez que o vi.
– Três – respondi.
– Realmente, eu devia ter pensado um pouco mais. Apenas um pouco mais, acho, Watson. E voltou à medicina, pelo que vejo. Você não me disse que pretendia trabalhar.
– Então, como é que você sabe?
– Eu vejo, eu deduzo. Como sei que você andou se molhando muito ultimamente e que tem uma empregada desajeitada e descuidada?

- No diálogo entre Holmes e Watson, é revelado ao leitor o método usado pelo detetive para desvendar aspectos da vida do amigo. Em que se baseia esse método? Busque no texto as palavras e/ou frases que o revelam.

4. Em seu caderno, copie o quadro e complete-o com informações do texto.

Pistas	Deduções de Sherlock
	O casamento lhe fez bem.
	Voltou à Medicina.
	Andou se molhando muito; a empregada é descuidada.

5. A parte inicial do conto, em que há o diálogo entre Watson e Holmes, termina com a revelação do elemento desestabilizador, que dá início ao conflito da narrativa. Qual é ele?

6. Releia este fragmento:

> – É realmente um mistério – observei. – Que acha que isso significa?
> – Ainda não disponho de dados. É um erro capital teorizar antes de dispor de dados. Começamos a deformar insensivelmente os fatos para que se enquadrem nas teorias, em lugar de fazer teorias que se enquadrem nos fatos. Mas veja a carta em si. Que deduz dela?

- Para Watson, a carta é "um mistério". Para Holmes, "é um erro capital teorizar antes de dispor de dados". Qual é a diferença entre o modo de pensar dos personagens?

7. Por que a carta causa estranheza?

8. Quais pistas levam à conclusão de que a carta foi escrita na Boêmia por um rico alemão?

9. Releia este fragmento do texto.

> Levantei-me para sair, mas Holmes me segurou pela manga e me puxou de volta para minha cadeira.
> – O Senhor pode dizer na frente dele qualquer coisa que tenha a me dizer. Fale com os dois ou não falará com nenhum – disse Holmes.

a) O que o fragmento evidencia sobre a personalidade do detetive?

b) E o que fica claro pela leitura do trecho sobre a amizade entre o detetive e o narrador?

10. Sherlock Holmes desmascara o visitante antes que ele próprio tire a máscara, em um gesto de desespero.

- Que fala de Holmes indica que o detetive conhece a identidade do visitante?

11. Podemos entender que, ao desmascarar o rei, Sherlock Holmes também mostra, de forma não explícita, sua personalidade. Que aspectos da personalidade de Holmes são revelados?

12. Que fato o rei teme gerar um escândalo?

13. Que motivo levou o rei a procurar Holmes?

14. Qual é o enigma a ser desvendado?

17

Linguagem

1. Observe a construção das frases que antecipam a chegada do visitante.

> [...] seguido de um vigoroso toque da campainha. [...]
> Passos pesados e lentos, que se fizeram ouvir nas escadas e no corredor, pararam imediatamente junto à porta. Houve uma batida forte e autoritária.
> [...]

- Que efeitos de sentido são construídos por meio dessas frases? Em seu caderno, copie as alternativas corretas.

   a) Criar um ritmo de suspense.
   b) Revelar a admiração do detetive pelo visitante.
   c) Manter a atenção do leitor nas atitudes do detetive.
   d) Criar uma atmosfera de expectativa, de ansiedade.
   e) Antecipar características do personagem.

2. Releia o fragmento a seguir.

> O homem que entrou dificilmente teria menos de 1,95 m de altura, com o peito e os braços de um Hércules. Suas roupas eram ricas, de uma riqueza que, na Inglaterra, teria sido considerada próxima do mau gosto. Grossas faixas de astracã enfeitavam as mangas e lapelas do jaquetão, e o manto azul-escuro que trazia sobre os ombros era forrado de seda amarela, preso ao pescoço com um broche feito de um único e flamejante berilo. As botas subiam até o meio das pernas e tinham no alto um arremate de boa pele marrom, o que completava a impressão de uma opulência bárbara, sugerida por toda a sua aparência.
> [...]

   a) No trecho, predomina a sequência descritiva. O que é descrito?
   b) Observe alguns dos adjetivos (ou locuções adjetivas) escolhidos para descrever o personagem.

> [...] o peito e os braços **de um Hércules**. Suas roupas eram **ricas**, de uma riqueza que, na Inglaterra, teria sido considerada próxima **do mau gosto**. [...] preso ao pescoço com um broche feito de um **único** e **flamejante** berilo. As botas subiam até o meio das pernas e tinham no alto um arremate **de boa pele marrom**, o que completava a impressão de uma opulência **bárbara** [...].

- A escolha dos adjetivos e locuções adjetivas constroem uma imagem positiva ou negativa do personagem? Qual é essa imagem?

   c) Há uma comparação implícita na frase "Suas roupas eram **ricas**, de uma riqueza que, na Inglaterra, teria sido considerada próxima **do mau gosto**".

- Quais são os termos da comparação? Nessa comparação, há algum juízo de valor?

3. Leia outro fragmento do texto.

> [...] E o homem que escreveu a carta é alemão. Você notou a construção peculiar da frase "essas informações a seu respeito de várias fontes recebemos". Um francês ou um russo não poderia tê-la escrito. São os alemães que têm essa descortesia para com os seus verbos. Resta apenas, portanto, descobrir o que deseja esse alemão que escreve em papel da Boêmia e prefere usar máscara a mostrar o rosto. [...]

a) Qual pista leva Holmes a deduzir que o remetente da carta é um alemão?
b) Segundo o texto, Holmes respeita as diferenças culturais?

4. Leia o fragmento em que o rei narra ao detetive seu primeiro encontro com Irene Adler.

> [...] foi-me apresentada a conhecida aventureira Irene Adler. O nome não lhe é, sem dúvida, estranho.

a) Quais são os adjetivos empregados na fala do rei para caracterizar a personagem feminina?
b) A escolha desses adjetivos eleva ou rebaixa a imagem da personagem?
c) Sherlock Holmes aceita o ponto de vista do rei? Por quê?

5. Na fala de Holmes reproduzida abaixo, as frases são entrecortadas por exclamações. Cada uma delas corresponde a um momento do processo mental do detetive enquanto descobre quem é Irene Adler de fato.

> — Vejamos — disse Holmes. — **Hum!** Nasceu em Nova Jersey, 1858. Contralto... **hum!** La Scala, **hum!** Prima-dona da Ópera Imperial de Varsóvia... **Sim!** Retirou-se do teatro. **Ah!** Mora em Londres. **Então!** Vossa Majestade, pelo que percebo, envolveu-se com essa jovem, escreveu-lhe algumas cartas comprometedoras e agora deseja reavê-las.

• Copie os trechos da fala de Holmes que correspondem aos estados mentais indicados a seguir.

a) Início do processo de reflexão a cada fato descoberto.
b) Confirmação de uma hipótese.
c) Conclusão do processo dedutivo.
d) Espanto.

! CURIOSO É...

Residência fictícia de Sherlock Holmes

As histórias de *Sir* Arthur Conan Doyle, criador de Sherlock Holmes, um dos personagens mais famosos da literatura policial, foram escritas para adultos, e não para crianças ou jovens. Mesmo assim, fazem muito sucesso entre o público juvenil. O endereço Baker Street 221-B, Londres – residência fictícia de Holmes –, até hoje recebe correspondências.

1. Você conhece algum outro endereço ou local famoso da literatura? Qual?

Apresentando detetives famosos

Buscar pistas, seguir a própria intuição, observar! Onde há um enigma a ser desvendado, há um detetive em ação. Usando a inteligência como principal ferramenta, ele sempre surpreende ao desvendar os mais intrigantes mistérios...

Em trio, você e os colegas devem fazer uma pesquisa sobre os detetives mais famosos da ficção, que brilharam nos livros e/ou nas telas. Em seguida, farão uma apresentação oral sobre o personagem escolhido. O critério de escolha será combinado com o professor.

Vejam a lista de alguns reconhecidos detetives da ficção, mas vocês podem incluir outros de sua escolha.

- Augusto Dupin
- Jane Marple (Miss Marple)
- Comissário Maigret
- Dick Tracy
- Fox Mulder e Dana Scully
- Hercule Poirot
- Padre Brown
- Inspetor Clouseau
- Gilbert Arthur Grissom
- Verônica Mars

↑ No filme *Assassinato no Expresso do Oriente*, de 2017, o ator Kenneth Branagh, que também dirigiu o longa-metragem, interpretou o detetive Hercule Poirot (no cartaz, o personagem está à esquerda, em pé).

Para começar

Depois de escolhido o detetive que o trio pesquisará, vocês devem buscar as seguintes informações: Quem é o criador desse personagem? Quando ele surgiu? Quais são suas características? Que tipos de crimes investiga? Como atua para descobrir o culpado?

Citem obras que imortalizaram o personagem ou divulgam suas investigações. Procurem relacionar o tipo de investigação aos contextos histórico e social a que ele pertence. Acrescentem outras curiosidades que julgarem interessantes.

Organizar

As pesquisas podem ser feitas em material impresso ou digital.

Com os dados prontos, escrevam um texto para orientá-los durante a apresentação.

Em seguida, busquem imagens desses detetives, de seus criadores e de suas obras. Se puderem, selecionem trechos de livros ou de filmes em que esses personagens estejam em ação.

Apresentar

Dividam o texto e a apresentação das imagens entre vocês três: um aluno pode apresentar o detetive e detalhar o processo de investigação adotado pelo personagem; outro cita as obras e mostra trechos de filmes ou lê fragmentos de livros (se for um diálogo, é possível fazer uma leitura dramatizada), e o terceiro aluno esclarece as dúvidas dos ouvintes.

A apresentação deve ser clara e, para que isso ocorra, ao expor o trabalho, vocês deverão falar sem ler e em um tom de voz audível. Deverão utilizar linguagem formal, dando atenção à plateia. Isso significa pensar em quem estará assistindo à apresentação.

Utilizem um programa de edição de *slides* ou outro recurso para mostrar as imagens e, se for o caso, trechos de filmes. Antes da apresentação, verifiquem se os aparelhos eletrônicos estão funcionando adequadamente.

Como nasceu o gênero

Como gênero independente, a narrativa de enigma foi inaugurada na Inglaterra com a publicação de *Os assassinatos da Rua Morgue*, em 1841, pelo mestre contista e poeta americano Edgar Allan Poe, reconhecido como o pai da literatura policial.

Graças a Poe, a ficção literária ganhou o modelo da clássica história de enigma e, pela primeira vez, um detetive: o famoso e cerebral C. Auguste Dupin, que inspirou tantos outros que o sucederam.

Mas por que a Inglaterra é o berço da narrativa policial?

Primeiramente, vamos entender que um gênero não brota do nada. É preciso a reunião de fatores diversos que propiciem seu surgimento, tais como:

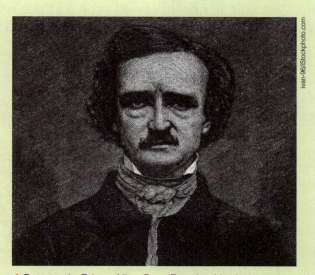

↑ Retrato de Edgar Allan Poe (Estados Unidos, 1809-1849).

1. A popularização dos jornais.

   Inicialmente voltados ao pequeno círculo dos letrados, os jornais precisavam aumentar as vendas para subsistir, incluindo o grande público, nem sempre muito exigente. Como atraí-los? Criando seções especiais em que eram publicadas matérias sensacionalistas: notícias de crimes, fatos extraordinários, bem ao sabor de leitores da época à procura de emoção. E foram exatamente essas matérias impactantes a fonte de inspiração de importantes autores do gênero policial, que as transportaram para o mundo da ficção.

2. A industrialização, iniciada no século XVIII, provocou grandes mudanças nas cidades e na vida de seus habitantes.

   a) As cidades cresceram. Muitos deixaram o campo à procura dos centros industriais.

   b) A população aumentou, mas não havia oportunidades para todos. O indivíduo passou a pertencer à massa anônima. O anonimato e a cidade podiam esconder os criminosos.

   c) A polícia nem sempre era bem vista pela população, e para muitos estudiosos isso talvez explique o surgimento, em obras de ficção, de detetives inteligentes e astutos que se contrapunham aos policiais.

   d) No século XIX, a industrialização e o desenvolvimento da ciência mudaram a forma de pensar. Acreditava-se que ela era o único conhecimento válido. Toda a vida humana, individual e social deveria ser guiada pela lógica do método científico.

   Em que consiste esse método? Em primeiro lugar, na observação. Em seguida, na problematização, o porquê do acontecimento. Daí as hipóteses e a comprovação. Alguma semelhança com o raciocínio lógico dos detetives?

Frase, oração e período

Nos anos anteriores, você estudou que as palavras são classificadas do ponto de vista **morfológico** (substantivo, adjetivo, artigo, numeral, pronome, verbo, advérbios etc.) e **sintático** (sujeito, predicado, objeto direto, objeto indireto etc.).

Vale lembrar que a sintaxe também estuda a combinação das palavras na frase. Tal organização segue um padrão determinado pelos falantes da língua.

1. Observe o trabalho de seleção e combinação que o autor de "Escândalo na Boêmia" executou na construção dessa frase:

> Ele estava novamente em ação.

- Em seu caderno, copie o quadro abaixo e preencha-o. Indique, na primeira linha, a classe gramatical das palavras que compõem a frase e, na segunda, a função que exercem.

	Ele	estava	novamente	em	ação.
Seleção (morfologia, a escolha das classes de palavras)					
Combinação (sintaxe)					

2. Releia esta frase da carta recebida pelo detetive Sherlock Holmes.

> Essas informações a seu respeito, de várias fontes recebemos.

- Essa construção é estranha para o detetive inglês e para nós, que falamos a língua portuguesa. Como seria a estrutura da frase em português?

O estudo da sintaxe se dedica à função das palavras na frase, às relações que elas estabelecem entre si e às disposições possíveis nessa estrutura.

Frase

1. Observe estas placas.

a) Qual é a função delas? Há diferenças entre o propósito de cada uma?
b) Podemos dizer que nas duas placas há uma comunicação de sentido completo?
c) Compare as frases a seguir e responda: Que diferença você percebe entre elas?

- Silêncio.
- Mantenha silêncio.

d) A qual delas você atribuiria o nome de frase verbal? E a de nominal?

Oração

1. Observe novamente as imagens das placas.
a) Em qual delas há uma frase que também é uma oração?
b) Que elemento distingue a oração?

> A frase pode dispensar o verbo, mas isso já não acontece em relação à oração. Só há **oração** se houver um verbo ou uma locução verbal.

Período

Período é um enunciado de sentido completo constituído de uma ou mais orações. De acordo com sua estrutura, pode ser **simples** ou **composto**.

1. Abaixo, há dois períodos extraídos da primeira parte do conto "Escândalo na Boêmia". Leia-os.

O homem saltou da cadeira e caminhou pela sala numa agitação incontrolável. [...]
[...] – Eu sou o rei. [...]

a) De quantas orações é composto o primeiro período?
b) E o segundo?

2. Tendo em vista o contexto em que foram produzidos esses períodos, selecione e copie no caderno as alternativas que justificam a escolha do narrador ora pelo período simples, ora pelo período composto.

a) O narrador empregou o período composto, no primeiro enunciado, porque era preciso descrever ao leitor a inquietação do personagem: surpresa e agitação decorrente.

23

b) O narrador emprega o período simples, no segundo enunciado, porque quer mostrar a coragem do personagem ao assumir sua identidade.

c) O narrador empregou o período simples, no segundo enunciado, porque a informação dada pelo personagem dispensa outros comentários.

d) O narrador emprega o período composto no primeiro enunciado para sintetizar a descrição psicológica da figura real.

> A letra maiúscula marca o início do período. O fim é marcado por ponto final (.), ponto de exclamação (!), ponto de interrogação (?) ou reticências (...).

ATIVIDADES

1. Observe este trecho do conto "Escândalo na Boêmia", em que Sherlock tem um interessante diálogo com o rei.

— Então não estou entendendo bem, Vossa Majestade. Se essa jovem deseja usar suas cartas para chantagem ou outra finalidade, como poderá provar a sua autenticidade?
— A caligrafia.
— Ora, ora! Falsificada.
— Meu papel de cartas privado.
— Roubado.
— Meu próprio selo.
— Imitado.
— Minha fotografia.
— Comprada.
— Estamos os dois na foto.
[...]

As respostas do rei são os fatos que podem comprovar a autenticidade das cartas, mas Holmes desconsidera tais argumentos.

a) As justificativas de Holmes correspondem à verdade? O que revelam do caráter do detetive?

b) Que tipos de frase predominam na construção do diálogo?

c) Que efeito de sentido é obtido por essa opção?

2. Agora você vai criar manchetes ou títulos para jornais e/ou revistas. Transforme as frases verbais em nominais.

a) Finalmente, auxiliaram os refugiados.

b) Mantiveram a ordem nas ruas.

c) A empresa de petróleo emitiu um novo comunicado.

d) As vítimas pressentiram o perigo.

e) O ministrou se equivocou.

24

3. O cartaz a seguir faz parte de uma campanha.

a) Qual é a intenção dessa campanha?
b) O cartaz é construído pelas linguagens verbal e não verbal. Descreva apenas a imagem.
c) Que palavras do texto verbal confirmam o não verbal?
d) A que se refere o pronome **ele** no texto verbal?
e) Quais são as orações do período? Em que você se baseou para responder à questão?

4. Observe as sinopses abaixo. Em seguida, empregando apenas frases nominais, crie títulos para as obras apresentadas.

Sinopse 1   É a primeira história do famoso detetive, Sherlock Holmes, que é chamado para decifrar um enigma impossível: a vítima – um homem – é encontrada morta, sem ferimentos, mas mergulhada em sangue. Holmes entra em ação com sua ciência da dedução. Assim, por meio de observação e deduções, esclarece o caso.

Sinopse 2   Dez são os convidados para o fim de semana na Ilha do Soldado. Logo na primeira noite, uma voz acusa cada um de um crime cometido no passado, e, logo depois, as mortes se sucedem. Simultaneamente às execuções, some da mesa do jantar um dos soldadinhos que a enfeitam.

Sinopse 3   Christopher Boone tem 15 anos e sofre da síndrome de Asperger, uma forma de autismo. Certo dia, ele descobre que Wellington, o cachorro da vizinha, foi assassinado. Injustamente acusado de ter cometido esse crime, passa uma noite na cadeia. Depois dessa experiência, decide encontrar o responsável pela morte do cachorro e registra suas investigações em um livro.

CAPÍTULO 2

Você vai ler a segunda parte do conto "Escândalo na Boêmia" e saber como tudo foi resolvido. Vai também analisar a linguagem do texto e estudar os termos essenciais da oração. Depois, produzirá um conto recheado de enigmas.

Na parte I deste conto, Sherlock ficou a par da situação que envolvia uma fotografia comprometedora do rei da Boêmia com a bela Irene Adler.

1. Levante hipóteses:

a) Qual é o novo embate que está prestes a ser travado?

b) Sherlock Holmes conseguirá reaver a fotografia? Como?

Escândalo na Boêmia

II

[...]

Já eram quase 4h quando a porta se abriu e um lacaio parecendo bêbedo, sujo e de suíças, com o rosto inflamado e roupas estranhas entrou pela sala. Habituado como eu estava à espantosa capacidade que tinha meu amigo de usar disfarces, tive de olhar três vezes antes de ter certeza de que era ele. Com um aceno de cabeça, desapareceu no quarto, de onde voltou em cinco minutos vestindo um terno de lã e com a aparência respeitável de sempre. [...]

— É engraçado demais. Tenho certeza de que você jamais poderia adivinhar como empreguei a manhã ou o que acabei fazendo.

— Não posso imaginar. Acho que você esteve vigiando os hábitos e, talvez, a casa da Srta. Irene Adler.

— Exatamente, mas a sequência dos fatos foi bem estranha. Mas vou contar a você. Saí um pouco depois das 8h desta manhã, vestido de lacaio desempregado. Há uma maravilhosa simpatia e solidariedade entre os empregados das cavalariças. Se você for um deles, ficará sabendo tudo o que há para saber. Encontrei logo Briony Lodge. É uma pequena mansão, com terreno nos fundos, mas construída junto da rua, e de dois andares. Fechadura especial na porta. Grande sala de estar do lado direito, bem mobiliada, com janelas altas quase até o chão, e aqueles horríveis trincos de janela ingleses que até uma criança consegue abrir. [...] Dei a volta à casa e a examinei de todos os pontos de vista, mas sem notar nada mais de interessante. Depois desci a rua e descobri, como esperava, que havia uma estrebaria num beco, dando para um dos muros do quintal. Ajudei os cavalariços a escovar seus animais e recebi em troca dois *pence* [...] e todas as informações que pude obter sobre a Srta. Adler [...]

— E Irene Adler? – perguntei.

– Ah! ela transtornou a cabeça de todos os homens das vizinhanças. É a coisa mais bonita sob o sol deste planeta. [...] Vive tranquilamente, canta em concertos, sai de carro todos os dias às 5h e volta às 7h em ponto para o jantar. Raramente sai em outras horas, exceto quando canta. Tem um único visitante do sexo masculino, mas o vê muito amiúde. É moreno, bonito, desembaraçado. [...] É um certo Sr. Godfrey Norton, advogado.

[...]

"Esse Godfrey Norton era, evidentemente, um fator importante na questão. O fato de ser advogado parecia um mau agouro. Qual a relação entre eles e qual o objetivo de suas repetidas visitas? Seria sua cliente, amiga ou amante? Na primeira hipótese, provavelmente já teria transferido a fotografia para sua guarda. Na segunda, isso era menos provável. Da solução dessa questão dependia a continuação de meu trabalho em Briony Lodge, ou eu teria de voltar minha atenção para os escritórios desse senhor. [...]"

[...]

– Eu ainda estava pesando as coisas quando um cabriolé parou e um cavalheiro desceu. Era um homem notavelmente simpático, moreno, aquilino e de bigodes... evidentemente, o homem de quem eu tinha ouvido falar. Parecia ter muita pressa, gritou para o cocheiro que esperasse, passou rapidamente pela criada, que abriu a porta com o jeito de uma pessoa perfeitamente à vontade.

"Ele ficou na casa cerca de meia hora e pude vê-lo por momentos, pelas janelas da sala de estar, caminhando de um lado para outro, falando com animação [...]. Ele acabou saindo, parecendo mais perturbado do que antes. Ao subir no carro, tirou um relógio de ouro do bolso e olhou, preocupado.

"– Vá como um louco – gritou –, primeiro para Gross & Hankey, em Regent Street, depois para a igreja de Sta. Mônica em Edgeware Road. Meia libra se você o fizer em vinte minutos!

"E lá se foram, e enquanto eu estava pensando se faria bem ou não indo atrás deles, aparece na rua um carro elegante [...] E o carro ainda não havia parado quando ela saiu correndo da porta e embarcou. Pude vê-la apenas ligeiramente, mas era uma linda mulher, com um desses rostos que podem levar um homem à morte.

"– Para a igreja de Sta. Mônica, John! – exclamou ela –, e meia libra se você conseguir chegar lá em vinte minutos.

"Era bom demais para perder, Watson. Eu estava imaginando se devia correr ou me pendurar no carro dela quando veio um carro de praça pela rua. [...]

"– Para a igreja de Sta. Mônica, e meia libra se chegar lá em vinte minutos – disse eu. Faltavam vinte e cinco minutos para as 12 e, naturalmente, era bastante claro o que se estava passando.

"Meu cocheiro andou depressa. Não creio ter corrido tanto, antes, mas os outros chegaram à nossa frente. [...] Não havia ninguém, exceto os dois a quem eu tinha seguido, e um padre com sobrepeliz, que parecia estar fazendo um sermão para eles. Estavam os três de pé em frente do altar. [...] De repente, para minha surpresa, os três que estavam no altar voltaram-se para mim e Godfrey Norton correu o mais depressa que pôde na minha direção.

"– Graças a Deus! – exclamou ele. – Você serve! Venha! Venha!

"– Para onde? – perguntei.

"– Venha; homem, venha, apenas três minutos, ou não será legal.

"Fui quase arrastado para o altar e antes que soubesse onde estava, vi-me engrolando respostas que me eram murmuradas ao ouvido [...] servindo de testemunha ao casamento de Irene Adler, solteira, com Godfrey Norton, solteiro. [...] Ao que parece, faltava alguma coisa na licença de casamento e o padre se recusou terminantemente a realizar a cerimônia sem uma testemunha [...]"

– [...] Na porta da igreja, porém, separaram-se, ele de volta ao Tribunal e ela para a sua casa. "Irei ao Parque às 5h, como de hábito", disse a Srta. Adler ao deixá-lo. Não ouvi nada mais. Afastaram-se em direções diferentes e eu fui tomar as minhas providências.

GLOSSÁRIO

Sobrepeliz: veste branca que os padres utilizam sobre a batina.

— Quais são?

— Um pouco de carne fria [...] Andei muito ocupado para pensar em comer e provavelmente estarei ainda mais ocupado esta tarde. Por falar nisso, doutor, preciso da sua cooperação. [...]

— [...] Dentro de duas horas devemos estar em nossa cena de ação. A Srta. Irene, ou melhor, a Sra. Norton, volta do passeio às 7h. Devemos estar em Briony Lodge para recebê-la.

— E depois o quê?

— Você tem de deixar isso por minha conta. [...] Há apenas um aspecto em que tenho de insistir. Você não deve interferir, aconteça o que acontecer. Compreende?

— Devo permanecer neutro?

— Não fazer absolutamente nada. Haverá, provavelmente, alguma coisa um pouco desagradável. Não entre na confusão. Tudo terminará quando eu for levado para dentro da casa. Quatro ou cinco minutos depois, a janela da sala de estar será aberta. Você deve ficar perto dessa janela aberta.

— Sim. [...]

— E quando eu levantar a mão, assim, jogará dentro da sala o que eu vou lhe dar para isso, e ao mesmo tempo gritará "incêndio!" Está me entendendo?

— Perfeitamente.

[...]

Desapareceu no quarto e voltou poucos minutos depois, vestido como um padre não conformista, amável e simples. [...] o sorriso simpático e o ar geral de curiosidade penetrante e bondosa eram tais que apenas o Sr. John Hare o poderia ter igualado. Não era uma mudança de roupas que Sherlock Holmes havia feito. Sua expressão, seu jeito, sua alma mesma pareciam variar a cada papel que assumia. [...]

Passavam 15 minutos das 6h quando deixamos Baker Street [...].

— Este casamento simplifica as coisas – disse Sherlock Holmes enquanto íamos e vínhamos em frente da casa. – A fotografia torna-se uma arma de dois gumes. As possibilidades são de que Irene se mostre tão pouco desejosa de ser vista pelo senhor Godfrey Norton quanto o nosso cliente de que a foto seja levada aos olhos da sua princesa. Agora, o problema é: onde encontraremos a foto?

Hugo Araújo

— Onde, realmente?

— É pouco provável que ela a leve consigo. É uma foto grande. [...]

— Onde, então?

— Seu banqueiro ou seu advogado. Há essas duas possibilidades. Inclino-me, porém, a não aceitar nenhuma delas. As mulheres são, por natureza, dadas a segredos, e gostam de esconder, elas mesmas, as coisas. Por que daria a fotografia para outra pessoa? Pode confiar na capacidade dessa pessoa em guardá-la, mas não poderia prever as influências indiretas ou políticas que poderiam ser exercidas sobre um homem de negócios. Além disso, lembre-se de que estava decidida a usar a foto dentro de poucos dias. Deve estar, portanto, num lugar de fácil acesso. Deve estar em sua casa.

[...]

— Farei com que ela me mostre o lugar.

— Mas Irene se recusará.

— Não será capaz. Ouço, porém, o barulho de rodas. É a carruagem dela. Agora, siga minhas ordens fielmente.

Enquanto ele falava, o brilho das luzes laterais de uma carruagem surgiram na curva da avenida. Era um landau elegante, pequeno, que parou à porta de Briony Lodge. Nesse momento, um dos homens ociosos que estavam na esquina correu para abrir a porta na esperança de ganhar uma moeda, mas foi empurrado por outro [...] com a mesma intenção. Houve uma briga violenta, [...] Holmes lançou-se ao meio da confusão para proteger a senhora; mas, exatamente ao chegar junto dela, deu um grito e caiu ao chão, com o sangue correndo abundantemente pelo rosto. [...] Irene Adler, como ainda a chamo, subira apressadamente os degraus da casa; mas parou no alto, com sua soberba silhueta delineada contra as luzes do vestíbulo, olhando para trás, para a rua.

— É grave o ferimento desse pobre senhor? — perguntou.

— Está morto — gritaram várias vozes.

— Não, não, ainda está vivo — gritou outra. — Mas não dura até ser levado para um hospital.

— É um homem corajoso — disse uma mulher. — Eles teriam roubado a bolsa e o relógio da senhora se não fosse ele. [...]

— [...] Podemos levá-lo lá para dentro, minha senhora?

— Sem dúvida. Levem-no para a sala de estar, onde há um sofá confortável. Por aqui, por favor.

Lenta e solenemente, Holmes foi levado para Briony Lodge e estendido na sala principal, enquanto eu ainda observava os acontecimentos do meu posto, junto da janela. As lâmpadas haviam sido acesas, mas não tinham fechado as cortinas, de modo que eu podia ver Holmes deitado no sofá. [...]

Holmes se havia sentado no sofá [...]. Ao mesmo tempo, vi que sua mão se levantava, e a esse sinal atirei o foguete na sala e gritei:

— Incêndio!

[...] Espessas nuvens de fumaça espiralaram-se pela sala e saíram pela janela aberta. Percebi de relance figuras que corriam, e um momento depois a voz de Holmes, lá dentro, assegurando-lhes que era um alarme falso. Infiltrando-me pela multidão que gritava, dirigi-me até a esquina da rua, e dez minutos depois tinha a satisfação de ver o braço de meu amigo travar o meu, e nos afastamos da agitação. [...]

— Você se saiu muito bem, doutor — observou Sherlock Holmes. — Nada poderia ter sido melhor. Muito bem.

— Conseguiu a fotografia?

— Sei onde está.

[...]

— Ela me mostrou, como eu disse que mostraria.

[...]

— Não quero fazer mistério — disse ele, rindo. — A questão era perfeitamente simples. Você, é claro, viu que todos os que estavam na rua eram cúmplices. Estavam todos contratados.

— Foi o que imaginei. [...]

– [...] Quando uma mulher pensa que a sua casa está em chamas, seu instinto é correr imediatamente para aquilo que tem de maior valor. [...] A fumaça e os gritos eram suficientes para abalar nervos de aço. Ela reagiu belamente. A fotografia está num recesso, atrás de um painel deslizante, logo acima da campainha [...]. Ela correu para lá, e pude ver brevemente a foto quando a retirou do lugar. Quando gritei que era um alarme falso, recolocou-a no lugar, olhou para o foguete, saiu correndo da sala e não a vi mais. Levantei-me e, pedindo desculpas, escapei da casa. [...]

– E agora? – perguntei.

– Nossa busca está praticamente encerrada. Voltarei com o rei amanhã, e com você, se nos quiser acompanhar. Seremos levados à sala para esperar a senhora, mas é provável que, ao chegar, ela não nos encontre, nem a fotografia.[...]

– E quando será essa visita?

– Às 8h da manhã. Ela ainda não estará de pé, e portanto teremos campo livre. [...]

Tínhamos chegado a Baker Street e parado à porta. Sherlock Holmes procurava as chaves no bolso quando alguém que passava disse:

– Boa noite, Sr. Sherlock Holmes.

Havia várias pessoas na calçada naquele momento, mas o cumprimento parecia ter sido feito por um jovem esguio, protegido por uma capa, que passara rapidamente por nós.

– Já ouvi essa voz – disse Holmes, olhando fixamente para a rua mal iluminada. – Ora quem poderia ter sido?

III

Dormi na Baker Street aquela noite, e estávamos tomando nosso café com torradas quando o rei da Boêmia entrou apressadamente na sala.

– O senhor realmente conseguiu! – exclamou, agarrando Sherlock Holmes pelos ombros e o olhando ansiosamente no rosto.

– Ainda não.

– Mas tem esperanças?

– Tenho esperanças.

– Vamos então. Estou muito impaciente de seguirmos.

[...]

Descemos e partimos mais uma vez para a Briony Lodge.

– Irene Adler casou-se – observou Sherlock Holmes.

– Casou-se! [...]

O rei voltou a um silêncio sombrio, que não foi interrompido até chegarmos à Serpentine Avenue. A porta da Briony Lodge estava aberta, e uma senhora idosa esperava nos degraus. Ela nos observou com um olhar sardônico ao descermos do carro.

– O Sr. Sherlock Holmes, suponho? – perguntou ela.

– Sou eu – respondeu meu companheiro, olhando-a de maneira interrogativa e bastante surpreso.

– Realmente! Minha ama disse-me que o senhor provavelmente viria. Ela partiu esta manhã com o marido, pelo trem das 5h15, de Charing Cross, para o continente.

— O quê? – Sherlock Holmes recuou, branco de pena e de surpresa. – Quer dizer que ela deixou a Inglaterra?

— Para sempre.

— E os papéis? – perguntou o rei com voz rouca. – Tudo perdido.

[...]

Sherlock Holmes empurrou para o lado a criada e entrou rapidamente na sala de estar seguido pelo rei e por mim. [...] Holmes correu para a campainha, abriu um pequeno painel deslizante e, enfiando a mão, tirou uma fotografia e uma carta. A fotografia era da própria Irene Adler em vestido de noite, e a carta estava endereçada ao "Sr. Sherlock Holmes. Virá procurar". [...] Estava datada da meia-noite anterior, e dizia o seguinte:

> Meu prezado Sr. Sherlock Holmes: O senhor realmente fez tudo muito bem-feito. Enganou-me totalmente. Até o momento do alarme de incêndio, não desconfiei de nada. Mas então, quando percebi que me havia denunciado a mim mesma, comecei a pensar. Já me haviam advertido contra o senhor há vários meses. Disseram-me que, se o rei empregasse um detetive, certamente seria o senhor. E seu endereço me foi dado. Mesmo assim, com tudo isso, o senhor me fez revelar o que queria saber. E, mesmo depois de ter desconfiado, pareceu-me difícil fazer mau juízo de um padre tão velho e bondoso. Mas, como sabe, também sou atriz. As roupas masculinas não constituem novidade para mim. [...]
>
> Bem, eu o segui até a sua porta, e com isso me certifiquei de que eu era realmente objeto do interesse do famoso Sr. Sherlock Holmes! Depois, de maneira bastante prudente, desejei-lhe boa noite, e me dirigi ao Tribunal para ver meu marido.
>
> [...] Quanto à fotografia, seu cliente pode ficar tranquilo. Amo e sou amada por um homem melhor do que ele. [...] Conservo-a apenas para me proteger e preservar uma arma que sempre me colocará ao abrigo de quaisquer medidas que ele possa tomar no futuro. Deixo para ele um retrato meu, que talvez queira ter. Muito atenciosamente, Irene Norton, nascida Adler.

— Que mulher, ah, que mulher! – exclamou o rei da Boêmia, quando todos os três havíamos lido a carta. – [...] Não teria sido uma rainha admirável? Não é uma pena que não tivesse o mesmo nível que eu?

— Pelo que vi dessa senhora, parece-me na verdade que ela está num nível diferente do de Vossa Majestade – disse Holmes friamente. [...]

[...]

E foi assim que um grande escândalo ameaçou o Reino da Boêmia e que os melhores planos de Sr. Sherlock Holmes foram derrotados pela esperteza de uma mulher. Ele costumava gracejar com a inteligência das mulheres, mas desde então não o ouvi fazê-lo outra vez. E quando fala em Irene Adler, ou quando se refere ao retrato dela, é sempre com o honroso título de *a* mulher.

Arthur Conan Doyle. Escândalo na Boêmia. In: Flávio Moreira da Costa (Org.). *Os 100 melhores contos de crime e mistérios da literatura universal*. Trad. Waltensir Dutra. Bonsucesso: Ediouro, 2002. p. 353-362.

GLOSSÁRIO

Sardônico: que se caracteriza por escárnio ou desdém, sarcástico.

ESTUDO DO TEXTO

Apreciação

1. No início do Capítulo 2, foi perguntado se Sherlock Holmes conseguiria reaver a fotografia e como faria isso. Suas hipóteses se concretizaram?

2. Você gostou da conclusão da narrativa?

3. O que achou do desempenho do detetive? Converse com os colegas.

Interpretação

1. Um detetive, muitas vezes, utiliza disfarces, assim como Sherlock Holmes. Leia os fragmentos.

> Já eram quase 4h quando a porta se abriu e um lacaio parecendo bêbedo, sujo e de suíças, com o rosto inflamado e roupas estranhas, entrou na sala. Habituado como eu estava à espantosa capacidade que tinha meu amigo de usar disfarces, tive de olhar três vezes antes de ter certeza de que era ele. [...]
> [...]
> Desapareceu no quarto e voltou poucos minutos depois, vestido como um padre não conformista, amável e simples. [...] o sorriso simpático e o ar geral de curiosidade penetrante e bondosa eram tais que apenas o Sr. John Hare o poderia ter igualado. Não era uma mudança de roupas que Sherlock Holmes havia feito. Sua expressão, seu jeito, sua alma mesma pareciam variar a cada papel que assumia.

a) Em que situações o detetive se disfarçou? Com que intenções? Justifique a escolha dos disfarces.

b) Quais frases nos fragmentos transcritos confirmam que Holmes era um mestre do disfarce?

2. Em que as investigações de Holmes foram úteis para a montagem de seu plano?

3. Faça uma síntese do plano de Holmes para resgatar a fotografia.

4. Por que Watson era importante na execução do plano?

5. Releia.

> – Nossa busca está praticamente encerrada. Voltarei com o rei amanhã, e com você, se nos quiser acompanhar. Seremos levados à sala para esperar a senhora, mas é provável que, ao chegar, ela não nos encontre, nem a fotografia. [...]
> – E quando será essa visita?
> – Às 8h da manhã. Ela ainda não estará de pé, e portanto teremos campo livre. [...]

a) Como se sente o detetive, terminada a farsa do incêndio? Por que Holmes acha provável que Irene Adler não o pegará em flagrante nem encontrará a fotografia?

b) O que Holmes quer dizer com "ter o campo livre"?

6. No dia seguinte, acompanhado de Watson e do rei, o detetive volta a Briony Lodge para finalizar o caso e apanhar a fotografia. Mas, de surpresa em surpresa, vê seu plano desmoronar. Quais foram as surpresas de Sherlock Holmes?

7. Uma das características de um bom detetive é sua habilidade para fazer leituras rápidas dos ambientes e das pessoas e, com isso, fazer deduções. Releia o fragmento.

> [...] Quando gritei que era um alarme falso, recolocou-a [a fotografia] no lugar, olhou para o foguete, saiu correndo da sala e não a vi mais. Levantei-me e, pedindo desculpas, escapei da casa. [...]

• Embora Irene Adler não fosse detetive, surge-lhe a hipótese de que o clérigo em sua casa poderia ser Holmes. Que pistas ele lhe oferece para ela chegar a tal dedução?

8. Irene tem uma hipótese, mas falta-lhe confirmá-la. Como ela a confirma?

9. Você percebe semelhanças de personalidade entre Sherlock Holmes e Irene Adler?

10. Como Irene humilhou o grande detetive?

11. Além de Holmes, o rei da Boêmia também foi humilhado. Como? O que Irene insinua ao deixar-lhe seu belo retrato?

12. Esse conto apresenta um final surpreendente, que difere da maioria dos contos de detetive. Explique essa diferença.

33

Linguagem

1. A carta de Irene a Sherlock Holmes revela um tratamento cerimonioso empregado ao detetive. Que palavras indiciam a formalidade?

2. Observe no trecho a seguir os dois empregos da palavra **nível**.

> — Que mulher, ah, que mulher! — exclamou o rei da Boêmia, quando todos os três havíamos lido a carta. — [...] Não teria sido uma rainha admirável? Não é uma pena que não tivesse o mesmo **nível** que eu?
> — Pelo que vi dessa senhora, parece-me na verdade que ela está num **nível** diferente do de Vossa Majestade — disse Holmes friamente. [...]

a) O que quis dizer o rei?
b) E Sherlock Holmes? O que ele quis dizer?

O QUE APRENDEMOS COM O ESTUDO DE NARRATIVA DE ENIGMA

- As narrativas de enigma apresentam um mistério a ser desvendado (muitas vezes, o mistério é um crime).
- Para a solução do enigma, conta-se com a presença de um detetive específico para desvendar determinado crime. Esse personagem pode agir só ou contar com um auxiliar.
- Outro personagem fundamental nesse gênero textual é o responsável pelo mistério.
- O detetive, com seu método de investigação próprio, encontrará o responsável e identificará o que o motivou a cometer tal ato.
- Esse trabalho, porém, não é fácil, pois há outros suspeitos e pistas a investigar.
- Os diálogos são bastante importantes, pois dinamizam as ações.
- A descrição do cenário também é fundamental, pois se trata do espaço onde ocorrem as ações: o crime, a investigação e, às vezes, a revelação do culpado.
- O narrador dessas histórias pode ser testemunha (como Watson), protagonista ou um observador que não participa das ações narradas.

DICAS

▶ ASSISTA

Sherlock. Produção: BBC, aprox. 90 min. Série baseada nas obras de Arthur Conan Doyle. Os episódios revelam como seria o trabalho de Sherlock na Londres do século XXI. A representação do detetive tem algumas variações importantes em relação à obra literária, mas essas diferenças são compreensíveis, uma vez que Conan Doyle criou Holmes em 1887. A mistura entre o personagem criado no século XIX e o cenário mais atual é interessante.

📖 LEIA

O estranho caso do cachorro morto, de Mark Haddon (Record). Conta a história de Christopher Boone, um adolescente que sofre de uma forma de autismo, a síndrome de Asperger. Em uma manhã, ele encontra Wellington, o cachorro da vizinha, morto no jardim, e decide investigar o crime, inspirado em seu personagem favorito: Sherlock Holmes. O inesperado está no fato de que a busca pelo assassino do cão revelará verdades sobre a vida do protagonista.

JOGUE

Betrayal at House on the Hill (Avalon Hill). É um jogo de tabuleiro para quem se sente atraído pelo suspense e pelo terror. Precisa de 3 a 6 participantes (com no mínimo 12 anos), que se aventuram em uma mansão mal-assombrada. O maior objetivo é encontrar e derrotar um traidor que está infiltrado no grupo.

DIÁLOGO

A história que lemos nesta unidade se passa em 1888, data que aparece nos primeiros parágrafos da narrativa, no Capítulo 1.

Leia o texto abaixo e imagine como era a vida de uma mulher como Irene Adler nessa época.

Há 100 anos as britânicas conquistaram o direito ao voto

↑ Mulheres sufragistas em manifestação pelo direito ao voto feminino. Londres, Inglaterra, 1910.

[...]
Há um século as mulheres britânicas conquistaram o direito ao voto depois de anos de luta liderada pelas sufragistas. As ações espetaculares dessas ativistas abalaram o país e influenciaram mulheres em outros países a defender seus direitos.

Em 6 de fevereiro de 1918, o parlamento britânico adotou a "Lei de 1918 sobre a representação popular", que fez com que oito milhões de mulheres, com mais de 30 anos, fossem inscritas nos registros eleitorais.

Foi preciso esperar, no entanto, dez anos para que as mulheres pudessem votar aos 21 anos, como faziam os homens.
[...]

Disponível em: <https://g1.globo.com/mundo/noticia/ha-100-anos-as-britanicas-conquistaram-o-direito-ao-voto.ghtml>.
Acesso em: 25 out. 2018.

Converse com os colegas:
- Na narrativa "Escândalo na Boêmia", há trechos que sugerem que o detetive Sherlock Holmes nutria algum preconceito em relação à mulher? Se houver, indique-os e comente-os.
- Como o preconceito contra a mulher tem sido enfrentado atualmente?

 **ESTUDO DA LÍNGUA**

Sujeito e predicado

Você já estudou que a estrutura dos **períodos simples** é constituída por termos que desempenham diferentes funções sintáticas. Neste capítulo, vamos revisar os dois termos essenciais da oração: **sujeito** e **predicado**.

1. Releia a carta que Irene Adler deixa para Sherlock Holmes e depois faça o que se pede.

> Meu prezado Sr. Sherlock Holmes: O senhor realmente fez tudo muito bem-feito. Enganou-me totalmente. Até o momento do alarme de incêndio, não desconfiei de nada. Mas então, quando percebi que me havia denunciado a mim mesma, comecei a pensar. Já me haviam advertido contra o senhor há vários meses. Disseram-me que, se o rei empregasse um detetive, certamente seria o senhor. E seu endereço me foi dado. Mesmo assim, com tudo isso, o senhor me fez revelar o que queria saber. E, mesmo depois de ter desconfiado, pareceu-me difícil fazer mau juízo de um padre tão velho e bondoso. Mas, como sabe, também sou atriz. As roupas masculinas não constituem novidade para mim. [...]
> [...]

- Observe a oração empregada por Irene Adler na abertura de sua carta.

> O senhor realmente fez tudo muito bem-feito.

Essa oração, como a grande maioria delas, tem dois elementos essenciais: o sujeito (que informa sobre quem ou de que se fala) e o predicado (que apresenta as informações sobre quem ou de que se fala).

a) Sobre quem Irene afirma ou informa algo na oração destacada?
b) Transcreva a parte da oração que informa algo sobre tal elemento.

2. Identifique o núcleo do sujeito, isto é, a parte mais importante para a compreensão desse termo.

3. Releia o predicado da oração e copie no caderno o elemento fundamental, isto é, o núcleo dessa função sintática.

Como você pôde observar nas atividades anteriores, o verbo e o termo a que ele se refere formam as bases do enunciado: **o que** se fala e **de quem** ou **de que** se fala.

Portanto, o **sujeito** e o **predicado** são chamados **termos essenciais da oração**.

36

4. Observe estas duas orações extraídas da carta e identifique o que se pede.

> E seu endereço me foi dado.
> As roupas masculinas não constituem novidade para mim.

a) O verbo ou locução verbal de cada uma delas.
b) O núcleo do sujeito de cada oração.
c) O que você pode concluir a respeito da concordância do verbo com o núcleo do sujeito na oração?

5. Releia as orações analisadas até o momento e identifique o núcleo do sujeito de cada uma delas.

> O senhor realmente fez tudo muito bem-feito.
> E seu endereço me foi dado.
> As roupas masculinas não constituem novidade para mim.

a) Identifique a classe gramatical das palavras que constituem o núcleo do sujeito.

O **núcleo do sujeito** normalmente é representado por substantivos ou pronomes. Ele pode ainda ser representado por numeral ou palavra substantivada. Exemplos:
- **Três** vieram sem uniforme hoje.
- **Viver** é perigoso.

Predicado é o termo da oração que apresenta um verbo e contém o que se declara sobre o sujeito, com o qual concorda em pessoa (1ª, 2ª ou 3ª) e número (singular e plural).

Tipos de sujeito

1. Leia a tira do Armandinho.

Alexandre Beck. *Armandinho Cinco*. São Paulo: Matrix/Urbana, 2015.

a) Você concorda com Armandinho que o novo compromisso é mais importante do que a aula de piano?
b) Identifique as orações que representam as falas do menino.

37

2. Leia as orações.

> Não **vou** [ao] piano hoje!
> **Surgiu** outro compromisso!
> O quintal **está** cheio de poças de lama...
> Alguém **precisa** pisar nelas!

a) Identifique, em cada uma, o sujeito (explícito ou não) a que se refere o verbo. Depois, escreva-os no caderno.

b) Na primeira oração, o sujeito do verbo **ir** não está explícito. Como você o identificou?

c) Levante hipóteses: Por que, na tirinha, o personagem omitiu o sujeito (eu)?

> Chama-se **sujeito desinencial** aquele que não está explícito na oração e pode ser identificado pela desinência verbal de número e pessoa.

d) Observe as demais orações e indique os núcleos do sujeito de cada uma.

> O sujeito formado por apenas um núcleo é classificado como **sujeito simples**.

3. Leia esta oração e identifique o sujeito e os núcleos do sujeito.

> O quintal e o jardim estão cheios de lama.

> O sujeito formado por mais de um núcleo é classificado como **sujeito composto**.

4. Releia o trecho a seguir, extraído da carta que a personagem Irene Adler endereça ao detetive Sherlock Holmes no conto "Escândalo na Boêmia", de Conan Doyle.

> [...] O senhor realmente fez tudo muito bem-feito. Enganou-me totalmente. Até o momento do alarme de incêndio, não desconfiei de nada. Mas então, quando percebi que me havia denunciado a mim mesma, comecei a pensar. **Já me haviam advertido contra o senhor** há vários meses. **Disseram-me** que, se o rei empregasse um detetive, certamente seria o senhor. [...]

a) Irene Adler identifica para o detetive quem a advertiu contra ele ou quem disse a ela que o rei certamente contrataria Holmes?

b) Observe os verbos das orações destacadas. Em que pessoa eles estão flexionados?

Irene Adler não tinha a intenção de revelar quem fez os comentários sobre o detetive, por isso empregou um recurso da língua que impossibilita a identificação do sujeito: flexionou o auxiliar da locução verbal (haviam advertido) e o verbo dizer (disseram) na 3ª pessoa do plural, sem mencionar nenhum referente a esses verbos nas orações ou no contexto.

A prática de **indeterminar o sujeito** pode ser usada também quando se desconhece realmente quem pratica a ação. Nesses dois casos, o sujeito é indeterminado.

> **Sujeito indeterminado** é aquele que não pode ser identificado ou porque falta um referente para o verbo indicado na oração ou pelo contexto.

Na língua portuguesa, existem duas possibilidades para indeterminar o sujeito.

I. Flexionar o verbo (ou o auxiliar, se houver locução verbal) na 3ª pessoa do plural, sem indicar um referente na oração ou no contexto. Exemplo:
- **Bateram** à porta.

II. Manter o verbo na 3ª pessoa do singular acrescido do pronome **se** com os verbos intransitivos, transitivos indiretos ou de ligação. Exemplos:
- **Fala-se** de outra doença transmitida pelo mosquito *Aedes aegypti*.
- **Vive-se** bem ali.

Oração sem sujeito

Não existe oração sem verbo, mas existe oração sem sujeito.

Voltemos à tira do Armandinho. No segundo quadrinho, Armandinho relata um acontecimento.

Na segunda oração, o verbo "está" se refere ao sujeito "o quintal". Já o verbo da primeira oração – choveu – não se refere a nenhum sujeito.

Observe estes títulos de notícia:

Disponível em: <www.gazetadopovo.com.br/curitiba/nevou-em-curitiba-e-mais-25-cidades-do-parana-92j42vmvdhdhuytc8xq2o9etq>. Acesso em: 4 maio 2018.

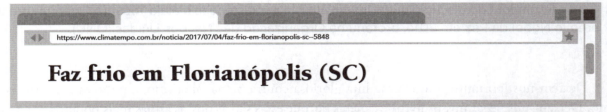

Disponível em: <www.climatempo.com.br/noticia/2017/07/04/faz-frio-em-florianopolis-sc--5848>. Acesso em: 4 maio 2018.

Os verbos **choveu**, **nevou** e **faz**, nos contextos acima, expressam fenômenos da natureza (os dois primeiros) e tempo em geral (o último).

Por não se referirem a nenhum sujeito, esses verbos são denominados **verbos impessoais** e estão sempre na 3ª pessoa do singular.

Sujeito agente e sujeito paciente

Para concluir nosso estudo sobre sujeito, leia o título e o subtítulo de uma notícia publicada num *site* de notícias.

Capivara é resgatada dentro do mar na Praia do Morro, em Guarapari

Animal foi avistado e, em seguida, salvo por guarda-vidas que trabalham na praia

Disponível em: <https://g1.globo.com/es/espirito-santo/noticia/capivara-e-resgatada-dentro-do-mar-na-praia-do-morro-em-guarapari.ghtml>. Acesso em: 7 maio 2018.

a) Identifique, no título, uma locução verbal.
b) A que sujeito essa locução se refere?
c) Esse sujeito é agente da ação verbal ou sofre a ação praticada por outro elemento?
d) Leia o subtítulo da notícia e identifique o termo que explicita quem praticou a ação verbal.
e) Compare o título da notícia com este a seguir, que foi reescrito, e levante hipóteses sobre a opção do jornalista em destacar como sujeito **capivara**.

> Guarda-vidas resgatam capivara dentro do mar na Praia do Morro, em Guarapari

Com essas reflexões, você pôde verificar que o sujeito tanto pode ser **agente da ação verbal** como **paciente**. A opção por uma ou outra forma depende das intenções do autor do texto.

ATIVIDADES

1. Leia o fragmento do discurso que a jovem ativista paquistanesa Malala Yousafzai, ganhadora do prêmio Nobel da Paz em 2014, proferiu na Organização das Nações Unidas (ONU).

> [...]
> Deixem-nos, portanto, travar uma luta gloriosa contra o analfabetismo, a pobreza e o terrorismo. Deixem-nos pegar nossos livros e canetas porque estas são as nossas armas mais poderosas. Uma criança, um professor, um livro e uma caneta podem mudar o mundo.
> A educação é a única solução. [...]

Disponível em: <www.ikmr.org.br/dia-malala-discurso-onu/>. Acesso em: 26 jun. 2018.

- Copie no caderno as orações que compõem os períodos do texto. Observe os verbos e locuções verbais, depois identifique e classifique os sujeitos.

40

Leia o cartum para fazer as atividades 2 e 3.

Aristides Dutra. In: *Radis Comunicação e Saúde*, n. 34, p. 3, jun. 2005.

2. Identifique e classifique o sujeito da oração que introduz o cartum.

3. Leia a fala do primeiro tuiuiú.

a) A quem se refere a forma verbal **disseram**? Como se classifica esse tipo de sujeito?

b) Podemos afirmar que, nessa fala, a determinação do sujeito não contribuiria para o sentido do cartum?

4. Na notícia a seguir, foram suprimidos verbos ou locuções verbais.

- Substitua os sinais ▲ flexionando as formas verbais entre parênteses para que fiquem em concordância com o sujeito e o tempo verbal adequado ao contexto.

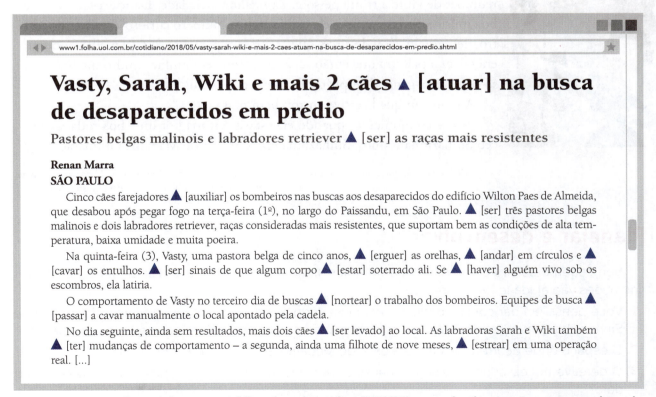

Disponível em: <www1.folha.uol.com.br/cotidiano/2018/05/vasty-sarah-wiki-e-mais-2-caes-atuam-na-busca-de-desaparecidos-em-predio.shtml>. Acesso em: 8 maio 2018.

Narrativa de enigma

Com base na situação inicial de um conto do gênero, você escreverá uma narrativa de enigma. Depois de prontos, os textos vão compor a *Coletânea de contos de enigma* da turma. Esse livro poderá ser doado à biblioteca da escola ou a uma instituição da comunidade, como a associação de moradores.

Para começar

Primeiramente, leia, com atenção, a situação inicial, identificando os traços particulares do detetive e algumas características da cena onde se passará o crime (roubo, assassinato etc.) e dos personagens que participam da narrativa.

Os romances de Conan Doyle me deram o desejo de empreender alguma façanha no gênero das de Sherlock Holmes. Pareceu-me que deles se concluía que tudo estava em prestar atenção aos fatos mínimos. Destes, por meio de uma série de raciocínios lógicos, era sempre possível subir até o autor do crime.

[...] Uma noite fui convidado por Madame Guimarães para uma pequena reunião familiar. Em geral, o que ela chamava de "pequenas reuniões" eram reuniões de vinte a trinta pessoas, da melhor sociedade. Dançava-se, ouvia-se boa música e quase sempre ela exibia algum "número curioso": artistas de teatro, de *music-hall* ou de circo, que contratava para esse fim. O melhor, porém, era talvez a palestra que então se fazia, porque era mulher muito inteligente e só convidava gente de espírito. Fazia disso questão.

A noite em que lá estive entrou bem nessa regra.

Em certo momento, quando ela estava cercada por uma boa roda, apareceu Sinhazinha Ramos. Sinhazinha era sobrinha de Madame Guimarães [...]

Medeiros e Albuquerque. Se eu fosse Sherlock Holmes. In: Conan Doyle et at. *Histórias de detetive*. São Paulo: Ática, 2003. p. 37. (Para Gostar de Ler, 12).

Planejar e desenvolver

Seu caderno servirá como um bloco de notas: fique atento às pistas e planeje as ações. Essas anotações vão ajudá-lo na empreitada.

1. Você pensa em dar continuidade ao texto inserindo, imediatamente, um discurso direto em que Sinhazinha Ramos revelará algum acontecimento trágico? Ou prefere descrever a personagem?
2. O espaço onde ocorrerá o crime é a casa de Madame Guimarães ou será outro?
3. O detetive necessariamente será o narrador-personagem. Qual será o método de investigação dele?
4. O detetive terá um auxiliar? Que características importantes para o enredo tem esse personagem?

5. Qual será o motivo do crime? Esse motivo convencerá os leitores de seu texto?
6. Que características do responsável pelo crime colaboraram para essa atitude?
7. Crie o momento em que todos os personagens tomam conhecimento de que houve um crime.
8. Os personagens devem dialogar entre si. Crie discursos diretos. Aproveite para descrever algumas características psicológicas dos envolvidos ou suspeitos.
9. Escolha bem os verbos de elocução que vai utilizar.
10. Pense nos adjetivos e nas locuções adjetivas mais adequados para que o leitor "visualize" a situação, os personagens e os locais onde se passa a história.
11. Escolha advérbios e locuções adverbiais que ajudem o leitor a construir as noções de tempo, de modo e de lugar pretendidas por você.
12. Pense em como utilizará os verbos. Lembre-se: verbos no presente do indicativo ajudam o leitor a sentir-se parte da história. Verbos no pretérito imperfeito transmitem a ideia de continuidade e indicam uma ação que ocorreu no passado, mas que não necessariamente foi concluída. Já o pretérito perfeito é o tempo verbal que marca a progressão da história.
13. Você planejou as pistas que dará ao leitor sobre o enigma?
14. Desenvolva um clima de tensão para que o detetive revele suas descobertas.
15. O título é fundamental para convidar o leitor a participar da investigação.

Revisar e editar

Troque seu texto com o de um colega. Vocês analisarão os aspectos a seguir.

1. A situação-problema da história é um enigma a ser desvendado?
2. A descrição do cenário ajuda o leitor a imaginar as cenas narradas?
3. O motivo do "crime" é convincente?
4. A trama está bem desenvolvida, sem resoluções rápidas demais ou muito banais?
5. Os personagens e o detetive foram bem caracterizados por adjetivos e por suas ações?
6. Os verbos de elocução traduzem para o leitor a emoção da fala do personagem?
7. Foi criado o clima para a revelação do culpado e do motivo que o levou a cometer o crime?
8. Os tempos verbais estão corretamente empregados?
9. Os recursos coesivos foram empregados, evitando-se, dessa forma, repetições e quebra de conexão entre as ideias do texto?

Compartilhar

1. Revise seu texto e passe-o a limpo, de preferência em um programa de edição de texto, incorporando as sugestões do colega que você julgar pertinentes. Se achar válido, busque imagens que possam complementar o texto ou ilustrá-lo de forma que ajude o leitor a imaginar alguma cena.
2. Depois, reúna sua história com a dos colegas. Juntos, planejem uma capa e um título coerentes com os contos reunidos.
3. Depois de tudo pronto, é hora de entregar o livro à biblioteca da escola ou do bairro, para uma instituição da comunidade ou a associação de moradores.

↑ Pessoas tentam obter água em poço na aldeia de Natwarghad, em Gujarat. Índia, 2003.

UNIDADE 2

Em pauta: a reportagem

NESTA UNIDADE
VOCÊ VAI:

- ler e analisar reportagens;
- ler um infográfico e reconhecer sua importância para ampliar informações de uma reportagem;
- desenvolver habilidades para planejar uma fotorreportagem;
- produzir uma fotorreportagem;
- rever as noções de verbos significativos e de ligação;
- estudar a construção de sentido dos verbos de elocução no discurso direto.

1. Observe a fotografia com atenção.
    a) Qual é o espaço da foto? Descreva a paisagem de fundo.
    b) Qual é a imagem central? Qual é o foco da foto? O que há nele?
    c) Quem são as figuras humanas? Que objetos aparecem?
2. O que mais lhe chamou a atenção nessa fotografia?
3. Ela lhe causou algum sentimento, algum impacto? Explique.
4. O que está por trás da escolha dessa imagem?

45

CAPÍTULO 1

Neste capítulo, você vai ler e analisar uma reportagem e um infográfico. Vai também revisar os conceitos de verbos significativos e de ligação e estudar a transitividade verbal.

ANTES DE LER

Notícia e reportagem são gêneros de texto que fazem parte do campo jornalístico e já foram estudados nos anos anteriores.

1. Quais são as semelhanças e as diferenças entre notícia e reportagem?

2. Uma reportagem é sempre assinada, a notícia, não. Por quê? Formule hipóteses.

3. Em que suportes o gênero reportagem é comumente veiculado?

4. Você já leu reportagens ou assistiu a algumas na TV? Quais são os temas abordados?

5. "O Planeta pede água" é o título da reportagem que você lerá a seguir. Relacione a imagem de abertura do capítulo a esse título. O que se pode inferir do tema do texto?

Repórter

Jornalista que capta informações, apura, checa, contextualiza e redige. Deve ser capaz de descrever fatos e de interpretar dados com exatidão e clareza. [...] Cabe a ele sugerir pautas, infográficos, títulos e legendas, além de adequar seu texto ao tamanho determinado pela edição.

Manual da redação: Folha de S.Paulo. 21. ed. São Paulo: Publifolha, 2018. p. 35.

LEITURA

O PLANETA PEDE ÁGUA

A má gestão e o descuido com as fontes naturais estão na gênese de uma das marcas de nosso tempo – a permanente crise hídrica e a inaceitável imundície dos oceanos. O quadro é dramático, mas ainda há tempo para uma reversão

JENNIFER ANN THOMAS

Numa tirada espirituosa, citada em editorial da revista *The Economist*, o poeta anglo-americano W. H. Auden (1907-1973) lembrou que "milhares viveram sem amor, mas ninguém jamais viveu sem água". Recentes estudos promovidos pelo MIT, o Instituto de Tecnologia de Massachusetts, nos Estados Unidos, preveem que, até meados deste século, mais da metade da humanidade habitará regiões com escassez de água doce. Há dois motivos para isso: o aumento populacional, associado à expansão do consumo, e as mudanças provocadas pelo aquecimento global, que tornam os lugares úmidos mais secos. Sem falar da imundície dos oceanos, invadidos pelo lixo industrial.

Os estragos são resultado de má gestão, de distribuição equivocada e descuido. Como a água é fundamentalmente gratuita, considerada um direito inalienável, o desperdício é a regra. Na China, a indústria utiliza dez vezes mais água por unidade de produção do que a média dos países ricos. Numa outra ponta do problema [...], dois terços do montante usado na irrigação são extraídos na marra, sem pagamento algum, dos aquíferos subterrâneos. No Brasil, os rios funcionam como cestos de lixo.

É nesse preocupante cenário que Brasília receberá, entre 18 e 23 de março, a oitava edição do Fórum Mundial da Água, realizado pela primeira vez na América do Sul. O evento será palco de calorosos debates, de vasta exposição de problemas, mas também de apresentação de soluções pelas iniciativas pública e privada, que vão de projetos de dessalinização a processos de reúso.

[...] O mundo pede água, tem sede, mas os atalhos de bom gerenciamento estão aí. Basta um mínimo de vontade política e empresarial. [...]

A sina do lixo. Foto do artista Chris Jordan em atol isolado no Pacífico: nossa sujeira chega ao estômago dos albatrozes.

OS OCEANOS ESTÃO À DERIVA

Diante do descaso com a conservação das águas salgadas, a ONU anuncia que os anos 2020 serão dedicados à proteção dos mares. O Brasil pode, inclusive, se tornar referência mundial no assunto.

SE OS PROBLEMAS derivados da escassez e da contaminação da água doce são assustadoramente transparentes, os da água salgada correm em silêncio. Mais de 3 bilhões de pessoas dependem da biodiversidade dos oceanos para a sobrevivência. Os mares são a maior fonte de proteína do planeta, por meio da pesca, e criam 200 milhões de empregos diretos e indiretos. Eles absorvem 30% do dióxido de carbono emitido na atmosfera — função essencial sem a qual não existiria vida terrestre. Os recursos oceânicos geram 3 trilhões de dólares por ano, o equivalente a cerca de 5% do PIB global. Mesmo diante de sua importância portentosa, temos destruído esse bem valioso. [...]

Cerca de 40% dos oceanos são intensivamente impactados pelas ações do homem. Entre nossos comportamentos mais preocupantes, destacam-se a pesca predatória, o lixo distribuído ao léu e a devastação de hábitats marinhos. Em torno de 80% da poluição dos mares tem origem em atividades executadas em terra, como o descarte descuidado de fertilizantes, de agrotóxicos e de esgotos. Calcula-se que, todos os anos, inacreditáveis 8 milhões de toneladas de plástico percorram o caminho entre o continente e a zona costeira, até chegar ao mar. Estima-se que metade da fauna marinha, entre aves, tartarugas, peixes e mamíferos, já tenha ingerido pedaços de plástico ou neles se enroscado.

Descaso. Cavalo-marinho segura cotonete na Indonésia.

É um problema frequentemente retratado por fotógrafos marinhos, como o americano Justin Hofman, que no ano passado ganhou o prêmio de melhor foto de natureza do prestigiado Museu de História Natural de Londres por um dos cliques que fez na Indonésia: o retrato de um cavalo-marinho melancolicamente agarrado a um cotonete [...]. Disse Hofman sobre seu trabalho: "Essa foto serve como alegoria para o estado dos nossos oceanos, o atual e o dos próximos anos. Que tipo de futuro estamos criando? Como nossas ações podem moldar o planeta?".

Ao longo do Fórum Mundial da Água, em Brasília, a Unesco, órgão ligado à ONU, deve reforçar que os anos 2020 serão dedicados ao que se nomeou como Década da Oceanografia. Disse a *Veja* o ambientalista italiano Salvatore Aricò, chefe do Departamento de Ciências dos Oceanos da Unesco: "A preservação precisa ser pensada como estratégia para que a sociedade continue a se beneficiar dos recursos marítimos como ferramenta essencial para a produção de alimentos, para o lazer e o turismo e para a regulação do clima". Um dos objetivos da Década da Oceanografia será mais que dobrar a dimensão das reservas de proteção, hoje 4% da área total de mares. [...]

O Brasil, talvez surpreendentemente, tem sido referência nesse assunto. [...] Com 8 500 quilômetros de zona costeira e marinha, entre Amapá e o Rio Grande do Sul, o país tinha até pouco tempo atrás apenas 1,5% de seu litoral sob cuidados rigorosos. Na onda do Fórum Mundial, anunciou-se, às pressas, a criação de mais duas unidades de conservação, nos arquipélagos de São Paulo e de São Pedro, em Pernambuco, e de Trindade e Martim Vaz, no Espírito Santo. Com essas unidades, que devem ser lançadas oficialmente na segunda-feira 19, chega-se aos 25%.

No entanto, de acordo com Antônio Carlos Marques, biólogo do Instituto de Biociências da Universidade de São Paulo (USP) e assessor de programas de biodiversidade da ONU para a preservação marinha, a medida, embora louvável e necessária, não se adapta perfeitamente aos objetivos das Nações Unidas. Segundo a organização, cada país é responsável por proteger 10% de seus mares com áreas de diferentes ecossistemas. Isso até os anos 2020. Em quantidade, o Brasil realmente passa a superar esse limite agora. Em qualidade, não. "Não adianta estar atento a áreas enormes e pouco exploradas, como a dos arquipélagos agora acrescentados, e ignorar manguezais, praias e corais rasos, que não foram incluídos nas novas unidades de preservação", afirma Marques. [...]

Símbolo da exploração oceânica, o economista, escritor e navegador paulistano Amyr Klink passou 34 de seus 62 anos realizando travessias navais. Em entrevista a *Veja*, assim ele definiu o respeito que se deve ter com os oceanos: "O barco tem uma característica que eu amo. Ele afunda. A vida de navegador me ensinou que não dá para passar a perna no mar. Pouco conhecemos a área oceânica, e a verdade é que dependemos mais dela do que o contrário". A civilização explorou só 5% de toda a extensão de água salgada do planeta. É pouco, mas o suficiente para saber que tudo o que se joga no mar um dia voltará para a superfície – se não hoje, nas próximas gerações.

Jennifer Ann Thomas. *Veja*, ano 51, n. 12, p. 73, 84-86, 21 mar. 2018.

GLOSSÁRIO

Aquífero: água acumulada no subsolo, que pode emanar para poços e mananciais ao ser extraída (formação geológica ou solo poroso).
Dessalinização: retirar sal da água do mar.
Gênese: origem.
Inalienável: o que não pode ser vendido ou cedido.

Jennifer Ann Thomas nasceu em Londrina, Paraná, e é formada em Jornalismo pela Universidade Estadual de Ponta Grossa. Trabalha como repórter de Meio Ambiente, Ciência e Tecnologia da revista *Veja*.

Em um *site* de vídeos, Jennifer fala da importância de o jornalista ir a campo conhecer a fundo os fatos que não teria oportunidade de conhecer por outro meio. Ressalta também a responsabilidade do repórter para com o leitor, que precisa confiar na veracidade das informações apresentadas.

Apreciação

1. A leitura da reportagem foi esclarecedora? Achou o assunto importante? Por quê?

2. O que mais chamou sua atenção no texto?

3. Encontrou alguma dificuldade na leitura? Quais?

4. O que mais você gostaria de saber sobre esse assunto?

Interpretação

1. Leia a definição a seguir. Em seguida, responda à questão proposta.

   Gancho é o jargão usado para nomear circunstância que torna um **assunto oportuno ou de interesse jornalístico**.

   Manual de redação: Folha de S.Paulo, 21. ed. São Paulo: Publifolha, 2018. p.100.

   - Qual é o gancho que motiva a reportagem *O planeta pede água*?

2. Leia atentamente a introdução do texto.
   a) No contexto, o adjetivo "espirituoso" significa inteligente, bem-humorado. Por que a jornalista considera a observação do poeta W. H. Auden espirituosa?
   b) Em sua opinião, por que a autora da reportagem toma de empréstimo essa imagem tão forte para o leitor?

3. Segundo as previsões do Instituto de Tecnologia de Massachusetts, o MIT, mais da metade da humanidade habitará regiões com escassez de água doce. Em que fatos se apoiam essas previsões?

4. Por que, a seu ver, a autora da reportagem cita o Instituto de Tecnologia de Massachusetts?

5. Releia o trecho a seguir.

> Como a água é fundamentalmente gratuita, considerada um bem inalienável, o desperdício é a regra. Na China, a indústria utiliza dez vezes mais água por unidade de produção do que a média dos países ricos. Numa outra ponta, dois terços do montante usado na irrigação são extraídos na marra, sem pagamento algum, dos aquíferos subterrâneos.

   a) Esse parágrafo apresenta uma das causas da escassez da água. Qual é a causa e qual é a consequência? Explique a relação entre a causa e a consequência.
   b) Como a jornalista exemplifica o desperdício da água?

6. Além do desperdício, o texto aponta outro grave problema que prejudica as fontes naturais. Qual é esse problema? Busque as frases que o explicitam.

7. Além de apontar os problemas da crise hídrica, o evento sediado em Brasília apresenta algumas soluções já encontradas para revertê-los. Quais são?

Linguagem

1. Reflita sobre a expressão "pedir água", que integra o título da reportagem.
   a) Qual é o sentido literal da expressão?
   b) Você conhece o significado da expressão popular "pedir água"? Explique-o.

2. O que você esperava encontrar em uma reportagem com esse título?

3. Observe o trecho a seguir e reflita.

   > [...] a permanente crise hídrica e a inaceitável imundície dos oceanos. O quadro é dramático, mas ainda há tempo para uma reversão.

   - Apesar de a linguagem jornalística procurar ser objetiva para manter a neutralidade, dificilmente isso acontece. Que palavras ou expressões do fragmento denotam a visão pessoal da repórter?

4. Releia o fragmento a seguir.

   > **Como** a água é fundamentalmente gratuita, considerada um bem inalienável, o desperdício é a regra.

   a) Qual é a ideia da palavra **como** no fragmento? Copie no caderno a resposta correta.
      - Consequência.
      - Finalidade.
      - Causa.
      - Comparação.
   b) Substitua a palavra destacada no trecho por outra palavra ou expressão que apresente mesmo sentido.

5. Releia atentamente o trecho a seguir.

   > Na China, a indústria utiliza dez vezes mais água por unidade de produção do que a média dos países ricos. **Numa outra ponta**, dois terços do montante usado na irrigação são extraídos na marra, sem pagamento algum, dos aquíferos subterrâneos.

   a) Qual é o sujeito a que se refere o verbo **utilizar**?
   b) Qual é o sentido da expressão "numa outra ponta", destacada no parágrafo?
   c) O emprego dessa expressão permite ao leitor identificar o termo que está na outra ponta? Por quê?
   d) Mesmo não estando explícito, é possível deduzir qual é esse termo. Escreva no caderno a palavra do fragmento que o indica.
   e) Quais são, então, os dois termos da oposição?

6. Quebrando a linguagem formal da reportagem, a jornalista emprega a expressão coloquial "na marra". Qual é o efeito de sentido obtido pelo uso dessa expressão?

ENTRELAÇANDO LINGUAGENS

Leia este infográfico que integra a reportagem da revista *Veja*, "O planeta pede água".

Veja, ano 51, n. 12, 21 mar. 2018. p. 76-77.

1. Nos infográficos, em geral há uma imagem principal a que estão relacionados pequenos textos verbais e/ou outras imagens menores.

    a) Qual é a imagem principal desse infográfico? Ela está de acordo com o conteúdo que se quer transmitir? Justifique sua afirmação.

    b) Que outra imagem do infográfico está diretamente relacionada à principal?

2. Qual é a função do planisfério que aparece no infográfico?

3. Na barra inferior do infográfico, há uma comparação. Explique o que está sendo comparado.

4. Em sua opinião, esse infográfico cumpriu a intenção comunicativa de explicar, de modo sucinto, a necessidade de evitar o desperdício de água potável? Justifique sua resposta.

51

A função do jornalismo

Este é o *fac-símile* da primeira edição do primeiro periódico a circular no Brasil. Em 1808, Hipólito Costa iniciou, em Londres, a produção do jornal *Correio Braziliense*.

Observe o destaque que esse editor dá à função social da imprensa: "O primeiro dever do homem em sociedade é ser útil aos membros dela [...]. Ninguém mais útil pois do que aquele que se destina a mostrar, com evidência, os acontecimentos [...]. Tal tem sido o trabalho dos redatores das folhas públicas".

Alberto Dines. *O papel do jornal e a profissão de jornalista*. 9. ed. São Paulo: Summus Editorial, 2009. p.13.

- Você concorda que, nos diferentes veículos de informação, a função do jornalismo tem sido informar o leitor, ser "útil aos membros" da sociedade? Justifique sua resposta com exemplos.

ESTUDO DA LÍNGUA

Verbos significativos e verbos de ligação

Na unidade anterior, você revisou a estrutura das orações, verificando que todas apresentam verbos no predicado. Agora vamos rever os tipos de verbo que podem compor os predicados.

1. Releia um trecho da reportagem "Os oceanos estão à deriva".

> **SE OS PROBLEMAS** derivados da escassez e da contaminação da água doce são assustadoramente transparentes, os da água salgada correm em silêncio. Mais de 3 bilhões de pessoas dependem da biodiversidade dos oceanos para a sobrevivência. Os mares são a maior fonte de proteína do planeta, por meio da pesca, e criam 200 milhões de empregos diretos e indiretos. Eles absorvem 30% do dióxido de carbono emitido na atmosfera – função essencial sem a qual não existiria vida terrestre. Os recursos oceânicos geram 3 trilhões de dólares por ano, o equivalente a cerca de 5% do PIB global.

• Retome as orações a seguir do trecho e compare-as.

> **I.**
> Os mares são a maior fonte de proteína do planeta [...].
> **II.**
> Os recursos oceânicos geram 3 trilhões de dólares por ano, o equivalente a cerca de 5% do PIB global.

a) Em qual das orações o predicado indica uma característica do sujeito?

b) Em qual delas o predicado atribui uma ação ao sujeito?

Observe que a forma verbal **são**, diferentemente de **geram**, não indica nenhum tipo de ação do sujeito, mas sim um estado permanente.

> Os verbos que ligam o sujeito às suas características ou estados são chamados **verbos de ligação**. Os verbos que indicam ação ou fenômenos da natureza são chamados **verbos significativos**.

2. Observe outros **verbos de ligação** nas orações a seguir. Depois, relacione cada verbo ao sentido que ele expressa.

I. O mar é fonte de proteína.
II. O mar está revolto.
III. O mar ficou revolto.
IV. O mar permanece revolto.
V. O mar parece agitado.

a) Continuidade do estado.
b) Mudança de estado.
c) Estado transitório.
d) Estado aparente.
e) Estado permanente.

53

Transitividade verbal

1. Observe a oração a seguir, extraída de outra reportagem sobre regiões áridas do mundo onde, com a ajuda da tecnologia, foram desenvolvidas soluções para o consumo da água do mar.

> Desde os anos 60, têm sido estudadas medidas para o fornecimento de água potável.

Valor, 23 mar. 2018. Especial Água.

a) Qual é o sujeito da oração?

b) Retirando-se o sujeito (o núcleo do sujeito e seus termos acessórios), o restante da oração corresponde ao predicado. Identifique o predicado da oração.

Embora sejam permitidas algumas variações na organização da oração, a posição natural do sujeito é antes do predicado, a **ordem direta**, que facilita a compreensão.

c) Organize a oração na ordem direta.

2. Observe estas duas orações e compare os verbos significativos destacados.

> [...] os [problemas] da água salgada **correm** em silêncio.
> O mundo **pede** água [...].

- Quanto à necessidade ou não de complemento, que diferença você nota entre uma oração e outra?

> Os verbos significativos que não necessitam de complemento são classificados como **verbos intransitivos**. Já aqueles que necessitam de complemento classificam-se como **verbos transitivos**.

ATIVIDADES

1. Leia o fragmento de um dos textos que integram a reportagem "O planeta pede água".

O PARADOXO DOS RIOS E DOS LAGOS

É um dos grandes dilemas de nosso tempo: como pode haver tanta água doce na Terra e ainda assim vivermos em escassez?

Jennifer Ann Thomas

APENAS 1% DE TODA A ÁGUA DOCE da Terra é ▲. Parece muito pouco, mas seria quantidade mais do que suficiente para o consumo dos mais de 7 bilhões de humanos que habitam ▲. Ainda mais no Brasil, que concentra ▲ – uma enormidade. Por que então, há ▲, num dos mais assustadores dilemas ambientais de nosso tempo? O problema é ▲, profundamente desigual, e o descaso com ▲. Nisso também o Brasil é ▲. São desperdiçadas 41% de toda a água tratada em território nacional. É um paradoxo haver ▲ na nação mais alagada da Terra. No entanto, trata-se ▲.

Veja, ano 51, n. 12, p. 75, 21 mar. 2018.

a) Copie o trecho no caderno substituindo os ▲ pelos termos do quadro abaixo.

> escassez – 12% de toda a oferta global de água doce – a distribuição – este planeta – os rios e os lagos – péssimo exemplo – de uma contradição facilmente explicável – tanta gente sem água – potável.

b) Retire do trecho citado os verbos que são classificados como significativos.

c) Leia a definição a seguir e explique o paradoxo a que se refere o título da reportagem.

> **Paradoxo** é a justaposição de ideias aparentemente contraditórias.

2. Os verbos de ligação podem expressar se o atributo do sujeito é definitivo, momentâneo, transitório, contínuo, aparente etc.

• Usando verbos de ligação, crie uma oração em que você avalia uma praia:

a) momentaneamente poluída.

b) com condições para a prática de esportes.

c) que passou a ser muito frequentada.

d) cuja areia tem aparência de limpa.

3. Leia o texto da campanha contra automedicação promovida pelo Conselho Regional de Farmácia de São Paulo.

a) Que frase expressa a ideia central da campanha?

b) Qual é o objetivo dessa campanha?

c) Identifique o sujeito e o predicado. Classifique o verbo do predicado.

d) Qual é a função desse verbo na oração?

e) Que termo da oração corresponde ao predicativo do sujeito?

f) Com base na ideia de que biscoito é alimento de fácil digestão, popularmente a expressão "não é biscoito" significa algo que não é inofensivo, inocente. Como ela pode ser entendida no contexto?

Disponível em: <http://portal.crfsp.org.br/servicos.html?id=268&limit=5&start=10>. Acesso em: 1º jul. 2018.

4. Observe outra frase do texto.

> Na hora de comprar medicamentos, não conte com a sorte.

a) Identifique os verbos e classifique-os quanto à transitividade.

b) Se o verbo da última oração fosse "vacile", o efeito de sentido permaneceria o mesmo?

CAPÍTULO 2

Neste capítulo, você vai ler mais uma reportagem, estudará verbos de elocução e fará uma reportagem fotográfica.

LEITURA

Oceanos recebem 25 milhões de toneladas de lixo por ano

Estimativa é de estudo internacional que avalia destinação inadequada de resíduos; Brasil colabora com 2 milhões

Giovana Girardi, O Estado de S.Paulo
21 Março 2018 | 03h15

Um estudo que revisou a literatura mundial sobre poluição marinha estimou que pelo menos 25 milhões de toneladas de resíduos são despejadas por ano nos oceanos. E a maior parte disso – 80% – tem origem nas cidades, em razão da má gestão dos resíduos sólidos.

Lixo em East Beach, na Ilha Henderson, no Pacífico Sul. Pelo menos 25 milhões de toneladas de resíduos são despejadas por ano nos oceanos; 80% têm origem nas cidades.

http://brasil.estadao.com.br/noticias/geral,oceanos-recebem-25-milhoes-de-toneladas-de-lixo-por-ano,70002235798

O caminho é conhecido: sem descarte adequado, resíduos vão parar em lixões, muitos deles à beira de corpos-d'água, que seguem pelo seu caminho natural até o mar. O trabalho, coordenado pela Associação Internacional de Resíduos Sólidos (Iswa), levou em conta estimativas sobre quanto resíduo não é coletado no mundo – algo entre 500 milhões e 900 milhões de toneladas – e cruzou esse dado com o mapeamento de pontos de descarte irregular em cidades perto do mar ou de corpos hídricos – daí uma estimativa mínima de pelo menos 25 milhões chegando ao mar.

+++ Oceanos de plástico

O estudo, divulgado ontem no Fórum Mundial da Água, que é realizado em Brasília até o fim da semana, avalia que cerca de metade desse lixo que vai parar no oceano é plástico. E que cada tonelada de resíduo não coletada em áreas ribeirinhas representa o equivalente a mais de 1,5 mil garrafas plásticas que vão parar no mar.

O valor é um pouco mais alto do que estimativas mais recentes da Organização das Nações Unidas (ONU), que apontam algo em torno de 8 milhões de toneladas de lixo plástico entrando nos oceanos todo ano. Segundo a ONU, de 60% a 80% de todo o lixo no mar é plástico. E até 2050 pode haver mais plástico do que peixes no mar.

"O lixo no ambiente marinho já é um desafio global semelhante às mudanças climáticas. E o problema, que vai muito além daquilo que é visível, está presente em quase todas as áreas costeiras do mundo, trazendo desequilíbrio tanto para a fauna e flora marinhas e comprometendo esse recurso vital para a humanidade", afirmou em comunicado à imprensa Antonis Mavropoulos, presidente da Iswa.

+++ Cuidar dos oceanos é salvar o planeta, diz especialista Sylvia Earle

Brasil. A metodologia foi adaptada para o Brasil pela Associação Brasileira de Empresas de Limpeza Pública e Resíduos Especiais (Abrelpe) – braço da Iswa no Brasil –, que concluiu que aqui pelo menos 2 milhões de toneladas de lixo podem chegar aos mares. "Se fosse todo espalhado, esse monte de resíduos ocuparia a área de 7 mil campos de futebol", disse ao Estado Carlos Silva Filho, diretor-presidente da Abrelpe.

"E usamos premissas mais conservadoras. Áreas alagadas, como Pantanal, Amazônia, muito longes do mar, ficaram de fora do cálculo. Se fossem incluídas, poderíamos chegar a um valor de 5 milhões de toneladas de resíduos."

Para o Brasil, Silva diz que não foi possível estimar exatamente quanto desses resíduos é plástico, mas lembra que 15% do resíduo sólido gerado no Brasil tem essa origem.

+++ Despoluição dos oceanos

Segundo outro estudo da Abrelpe, o Panorama dos Resíduos Sólidos – cuja última edição disponível é a de 2016 –, naquele ano cerca de 41% dos resíduos gerados no País tem destinação inadequada.

Esse porcentual pouco melhorou nos últimos anos, apesar de a Política Nacional de Resíduos Sólidos ter definido que não deveria mais existir lixões no Brasil desde 2014. Em 2010, quando a lei foi promulgada, tinham destinação inadequada 43% dos resíduos.

"O estudo da poluição marinha reflete um problema que podemos ver de outra maneira. O Brasil gasta por ano cerca de R$ 5,5 bilhões para tratar a saúde das pessoas, tratar os cursos-d'água e recuperar o ambiente em virtude da degradação dos resíduos sólidos. Então resolver o problema é bom para a economia também", defende Silva.

Giovanna Girardi. *O Estado de S. Paulo*. 21 mar. 2018. Disponível em: <http://brasil.estadao.com.br/noticias/geral,oceanos-recebem-25-milhoes-de-toneladas-de-lixo-por-ano,70002235798>. Acesso em: 23 maio 2018.

Giovanna Girardi é repórter especializada em meio ambiente e ciência. Atualmente, ela assina o *blog* "Ambiente-se – Porque o nosso planeta é um só", no mesmo jornal em que a reportagem foi publicada.

ESTUDO DO TEXTO

Apreciação

1. O que você notou de diferente nessa reportagem em relação à que leu no Capítulo 1, "O planeta pede água"?

2. Qual dos dois textos é mais persuasivo, isto é, convence mais o leitor? Por quê? Converse com os colegas.

Interpretação

1. Compare o título "Oceanos recebem 25 milhões de toneladas de lixo por ano" e o subtítulo dessa reportagem com o título e o subtítulo da reportagem anterior, "O planeta pede água".
   - Em qual reportagem o título e o subtítulo são mais objetivos, isto é, não expressam a opinião das jornalistas? Justifique sua resposta.

2. As duas reportagens foram publicadas em mídias diferentes.
   - Considerando-se a mídia em que a segunda reportagem foi publicada, quem são os possíveis leitores?

3. Além do título, uma reportagem costuma servir-se de subtítulos. Na reportagem "Oceanos recebem 25 milhões de tonelada por ano", há três subtítulos: "Oceanos de plástico"; "Cuidar dos oceanos é salvar o planeta"; "Despoluição dos oceanos".
   - Qual é a função de cada subtítulo da reportagem?

4. No Capítulo 1 desta unidade, a reportagem "O planeta pede água" traz a imagem impactante do albatroz morto pela poluição do oceano.
   - Com base no que você leu nos dois textos desta unidade, explique como todo esse lixo foi parar na barriga do albatroz.

5. Entre os materiais poluidores das águas doce e salgada, o grande vilão é o plástico. Explique o motivo de isso ocorrer. Primeiramente, levante hipóteses. Em seguida, pesquise em livros e/ou na internet para confirmar ou não as hipóteses levantadas.

6. Segundo o presidente da Iswa, o lixo no ambiente marinho já é um desafio global semelhante às mudanças climáticas.
   - O que explica esse ponto de vista de Antonis Mavropoulos?

7. Segundo o diretor-presidente da Abrelpe, a situação do Brasil em relação ao lixo é diferente?

8. Leia atentamente o trecho a seguir.

> O estudo da poluição marinha reflete um problema que podemos ver de outra maneira. O Brasil gasta por ano cerca de R$ 5,5 bilhões para tratar a saúde das pessoas, tratar os cursos-d'água e recuperar o ambiente em virtude da degradação dos resíduos sólidos. Então resolver o problema é bom para a economia também [...].

- Segundo o depoimento do diretor-presidente da Abrelpe, a poluição das águas afeta não só o ambiente. O que também é afetado?

Linguagem

1. Da mesma forma que a notícia, a reportagem pode se valer do discurso direto para trazer outra voz ao texto. Leia:

> "O lixo no ambiente marinho já é um desafio global semelhante às mudanças climáticas. E o problema, que vai muito além daquilo que é visível, está presente em quase todas as áreas costeiras do mundo, trazendo desequilíbrio tanto para a fauna e flora marinhas e comprometendo esse recurso vital para a humanidade", afirmou em comunicado à imprensa Antonis Mavropoulos, presidente da Iswa.

a) No fragmento acima, o que marca a introdução do discurso direto?
b) De quem é a voz nesse fragmento?
c) Além dessa fala há, no texto, outras duas. De quem são?
d) O que explica a introdução do discurso direto na reportagem?

O QUE APRENDEMOS COM O ESTUDO DE REPORTAGEM

- A intenção comunicativa da reportagem é transmitir ao leitor um conjunto de informações sobre um fato, um personagem, um comportamento etc.
- Os suportes das reportagens impressas são o jornal e a revista. Algumas são publicadas nos *sites* desses veículos.
- Elas são desenvolvidas com base em um dado da realidade (o "gancho").
- O jornalista recebe ou elabora uma pauta sobre o assunto e prevê o que investigará, quem entrevistará e a necessidade de fotos, boxes, gráficos e infográficos que ampliarão e/ou esclarecerão o texto principal.
- As citações são importantes, pois orientam o leitor em relação aos diferentes pontos de vista sobre o assunto principal da reportagem e confirmam as afirmações do jornalista.
- Os verbos apresentam-se predominantemente na 3ª pessoa e no presente do indicativo.
- O registro linguístico é geralmente o formal.

Leitura conectada

Os jornais eletrônicos permitem ao leitor estabelecer conexões com outros textos, vídeos e *podcasts* (arquivos de áudio), assim como interagir com o próprio *site* e/ou com outros leitores.

Na versão eletrônica da reportagem "Oceanos recebem 25 milhões de toneladas de lixo por ano" (portal Estadão), é possível, ao clicar no subtítulo "Oceanos de plástico", acessar digitalmente o texto a seguir.

Oceanos de plástico

Karina Oliani

17 Março 2018 | 11h14

Eu sou uma eterna amante da natureza, isso é algo que qualquer pessoa que me conheça minimamente sabe a meu respeito. E essa paixão que motivou minha especialização médica, que motiva minhas aventuras todas, mas principalmente é por essa paixão que me movo em defesa do meio ambiente.

No ano passado recebi um convite para ser uma das embaixadoras de um lindo projeto da Ocean Wise, uma organização sem fins lucrativos cuja visão é um mundo em que os oceanos são saudáveis e floresçam. My Ocean, a extensão narrativa da ONG, publicou esse programa de *podcasts* com sonhadores que lutam por mudanças para rios, lagos e oceanos saudáveis. O objetivo é contar histórias de triunfos da conversação do oceano. [...]

[...] todos nós podemos fazer algo para colaborar com a proteção do pulmão do planeta.

Disponível em: <http://viagem.estadao.com.br/blogs/viajando-com-karina-oliani/oceanos-de-plastico>.
Acesso em: 25 maio 2018.

1. Que elemento da reportagem motivou o comentário do *blog* de Karina Oliani?

2. Qual a intenção dessa publicação?

3. Que argumento Karina emprega no último parágrafo do texto?

Verbos de elocução

Leia o fragmento de uma reportagem científica publicada pelo jornalista Herton Escobar no jornal *O Estado de S. Paulo*, em 25 de maio de 2018, intitulada "Estudo põe mais um dinossauro na pré-história do País".

> Pesquisadores brasileiros acabam de acrescentar mais um personagem ao escasso elenco de espécies que figuram nos primeiros capítulos da história evolutiva dos dinossauros. E de relevância mundial. Batizado de *Bagualosaurus agudoensis*, ou "lagarto bagual de Agudo", ele viveu há 230 milhões de anos, onde hoje fica o Rio Grande do Sul. [...]
>
> "Ele é parecido com o que se espera de outros dinossauros primitivos, mas com algumas inovações anatômicas na estrutura do crânio, especialmente nos dentes, que sugerem que tinha uma dieta quase 100% herbívora", **explica** o paleontólogo Flávio Pretto, da Universidade Federal de Santa Maria, que descreveu o fóssil, para sua tese de doutorado. "É um dos dinos mais antigos do mundo."
>
> Descoberto em 2007, em um barranco à beira do açude [...], o fóssil ficou mais de cinco anos guardado em um armário do Laboratório de Paleovertebrados da Universidade Federal do Rio Grande do Sul, sob a tutela do professor Cesar Schultz. "Estava só esperando alguém para estudá-lo, e acabou caindo na minha mão", **comemora** Pretto. [...]
>
> **Dieta.** O fato de o Bagualosaurus já ter uma dentição bem adaptada ao consumo de vegetação é especialmente importante para a história evolutiva dos dinossauros. Pretto explica que todos os saurópodes têm duas características em comum: o gigantismo e o herbivorismo. "Mas não sabemos o que veio primeiro", **afirma**. [...]

Herton Escobar. *O Estado de S. Paulo*, 25 maio 2018.

Nas reportagens científicas, a citação do discurso de especialistas, como o professor Flávio Pretto, da Universidade Federal de Santa Catarina, dá credibilidade às informações do texto. Essas citações são destacadas por aspas e introduzidas ou seguidas pelos **verbos de elocução**, em destaque no texto.

GLOSSÁRIO

Saurópode: ordem de dinossauros que inclui alguns dos maiores animais que já existiram.

1. Levante hipóteses.
   a) Se trocássemos o segundo verbo de elocução em destaque por **disse**, esse verbo transmitiria a mesma emoção da fala do professor? Por quê?
   b) No último parágrafo, o jornalista escolheu o verbo **afirma** para expressar a atitude do enunciador, ou seja, de quem fala. Em sua opinião, por que ele faz essa escolha?
   c) Que outro verbo de elocução comunicaria a mesma intenção do enunciador?

2. O primeiro verbo de elocução destacado é **explica**.
   - Que outro verbo de elocução poderia ser empregado, nesse contexto, para expressar a atitude do enunciador?

Até aqui estudamos as citações diretas (reprodução exata da fala do entrevistado). Porém, as citações indiretas (o jornalista reproduz o discurso do entrevistado) também são empregadas no texto.

3. Reescreva no caderno uma citação indireta do discurso do pesquisador Flávio Pretto.

ENTRELAÇANDO LINGUAGENS

A **legenda** é um texto curto que acompanha imagens. Ela não é descritiva, mas deve acrescentar informação ao leitor em relação ao fato registrado.

1. Observe abaixo as fotos e as respectivas legendas e indique qual delas acrescenta, ao leitor, mais informações sobre o fato.

Descaso: cavalo-marinho segura cotonete na Indonésia.

Lixo em East Beach, na Ilha Henderson, no Pacífico Sul. Pelo menos 25 milhões de toneladas de resíduos são despejadas por ano nos oceanos; 80% têm origem nas cidades.

DICAS

▶ **ASSISTA**

Spotlight – segredos revelados, EUA, 2016. Direção: Tom McCarthy, 128 min. Spotlight é o nome da equipe editorial responsável pelo jornal *Boston Globe*, que investiga e reúne documentos que comprovam casos de abuso de crianças por padres católicos, ocultados pela Igreja Católica. Com base em uma história real, o filme é interessante, pois revela ao espectador os bastidores da investigação jornalística.

Amazônia eterna, Brasil, 2014. Direção: Belisário Franca, 97 min. O documentário trata da exploração sustentável da Floresta Amazônica e da manutenção de seu ecossistema. São apresentados diversos pontos de vista (de empresários, pesquisadores e moradores da região) e nove projetos com propostas de sucesso, as quais demonstram que é possível desenvolver a economia preservando o meio ambiente.

↖ **ACESSE**

Game Change Rio. Disponível em: <www.gamechangerio.org>. Elaborado com base no Programa das Nações Unidas para o Meio Ambiente, é um jogo em que o participante exerce o papel de um economista da ONU cujo objetivo é elaborar políticas de sustentabilidade. A cidade deve progredir por meio do equilíbrio entre o desenvolvimento social, industrial e local.

📍 **VISITE**

Parque Estadual da Cantareira. Inaugurado na década de 1960, é uma das maiores áreas de mata tropical nativa do mundo em uma região metropolitana. Está localizado na cidade de São Paulo (SP).

Reportagem fotográfica

Você será um repórter fotográfico, ou seja, o jornalista que capta as informações sobre determinado assunto ou fato e expressa-as por meio de fotografias. A reportagem fotográfica será exposta no pátio da escola, acompanhada de um texto explicativo sobre o fato que gerou a produção.

Os alunos e funcionários da escola elegerão, por meio de votação, a fotorreportagem mais significativa sobre a comunidade, que será enviada ao jornal do bairro para publicação com a finalidade de atingir um público maior e estimular a reflexão a respeito do tema.

Para começar

Fazer uma fotorreportagem exige do autor investigação, pesquisa em fontes diversas e entrevistas. Antes de tudo, entretanto, é preciso definir a pauta.

Organizar

1. Escolha um assunto entre os sugeridos a seguir ou outro de seu interesse.
2. Estabeleça uma pauta: o que você pretende abordar sobre o assunto. Pesquise em diversas fontes: publicações impressas – livros, revistas, jornais – ou virtuais e com especialistas ou testemunhas do fato.
3. Para fotografar pessoas, é necessário pedir a autorização delas. Tenha alguns formulários de autorização prontos para o caso de precisar quando estiver desenvolvendo o trabalho.

    Modelo:

    > Eu, _____ (nome), autorizo que minha imagem seja publicada como parte de uma mostra escolar e futuramente no jornal do bairro.
    > Data: _____
    > Assinatura: _____

- Atenção! Fotos de menores de idade precisam ser autorizadas por um responsável.

Desenvolver

1. Veja a seguir algumas sugestões de temas para sua investigação.
    I. Intervenções gráficas no bairro ou na cidade – grafites e pichações.
        - O que fotografar: espaços em que essas intervenções ocorrem; a diferença de intenção comunicativa entre elas. Se possível, o registro dos autores da intervenção e dos donos de imóveis atingidos por ela.
    II. Ausência de obras da prefeitura: asfaltamento, vias esburacadas, iluminação, cuidados com praças e outros espaços públicos etc.

- O que fotografar: espaços em que não há a necessária intervenção dos órgãos responsáveis do município. O prejuízo sofrido pelos moradores do bairro por causa da ausência desses serviços.

III. Manifestações culturais: festas, quermesses, blocos de Carnaval, eventos culturais (apresentações de música, dança, filmes; círculos de debates sobre filmes, leituras e peças teatrais).
- O que fotografar: pessoas envolvidas na promoção do evento e participantes; o passo a passo da realização do evento; o próprio evento.

2. Hora de ir a campo!
   I. Faça o levantamento de informações, dados e imagens do tema sugerido.
   II. Organize as anotações dos dados e das entrevistas que comporão o texto explicativo que acompanhará sua reportagem.
3. Elabore o cartaz da fotorreportagem. Não se esqueça de:
   - selecionar uma ou duas citações dos entrevistados para ilustrar o posicionamento deles sobre o fato retratado;
   - inserir legendas nas fotos;
   - escolher um título atrativo.

Revisar

1. Revise seu texto e observe se o conjunto imagem/texto verbal forma um todo harmônico.
2. Verifique se as legendas estão em local adequado e se acrescentam informações às imagens.
3. Corrija eventuais erros e passe o texto a limpo.

Compartilhar

1. Junto com os colegas, exponha sua fotorreportagem no pátio da escola para que toda a comunidade escolar possa vê-la e lê-la.
2. Reserve alguns momentos para estar presente à exposição, a fim de esclarecer dúvidas e ouvir os comentários do público que visitará a mostra.
3. A fotorreportagem mais bem votada poderá ser enviada ao jornal do bairro.

Avaliar

1. O trabalho foi planejado antecipadamente? A pauta foi cumprida?
2. A fotorreportagem propiciou aprendizado e reflexão ao público da mostra?
3. As legendas e o título do texto explicativo eram atrativos para os leitores?
4. Você gostou de desenvolver esse trabalho investigativo?

↑ Aluno fotografa paisagem em oficina de comunicação em Tracuateua (PA), 2014.

A voz da comunidade

Quando você observa o bairro onde mora, do que sente falta? Espaços de lazer? Atividades culturais? Calçadas seguras para pedestres? Equipamentos para deficientes físicos?

O que fazer?

Elaborar um abaixo-assinado digital, pleiteando, do poder público, medidas que atendam às necessidades mais urgentes da população do bairro.

Com quem fazer?

Os alunos da turma se organizarão em grupos. Cada grupo avaliará qual é a principal necessidade do bairro e que tipo de intervenção solicitará.

Como fazer

Discutir

1. Discutam em grupo, na sala de aula, e escolham qual proposta seria mais interessante para a comunidade.
2. Escreva uma carta de solicitação à diretora da escola, pedindo-lhe que disponibilize um espaço físico, cadeiras e uma mesa para que os alunos do 8º ano possam discutir o que vocês consideram prioridade para o bairro.
3. No dia da reunião, cada representante de grupo detalhará o que considera fundamental para o bairro e justificará com argumentos os motivos que fundamentaram a escolha. Cada grupo deve documentar a necessidade apontada. No caso das calçadas, por exemplo, fotografem o estado delas, conversem com os pedestres sobre a dificuldade de caminhar nas ruas, verifiquem se há alguma notícia sobre a necessidade.
4. Um colega ficará encarregado de escrever a ata da reunião e outro de ser o mediador da discussão e da votação.

Como se escreve uma ata?

A ata é um documento em que se relata sinteticamente, mas com clareza e objetividade, o que ocorreu e/ou o que ficou acordado em uma reunião, assembleia ou convocação.

O responsável por redigi-la é um dos participantes do evento. Os diferentes posicionamentos devem ser registrados, identificados pelo nome de quem o pronunciou e acompanhados pelos verbos de elocução.

É fundamental que conste, no texto, a data em que ocorreu a reunião, a identificação do local e o motivo que gerou o encontro.

Quando finalizada, o produtor lê a ata, os participantes decidem se há algo mais a incluir ou a eliminar e, em seguida, todos assinam o documento. Ela deve reproduzir exatamente o que ocorreu na reunião e apenas isso.

Passageiros enfrentam superlotação para embarcar em ônibus na cidade de São Paulo (SP), 2017.

5. Iniciem a votação: todos os alunos, após ouvirem os representantes, votam no item que consideram essencial para o bairro.

Preparar

Parte 1

Depois de discutir em sala de aula, cada grupo deve relacionar os argumentos que definiram sua escolha. Por exemplo: é preciso revitalizar a praça X, pois há muitas crianças e idosos no bairro que a usariam como espaço seguro de lazer; devemos pedir à Prefeitura a construção de rampas nas calçadas, pois os cadeirantes do bairro têm dificuldade para subir nelas e descer delas quando atravessam a rua etc.

Parte 2

1. Como se trata de um benefício para o bairro, é sempre bom ouvir mais gente! Solicitem nova permissão da diretora da escola e marquem outra reunião, da qual participarão os representantes dos alunos, das associações de pais e do bairro.
2. Entrem em contato por *e-mail* com essas associações, convidando-as para participar da reunião e trazer sugestões.
3. O mediador lerá a pauta da reunião do encontro anterior e apresentará o motivo da nova reunião: deliberar sobre a necessidade de um equipamento importante para o bairro, por exemplo.
4. Depois da apresentação da pauta, o mediador dá a palavra aos representantes das associações.
5. Os representantes de todos os grupos fazem considerações, caso as propostas apresentadas sejam diferentes. É importante introduzir adequadamente seus argumentos sem desvalorizar as outras propostas.
   - Exemplos de argumentação:

> "**Também consideramos importantes as sugestões**, como a melhoria das calçadas que estão provocando a queda dos pedestres e colocando-os em risco, a pintura da escola, que precisa ser refeita, pois já faz vários anos que foi feita. **Entretanto**, julgamos que a questão da saúde deva vir em primeiro lugar; **assim**, a revitalização da praça garantiria a crianças e idosos a prática de esportes ao ar livre em um lugar seguro".

O emprego de conectivos argumentativos e a ordenação das ideias são fundamentais para a clareza e a defesa do argumento.

6. Após as considerações, é preciso escolher qual proposta será objeto do abaixo-assinado digital.
7. Se julgarem importante retomar a discussão entre os representantes dos grupos de alunos, adiem a votação para outro dia.
8. Os alunos do 8º ano, com exceção dos representantes de classe, participam como ouvintes.

Parte 3

1. Escolham o *site* para a divulgação do abaixo-assinado. Vejam alguns exemplos: peticaopublica.com; change.org; avaaz.org; abaixoassinado.org.

   Há aqueles cujas ferramentas podem ser mais interessantes, como: eliminar comentários ofensivos; poder solicitar informações coletadas; fazer atualizações sobre o pedido etc.

2. Esses *sites* mantêm uma estrutura de texto dividida em duas partes, ambas devem ser preenchidas.

   a) Título, destinatário do abaixo-assinado, texto que justifica o pedido.

   b) Dados do autor do documento. É possível se cadastrar como grupo envolvido.

3. Atenção ao título e ao texto que justifica o pedido. O texto deve ser objetivo, claro, acompanhado da exposição dos motivos que levaram o grupo a organizar o abaixo-assinado.

   Leia um exemplo:

> **Governo de SC: chega de acidentes, queremos a revitalização da Serra Dona Francisca SC 418**
>
> Quantos acidentes e mortes ainda precisam acontecer para que a rodovia receba a atenção do Governo de Santa Catarina?
>
> A Rodovia SC 418 não recebe obras de revitalização há 16 anos, apenas pequenos reparos que não reduzem as estatísticas dos acidentes no trecho. De 2015 até janeiro de 2018, 69 pessoas perderam a vida em 1.213 acidentes. É uma importante via para a economia regional, assim como um dos principais acessos ao Planalto Norte Catarinense.
>
> A falta de manutenção da via, a sinalização prejudicada e a iluminação fora de funcionamento contribuem para os altos índices de acidentes. A média de veículos transitando pela via por dia é 8,5 mil e em períodos de alta temporada chega a 13 mil.

Disponível em: <www.change.org/p/governador-de-santa-catarina-governo-de-sc-chega-de-acidentes-queremos-a-revitalização-da-serra-dona-francisca-sc-418>. Acesso em: 11 jun. 2018.

Apresentar

Depois de redigido o abaixo-assinado, antes de postá-lo é preciso que todos os representantes aprovem o texto.

Verifiquem a ortografia, as regras de concordância, a regência verbal, a fundamentação dos argumentos e o emprego correto dos conectivos. Postado o abaixo-assinado, disponibilize o *link* em uma página da rede social, em um *blog* ou em cartazes na escola.

Avaliar

Acompanhem a votação da proposta, verifiquem os comentários (muitos desses *sites* possibilitam ao participante comentar). Se necessário, acrescentem argumentos que julguem pertinentes.

Quando as autoridades responderem, publiquem no *site* da escola para que todos tenham conhecimento da conquista ou da necessidade de retomar o movimento.

↑ Cenas do filme *Gigot*, de 1961, fotografada por Philippe Le Tellier.

UNIDADE 3

Retratos do cotidiano

NESTA UNIDADE
VOCÊ VAI:

- estudar o gênero textual crônica e suas principais características;
- rever os verbos transitivos e os complementos verbais;
- identificar nomes que exigem complementos;
- distinguir complemento verbal de complemento nominal;
- alguns casos de regência verbal e nominal;
- estudar o aposto e seus diferentes tipos;
- selecionar crônicas para apresentação em *podcast*;
- produzir uma crônica.

1. Nas imagens, o fotógrafo captou um momento de leveza e brincadeira da menina com seu público: o ursinho de pelúcia!
   a) De que você brincava quando criança? Como brinca hoje?
   b) Você consegue "viajar na imaginação"?
2. As fotografias, tiradas em 1961, registram um momento banal e, ao mesmo tempo, poético. Você se lembra de manifestações que conciliam cotidiano e arte? Quais?

CAPÍTULO 1

Você vai ler crônicas e refletir sobre esse gênero textual tão popular no país, tendo a oportunidade de vivenciar nosso modo bem brasileiro de ver e sentir a realidade. Vai fazer pesquisas sobre crônicas e gravar um *podcast*. Além disso, vai retomar o estudo dos verbos transitivos e seus complementos verbais e identificar nomes que exigem complemento.

ANTES DE LER

Provavelmente, você já deve ter lido crônicas.

1. Lembra-se de alguma crônica que leu e que chamou sua atenção? Conte aos colegas de que tratava.

2. Sabe o nome do cronista que a escreveu?

3. Conhece outros cronistas? Quais?

> "A **crônica** é fruto do jornal, onde aparece entre notícias efêmeras. Trata-se de um gênero literário que se caracteriza por estar perto do dia a dia, seja nos temas, ligados à vida cotidiana, seja na linguagem despojada e coloquial do jornalismo. Mais do que isso, surge inesperadamente como um instante de pausa para o leitor fatigado com a frieza da objetividade jornalística. [...]. Se a notícia deve ser sempre objetiva e impessoal, a crônica é subjetiva e pessoal. Se a linguagem jornalística deve ser precisa e enxuta, a crônica é impressionista e lírica. Se o jornalista deve ser metódico e claro, o cronista costuma escrever pelo método da conversa fiada, do assunto-puxa-assunto, estabelecendo uma atmosfera de intimidade com o leitor". (ANDRADE, 1999, p. 13).

Clóris Porto Torquato. *Diferentes fotografias do cotidiano: o gênero crônica na Olimpíada*. Disponível em: <http://cadernos.cenpec.org.br/cadernos/index.php/cadernos/article/viewFile/93/113>. Acesso em: 2 jun. 2018.

4. Por ser o primeiro contato do leitor com o texto, o título desempenha um papel importante na leitura. Deve atrair o leitor e oferecer-lhe pistas sobre o conteúdo do texto. A crônica que você lerá, de Ivan Angelo, chama-se "Segredo de Natal".

   a) Em sua opinião, esse título pode intrigar o leitor?
   b) O que se pode antecipar dessa narrativa?
   c) O título "Segredo de Natal" sugere uma narrativa ágil, voltada ao mundo exterior ou, pelo contrário, voltada ao mundo íntimo dos personagens?

Faça uma leitura silenciosa do texto. Depois, o professor vai lê-lo em voz alta.

Segredo de Natal

Desde o Natal passado, a pequena Vívian guarda um segredo maior do que poderia acomodar, tanto que o dividiu em dois: esconde parte no coração e parte no cerebrozinho esperto. Não pensou nele o ano inteiro, nem poderia; na verdade esqueceu-o, mas no início de dezembro, ao perceber nas cores, nas luzes, nas músicas, na televisão, na escolinha, nos *shoppings* e no rebuliço geral os sinais de um novo Natal, o segredo voltou a deixá-la intensa, porque possuidora de um conhecimento que as outras crianças não tinham.

Na escolinha, coleguinhas diziam bem alto:

— Papai Noel não existe!

Como se soubessem do que estavam falando! Ouvi-los era a confirmação íntima de que só ela sabia o segredo. Se vinham dizer-lhe pessoalmente que Papai Noel não existia, iluminava-se poderosa, única, não conseguia esconder um quase sorriso de superioridade, e rebatia com firmeza:

— Claro que existe! Eu conheço ele.

Tanta segurança numa criança de nem quatro anos abala certezas. Os meninos, que confiam e desconfiam mais depressa do que as meninas, queriam saber detalhes, para decidir se tomavam nova posição nessa questão. Mesmo aquelas crianças cujas certezas vinham de pais que não estimulam mitos e encantos, mesmo essas ficaram acesas, atentas. Saber ou não saber é crucial na infância. Quem nada sabe subordina-se; quem sabe é general.

— Conhece ele? Como é que conhece, se ele não existe?

— Conheço e pronto – afirmou Vívian como se não pudesse dizer mais nada, como se tivesse chegado a um limite.

— Você viu ele? – perguntou umazinha, coadjuvante natural.

— Vi e vejo – confirmou Vívian, inabalável em sua segurança.

— Vê nada! Vê onde? Todos são de mentira – desafiou o mais atrevido, apresentando um dado concreto para desmentir a impostora.

— Sei muito bem que esses do *shopping* são de mentira. Não é desses que estou falando.

— De qual, então?

— Não posso contar – disse Vívian, e diante dos muxoxos de dúvida acrescentou com inquebrável ética: – Ele pediu para eu não contar. Disse que é o nosso segredo.

Entre crianças, estava explicado. Segredo é segredo.

Vívian vivera intensamente aquele segredo nos dias que se seguiram ao Natal passado. Sorria para o Papai Noel, que continuava em sua casa disfarçado de pai, sem que ninguém adivinhasse, e ele sorria de volta, confirmando, pensava ela, confirmando o compromisso. "É o nosso segredo, ele havia dito. Que poderia fazer senão calar-se maravilhada, se havia descoberto contra a vontade dele o seu mistério? Naquele mágico Natal passado, entre músicas e primos, quando recebeu das mãos do Papai Noel exatamente o presente que havia pedido e o abraçou, sentiu nele aquele cheiro bom de todas as noites, olhou primeiro intrigada, depois devassadora e inescapável, olhou o homem por trás dos óculos, da barba, do bigode, abriu os olhos de espanto e falou ainda presa ao abraço:

— Papai Noel, você é o meu...

– Psiu! Ninguém sabe! É segredo. É o nosso segredo!

Guardou com fervor o segredo. "Ninguém sabe" foram palavras mágicas. Então aquele era o Papai Noel de verdade! Ninguém sabe. Se alguém mais soubesse, se fosse uma coisa que todos soubessem, ele seria como os outros! E era em sua casa que ele vivia! Ninguém sabia, nem a mãe, nem o irmão, nem os primos, nem os amiguinhos da escola – só ela! O segredo inundou-a de uma responsabilidade enorme e de medo de se trair. Tinha de prestar muita atenção para não errar. Esteve tensa e cansada durante muitos dias, mas aos poucos esqueceu.

E então veio dezembro novamente, e trouxe de volta prenúncios de Natal e a responsabilidade insuportável. Não, não, não! Não queria viver aquilo de novo, decidiu. Pensou naquele Natal, secreta e maliciosa: naquele Natal, ia contar para todo mundo.

Ivan Angelo. Segredo de Natal. In: *Antologia de crônicas: crônica brasileira contemporânea*. Organização e apresentação de Manuel da Costa Pinto. São Paulo: Moderna, 2005. p. 88-91.

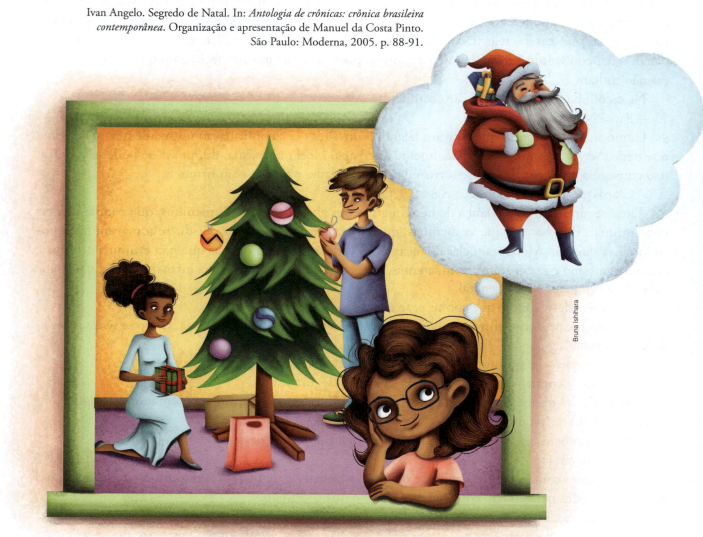

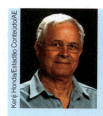

Ivan Angelo nasceu em 1936, na cidade de Barbacena, em Minas Gerais. Desde cedo, mostrou grande interesse pela literatura, tanto que aos 14 anos, com o pagamento de seu primeiro emprego, comprou a obra completa do grande romancista e cronista brasileiro Machado de Assis. É autor reconhecido pela crítica literária e recebeu duas vezes o Prêmio Jabuti. Além de escrever romances para o público adulto, ele dedica-se também à literatura infantojuvenil e à publicação de crônicas em revistas semanais.

 **ESTUDO DO TEXTO**

Apreciação

1. Suas hipóteses sobre o assunto da crônica se confirmaram?
2. Quais aspectos da crônica mais lhe chamaram a atenção? Por quê?
3. Você concorda com a atitude do pai de Vívian quando ela o identificou como Papai Noel?
4. Você identificou-se com a personagem Vívian? Justifique sua resposta.
5. O que pensa sobre a atitude de Vívian no final da narrativa?

Interpretação

Toda narrativa se estrutura com base em cinco elementos essenciais. Relembre-os.

> Sem os **acontecimentos** não é possível contar uma história. São eles também que provocam o **conflito**, o problema que faz a história progredir.
>
> Quem vive os acontecimentos são as **personagens**, em **tempos** e **espaços** determinados.
>
> Por fim, é necessária a presença de um **narrador** — elemento fundamental à narrativa —, uma vez que é ele quem conta a história para o ouvinte, leitor ou espectador.

1. No parágrafo inicial da crônica, o narrador traz ao leitor a situação conflituosa vivida por Vívian. Leia.

> Desde o Natal passado, a pequena Vívian guarda um segredo maior do que poderia acomodar, tanto que o dividiu em dois: esconde parte no coração e parte no cerebrozinho esperto. [...] No rebuliço geral os sinais de um novo Natal, o segredo voltou a deixá-la intensa, porque possuidora de um conhecimento que as outras crianças não tinham.

   a) De quem é a voz que conta a história nesse parágrafo? O que é narrado?
   b) Onde se passam as ações narradas?
   c) Que trecho do parágrafo revela a situação de conflito?
   d) Segundo o fragmento, trata-se de um conflito interno ou externo? Justifique.
   e) O que ela deve guardar no coração e no cérebro esperto?
   f) Com a proximidade de um novo Natal, o conflito revive intensamente na personagem. Qual é exatamente esse conflito?

2. Quais são os indícios de Natal que Vívian percebe?
   a) A referência do narrador à "televisão" e ao "*shopping*" pode ser considerada uma crítica? Por quê?

73

3. O fragmento seguinte traz mudanças em relação ao espaço e à voz. Observe.

Na escolinha, coleguinhas diziam bem alto:
— Papai Noel não existe!

a) Qual é o espaço? De quem é a voz?

b) Que recurso foi empregado para introduzir essa voz?

> O **foco narrativo** é o ponto de vista escolhido pelo narrador para contar a história, que pode ser narrada em 1ª ou 3ª pessoa.
>
> Nas narrativas em 1ª pessoa, o narrador conta a história da perspectiva de quem está dentro dela, participando dos fatos. É chamado de **narrador-personagem**. Por se envolver na história, ela se torna mais subjetiva, mais parcial.
>
> Nas narrativas em 3ª pessoa, há duas possibilidades:
> - o **narrador-observador** narra os acontecimentos do ponto de vista de quem está do lado de fora, observando os fatos com algum distanciamento. Consequentemente, a narrativa torna-se mais objetiva e imparcial;
> - o **narrador onisciente** tem conhecimento de tudo. Do mundo exterior e do mundo interior dos personagens. Conhece a vida, os pensamentos e os sentimentos deles. Em alguns casos, envolve-se tanto no mundo interior do personagem, que se confunde com ele. Torna-se seu porta-voz.

4. Qual é o foco narrativo da crônica "Segredo de Natal"?

5. Leia com atenção o fragmento a seguir.

> Como se soubessem do que estavam falando! Ouvi-los era a confirmação íntima de que só ela sabia o segredo. Se vinham dizer-lhe pessoalmente que Papai Noel não existia, iluminava-se poderosa, única, não conseguia esconder um quase sorriso de superioridade, e rebatia com firmeza:
> — Claro que existe! Eu conheço ele.

- Copie no caderno a(s) alternativa(s) correta(s). Nesse fragmento, temos a voz:

a) de um narrador observador.

b) de um narrador onisciente.

c) dos coleguinhas.

d) de Vívian.

6. Segundo o ponto de vista do narrador, há dois tipos de pais. Os que admitem os encantos e os que só admitem a realidade. Em qual deles se encaixa o pai de Vívian?

7. O segredo de Vívian provoca uma polêmica: existe ou não Papai Noel?
- De que recurso se serve o narrador para narrar a discussão? Que efeitos de sentido são obtidos com esse recurso?

8. Vívian é instada a comprovar que Papai Noel existe aos colegas. Leia o fragmento.

> — Conhece ele? Como é que conhece, se ele não existe?
> — Conheço e pronto — afirmou Vívian como se não pudesse dizer mais nada, como se tivesse chegado a um limite.
> — Você viu ele? — perguntou umazinha, coadjuvante natural.
> — Vi e vejo — confirmou Vívian, inabalável em sua segurança.

- Vívian consegue comprovar com dados concretos e argumentos sólidos que Papai Noel existe? Busque no fragmento falas da personagem que justifiquem sua resposta.

9. O que impede Vívian de, prontamente, contar aos colegas o grande segredo? Transcreva no caderno frases que justifiquem sua resposta.

10. Para contar o grande momento revelador do segredo, o narrador volta no tempo, servindo-se de um recurso narrativo: o *flashback*. Que frase do texto mostra isso? Copie-a no caderno.

11. O fragmento a seguir revela a distância entre o pensar da criança e o do adulto.

> Sorria para o Papai Noel, que continuava em sua casa disfarçado de pai, sem que ninguém adivinhasse, e ele sorria de volta, confirmando, pensava ela, confirmando o compromisso. 'É o nosso segredo', ele havia dito. Que poderia fazer senão calar-se maravilhada, se havia descoberto contra a vontade dele o seu mistério?

a) Que parte do trecho indica essa distância?
b) Em que consiste essa diferença de pensar? O que ela acarreta?
c) Identifique as frases que denotam a cumplicidade entre pai (Papai Noel) e filha.

12. Ao final da crônica, Vívian está decidida a revelar o grande segredo.
a) Qual é a causa da mudança de atitude?
b) A revelação poderá trazer outra surpresa à menina. Qual seria essa surpresa, em sua opinião?

A crônica: entre o efêmero e o perene

[A crônica] não tem pretensão a durar, uma vez que é filha do jornal e da era da máquina, onde tudo acaba tão depressa. Ela não foi feita originalmente para o livro, mas para essa publicação efêmera que se compra num dia e no dia seguinte é usada para embrulhar um par de sapatos ou forrar o chão da cozinha. Por se abrigar nesse veículo transitório, o seu intuito não é dos que escrevem do alto da montanha, mas do simples rés-do-chão. Por isso mesmo consegue quase sem querer transformar a literatura em algo íntimo com relação à vida de cada um, e quando passa do jornal ao livro, nós verificamos meio espantados que a sua durabilidade pode ser maior do que ela pensava. [...]

Antonio Candido. A vida ao rés-do-chão. In: *Para gostar de ler: Crônicas*. São Paulo: Ática, 1992. v. 5. p. 6.

Linguagem

1. Leia o fragmento a seguir e responda às questões no caderno.

> — Conhece ele? Como é que conhece, se ele não existe?
> — Conheço e pronto — afirmou Vívian como se não pudesse dizer mais nada, como se tivesse chegado a um limite.
> — Você viu ele? — perguntou umazinha, coadjuvante natural.

a) Identifique no trecho as marcas de oralidade.

b) Que efeito se obtém com a opção pela linguagem oral?

c) Umazinha é o diminutivo do pronome indefinido **uma**. Qual o significado dessa palavra no contexto?

2. Na fala de Vívian, encontra-se uma de suas características: a segurança, a determinação.

> — Conheço e pronto — afirmou Vivian [...]
> — Vi e vejo — confirmou Vívian [...]

- Como foi obtido esse efeito de sentido?

3. A crônica "Segredo de Natal" é impressionista e lírica. Em outras palavras, transmite as impressões pessoais, de forma subjetiva e poética. Leia o fragmento a seguir.

> Que poderia fazer senão calar-se maravilhada, se havia descoberto contra a vontade dele o seu mistério? Naquele mágico Natal passado, entre músicas e primos, quando recebeu das mãos do Papai Noel exatamente o presente que havia pedido e o abraçou, sentiu nele aquele cheiro bom de todas as noites, olhou primeiro intrigada, depois devassadora e inescapável, olhou o homem por trás dos óculos, da barba, do bigode, abriu os olhos de espanto e falou ainda presa ao abraço:
> — Papai Noel, você é o meu...
> — Psiu! Ninguém sabe! É segredo. É o nosso segredo!

- Para construir a cena mágica da descoberta do segredo, o narrador usou recursos narrativos, alguns listados abaixo. Transcreva no caderno um exemplo de cada um dos recursos relacionados.

a) Narrador onisciente que se confunde com a personagem.

b) Sequências descritivas explorando os sentidos: o tato, a audição, o olfato, a visão.

c) Pontuação expressiva.

Podcast de crônica

No Brasil, há muitos cronistas: escrevem-se crônicas de humor, líricas, argumentativas etc. Somos leitores ávidos por crônicas, tanto que há até emissoras de rádio que destinam um momento de sua programação à leitura expressiva desse gênero.

Nesta proposta, você vai gravar um *podcast* de crônicas que será disponibilizado no *site* da escola ou outro escolhido pela turma para que, diariamente, neste bimestre, todos possam escutar uma crônica diferente.

Há também a possibilidade de entrar em contato com associações de cegos e propor a disponibilização do *podcast* nos *sites* indicados por eles.

Para começar

Você já gravou um *podcast*? Essa é uma mídia principalmente de áudio, bastante empregada nos meios jornalísticos, culturais ou mesmo para o lazer. Para fazer a gravação, são necessários computador, microfone e um *software* de edição de áudio (há vários gratuitos na internet).

Siga estes passos para realizar essa tarefa.

1. Selecione o tipo de crônica que mais lhe agrada: líricas – como você leu neste capítulo –, humorísticas, argumentativas ou esportivas.
2. Pesquise esse tipo de crônica de autoria de diferentes cronistas em livros, *sites*, revistas e jornais. Veja abaixo uma lista com sugestões:
   - *220 crônicas*, de Rubem Braga (Record);
   - *Comédias para ler na escola*, Luis Fernando Verissimo (Objetiva);
   - *O sorvete e outras histórias*, Carlos Drummond de Andrade (Ática);
   - Crônicas de Ivan Angelo, publicadas na revista *Veja São Paulo*;
   - Crônicas de Antonio Prata, colunista do jornal *Folha de S.Paulo*;
   - *Coleção Para Gostar de ler*, vários autores (Ática);
   - *Crônica brasileira contemporânea*, organizada por Manuel da Costa Pinto (Salamandra);
   - Página de crônicas do *site* Recanto das Letras. Disponível em: <www.recantodasletras.com.br/cronicas/>. Acesso em: 4 set. 2018.

Organizar

Uma vez escolhida a crônica, é hora de preparar o *podcast*.

1. Leia, em voz alta, a crônica escolhida diversas vezes.
2. Assinale no texto os pontos em que você fará pausas e onde ocorrerão as mudanças de entonação.

Gravação

1. Quando estiver preparado, faça a gravação.

2. Escute a gravação e observe se:
   - a leitura está envolvente, se desperta a atenção do leitor;
   - o ritmo da leitura está adequado;
   - o tom de voz e a entonação indicam claramente as falas de personagens e do narrador;
   - a voz revela as diferentes sensações que você pretende provocar nos ouvintes;
   - a pronúncia foi clara ao longo da leitura da crônica.
3. Compartilhe a gravação com um colega para que ele ajude a avaliá-la.
4. Se necessário, faça nova gravação ou edite a que já está feita.
5. Disponibilize o *podcast* no *site* escolhido.

Avaliar

Ouvindo o *podcast* no *site* em que foi disponibilizado, você avalia que ficou bem realizado?

Verbos transitivos e complementos verbais

1. Releia um trecho da crônica "Segredo de Natal", de Ivan Angelo.

> Desde o Natal passado, a pequena Vívian guarda um segredo maior do que poderia acomodar, tanto que o dividiu em dois: esconde parte no coração e parte no cerebrozinho esperto. Não pensou nele o ano interior, nem poderia; na verdade esqueceu-o, mas no início de dezembro, ao perceber nas cores, nas luzes, nas músicas, na televisão, na escolinha, nos *shoppings* e no rebuliço geral os sinais de um novo Natal, o segredo voltou a deixá-la intensa, porque possuidora de um conhecimento que as outras crianças não tinham.

a) No trecho em destaque, apresenta-se o conflito da crônica.
   - O que a personagem guarda desde o Natal passado?
b) O que a personagem faz com esse segredo para melhor suportá-lo?
   - Que palavra substitui o termo "um segredo" na oração: "tanto que o dividiu em dois"?
c) Com a estratégia arquitetada, Vívian deixou de pensar no segredo durante todo o ano.
   - Na oração, "Não pensou nele o ano inteiro" que termo substitui "segredo"?
d) O que Vivian esqueceu?
   - Que palavra substitui esse termo na oração: "na verdade, esqueceu-o"?

Como você observou, o termo "um segredo" e suas substituições completaram o sentido dos verbos no trecho. Veja: "guarda" (um segredo), "dividiu" (o), "pensou" (nele) e "esqueceu" (o). Esses verbos que necessitam de complementos são **verbos transitivos**.

2. Agora observe os verbos transitivos a seguir.

Vívian **guarda** um segredo.   Vívian **pensa** no segredo.

Embora os dois verbos sejam transitivos, eles se relacionam de modo diferente com o complemento. O verbo "guarda" relaciona-se diretamente com o complemento "um segredo", mas o verbo "pensa" se relaciona indiretamente, porque exige uma preposição: quem pensa, pensa em algo ou em alguém.

Os verbos transitivos que se ligam diretamente a seu complemento são chamados de **transitivos diretos**. O complemento do verbo transitivo direto é o **objeto direto**.

> **Objeto direto** é o termo da oração que complementa o sentido de um verbo **transitivo direto**, ligando-se diretamente a ele, sem preposição.

> São preposições essenciais: **a, ante, até, após, com, contra, de, desde, em, entre, para, per, perante, por, sem, sobre, sob, trás**.
> A preposição pode contrair-se (fundir-se) com **artigos, pronomes** ou **advérbios**. Exemplos de contrações:
> • **a + a = à**; **a + aquele = àquele**; **a + aquilo = àquilo**;
> • **de + o = do**; **de + ele = dele**; **de + este = deste**; **de + aquilo = daquilo**; **de + aqui = daqui**;
> • **em + o = no**; **em + ele = nele**; **em + este = neste**; **em + aquilo = naquilo**;
> • **per** (forma antiga de **por**) + **lo** (antigo artigo definido) = **pelo**.

Os verbos transitivos que se ligam indiretamente a seu complemento são chamados **transitivos indiretos**. O complemento do verbo transitivo indireto é o **objeto indireto**.

> **Objeto indireto** é o termo da oração que complementa o sentido de um verbo **transitivo indireto**, ligando-se indiretamente a ele por meio de uma preposição.

Às vezes, um verbo pode precisar de dois complementos. Leia o título de uma notícia esportiva publicada na *Folha de S.Paulo*.

> ## CBF negocia com Fifa liberação de jogadores de lista preliminar

Folha de S.Paulo. Disponível em: <www1.folha.uol.com.br/esporte/2018/05/cbf-negocia-com-fifa-liberacao-de-jogadores-de-lista-preliminar.shtml>. Acesso em: 24 maio 2018.

O verbo **negociar**, nessa oração, é um verbo transitivo, mas é diferente dos que você estudou até aqui, uma vez que tem **dois complementos**: "a liberação de jogadores de lista preliminar" (**objeto direto**) e "com a Fifa" (**objeto indireto**).

> Os verbos significativos que pedem dois complementos verbais para completar seu sentido são chamados de **transitivos diretos** e **indiretos** ou **bitransitivos**.

Não apenas os substantivos podem desempenhar a função sintática de núcleo do objeto direto ou indireto. Os pronomes substantivos, qualquer expressão ou oração substantivada também exercem tal função. Exemplos:
- O rapaz gostou **do presente**. (OI – núcleo: substantivo)
- O rapaz encontrou-**o**. (OD – núcleo: pronome oblíquo)
- O rapaz desejou **participar da cerimônia de formatura**. (OD – oração com função de objeto direto)

Complemento nominal

Agora você vai conhecer um termo da oração que integra o sentido de nomes: o complemento nominal.

1. Observe esta tirinha de Laerte.

a) De quem são as falas na tirinha?

b) Em cada quadrinho, que palavras completam o sentido do nome, isto é, do substantivo **leitura**?

O substantivo **leitura** é uma palavra transitiva, pois exige um complemento para integrar seu sentido. O termo que completa o sentido desse substantivo se denomina **complemento nominal**.

Muitas vezes, as palavras transitivas que exigem um complemento nominal são substantivos abstratos, como **leitura**. Esses substantivos podem também ser derivados de verbos transitivos. Observe.

2. Leia a seguir fragmento de um artigo publicado no *blog* de uma revista.

> ## Quando o consumismo é doença
>
> [...] Na trilha sonora do desenho animado *Mogli – o menino lobo* (Disney, 1967), o urso Baloo, responsável **pela educação de Mogli**, numa selva repleta **de predadores**, cantarolava a música "Bare Necessites", que trazia o seguinte refrão, traduzido assim para o português: "Necessário, somente o necessário, o extraordinário é demais".

André Trigueiro. Disponível em: <https://mundosustentavel.com.br/opiniao/quando-o-consumismo-e-doenca/>. Acesso em: 27 mar. 2019.

a) O texto cita o refrão de uma canção que integra a trilha sonora de um desenho animado. A que se refere esse refrão?

b) Como você classifica os termos destacados no trecho citado? Justifique sua resposta.

3. Leia a frase a seguir.

> O juiz decidiu favoravelmente **ao réu**.

a) Qual é a palavra transitiva que pede complemento? Classifique-a.

b) Como se classifica o termo em destaque?

> **Complemento nominal** é o termo da oração que integra o sentido de nomes (substantivos abstratos, adjetivos e/ou advérbios) de significação incompleta.
>
> Portanto, podem ser transitivos não apenas os verbos como também os substantivos, os adjetivos e os advérbios. Há complementos verbais e complementos nominais.

Note que, entre a palavra transitiva e seu complemento, há uma preposição.

- O adjetivo **responsável** pede a preposição **por**: responsável **por** algo.
- O adjetivo **repleto** pede a preposição **de**: repleto **de** algo.
- O advérbio **favoravelmente** pede a preposição **a**: favoravelmente **a** algo.

ATIVIDADES

1. Leia o fragmento a seguir.

> Quando eu era pequeno, meu tio Pete tinha uma gravata com estampa de porco-espinho. [...] O tio Pete parava pacientemente na minha frente, enquanto eu percorria **a superfície de seda** com os dedos, meio que esperando ser furado por um dos espinhos. Uma vez ele deixou que eu **a** vestisse. Continuei procurando uma para mim, mas nunca consegui encontrar.

Jerry Spinelli. *A extraordinária garota chamada Estrela*. Tradução Eric Novello. Belo Horizonte: Gutenberg, 2015. p. 9.

a) No segundo parágrafo, os termos "tio Pete" e "gravata com estampa de porco espinho" são retomados por outras palavras. Identifique-as.

b) Qual é a classificação sintática do termo "uma gravata com estampas de porco-espinho" nesse texto?

c) No segundo parágrafo, os termos em destaque exercem essa mesma função sintática? A que classes de palavras pertencem seus núcleos?

2. Releia o período.

> Continuei **procurando** uma para mim, mas nunca consegui encontrar.

a) Quais são os complementos do verbo **procurando**?

b) Como você classifica esse verbo quanto à predicação?

c) Embora não esteja expresso o complemento do verbo **encontrar**, o leitor é capaz de identificá-lo. Qual é? Por que, em sua opinião, o autor não o deixou explícito?

3. Leia outro fragmento.

> Alguns dias depois, vindo da escola para casa, encontrei uma sacola plástica no degrau da escada. Dentro dela, um pacote embrulhado para presente com fitas amarelas. A etiqueta dizia: "Feliz aniversário!". Abri o pacote. Era uma gravata de porco-espinho. Dois porcos-espinhos jogavam dardos com seus espinhos, enquanto um terceiro palitava os dentes.
> Não encontrei em lugar nenhum o nome de quem havia deixado o presente. Perguntei **aos meus pais**. Perguntei aos amigos. Liguei **para o tio Pete**. Todos negaram saber algo sobre o assunto.
>
> Jerry Spinelli. *A extraordinária garota chamada Estrela*. Tradução Eric Novello.
> Belo Horizonte: Editora Gutenberg, 2015. p. 9.

a) Observe a frase: "Dentro dela, **um pacote embrulhado para presente com fitas amarelas.**" Que verbo está elíptico nela?

b) O trecho em destaque no item anterior é retomado adiante, no texto, por uma expressão.
- Transcreva no caderno essa expressão.
- Que função sintática essa expressão exerce no texto?
- Obedecendo à norma-padrão, esse termo poderia ser substituído por um pronome oblíquo. Reescreva a oração substituindo o termo por um pronome oblíquo.
- Levante hipóteses: por que o autor do texto optou por não substituir esse termo por um pronome oblíquo?

c) Classifique os complementos verbais destacados no trecho.

4. Identifique os complementos nominais das orações a seguir e os substantivos transitivos cujo sentido eles complementam.

a) Todos os projetos trouxeram benefícios à empresa.

b) Os nadadores tinham confiança no técnico.

c) Os pacientes apresentaram intolerância ao remédio.

d) Os professores nunca fizeram críticas ao colega.

e) Pessoas idosas apresentam resistência às novas tecnologias.

5. Reescreva as orações da atividade anterior transformando os substantivos transitivos em verbos transitivos diretos ou indiretos. Veja o exemplo.

> O hospital tem **necessidade** de novos leitos.
>   subst. transitivo   complemento nominal
> O hospital **necessita** de novos leitos.
>   VTI   OI

- Identifique e classifique o complemento verbal de cada oração que você reescreveu.

Em dupla

6. Leiam atentamente o cartaz de uma campanha desenvolvida pelo Ministério do Meio Ambiente.

Comunidade Sicom. Disponível em: <http://culturadigital.br/comunidadesicom>. Acesso em: 28 maio 2018.

a) Descrevam as imagens que vocês observam no cartaz.

b) Copiem as palavras ou expressões do cartaz que façam referência às imagens.

c) Releiam o texto verbal principal da campanha e classifiquem os verbos **mudar** e **ajudar** quanto à transitividade.

d) Indiquem o complemento verbal de cada um desses verbos.

e) Qual desses complementos é uma oração?

f) A que mudança de atitude o produtor da campanha se refere? Como essa mudança contribui para que as propostas feitas por meio dos complementos do verbo **ajude** se concretizem?

7. Observe o texto verbal na parte inferior do cartaz.

a) A expressão "acertar na lata" pode apresentar dois sentidos diferentes. Que sentido ela apresenta no cartaz?

b) Em que outro sentido essa expressão pode ser empregada?

c) Tendo em vista os benefícios que a separação correta do lixo traz para a sociedade e para o meio ambiente, é correto entender a expressão "acerte na lata" também com o sentido identificado no item anterior?

CAPÍTULO 2

Neste capítulo, você vai ler uma crônica bastante reflexiva, escrita por Carlos Drummond de Andrade, um dos poetas e cronistas mais importantes da literatura brasileira. No final do capítulo, vai produzir uma crônica com base em uma notícia de jornal. Também estudará o aposto e alguns casos de regência verbal e nominal.

LEITURA

A ótica pela qual podemos observar os retratos do cotidiano torna instigante a leitura de crônicas.

No Capítulo 1, a crônica "Segredo de Natal" iluminou e trouxe à tona a delicada beleza do mundo interior da pequena Vívian. Agora, na crônica "Debaixo da ponte", o grande poeta e cronista Carlos Drummond de Andrade apresenta uma face dura do cotidiano, mas não menos bela, sob o olhar da arte literária.

1. Leia integralmente a crônica de Drummond.

Debaixo da ponte

Moravam debaixo da ponte. Oficialmente, não é lugar onde se more, porém eles moravam. Ninguém lhes cobrava aluguel, imposto predial, taxa de condomínio: a ponte é de todos, na parte de cima; de ninguém, na parte de baixo. Não pagavam conta de luz e gás, porque luz e gás não consumiam. Não reclamavam contra falta d'água, raramente observada por baixo de pontes. Problema de lixo não tinham; podia ser atirado em qualquer parte, embora não conviesse atirá-lo em parte alguma, se dele vinham muitas vezes o vestuário, o alimento, objetos de casa. Viviam debaixo da ponte, podiam dar esse endereço a amigos, recebê-los, fazê-los desfrutar comodidades internas da ponte.

À tarde surgiu precisamente um amigo que morava nem ele mesmo sabia onde, mas certamente morava: nem só a ponte é lugar de moradia para quem não dispõe de outro rancho.

84

Há bancos confortáveis nos jardins, muito disputados; a calçada, um pouco menos propícia; a cavidade na pedra, o mato. Até o ar é uma casa, se soubermos habitá-lo, principalmente o ar da rua. O que morava não se sabe onde vinha visitar os de debaixo da ponte e trazer-lhes uma grande posta de carne.

Nem todos os dias se pega uma posta de carne. Não basta procurá-la; é preciso que ela exista, o que costuma acontecer dentro de certas limitações de espaço e de lei. Aquela vinha até eles, debaixo da ponte, e não estavam sonhando, sentiam a presença física da ponte, o amigo rindo diante deles, a posta bem pegável, comível. Fora encontrada no vazadouro, supermercado para quem sabe frequentá-lo, e aqueles três o sabiam, de longa e olfativa ciência.

Comê-la crua ou sem tempero não teria o mesmo gosto. Um de debaixo da ponte saiu à caça de sal. E havia sal jogado a um canto de rua, dentro da lata. Também o sal existe sob determinadas regras, mas pode tornar-se acessível conforme as circunstâncias. E a lata foi trazida para debaixo da ponte.

Debaixo da ponte os três prepararam comida. Debaixo da ponte a comeram. Não sendo operação diária, cada um saboreava duas vezes: a carne e a sensação de raridade da carne. E iriam aproveitar o resto do dia dormindo (pois não há coisa melhor, depois de um prazer, do que o prazer complementar do esquecimento), quando começaram a sentir dores. Dores que foram aumentando, mas podiam ser atribuídas ao espanto de alguma parte do organismo de cada um, vendo-se alimentado sem que lhe houvesse chegado notícia prévia de alimento.

Dois morreram logo, o terceiro agoniza no hospital. Dizem uns que morreram da carne, dizem outros que do sal, pois era soda cáustica.

Há duas vagas debaixo da ponte.

Carlos Drummond de Andrade. *Obra completa*. Rio de Janeiro: José Aguilar Editora, 1967. p. 896-897.

Carlos Drummond de Andrade nasceu em Itabira do Mato Dentro, cidade de Minas Gerais, em 1902. Concluiu o curso de Farmácia, mas não exerceu a profissão, alegando querer "preservar a saúde dos outros". Drummond começou sua carreira escrevendo sobre as coisas simples do dia a dia e a forma com que elas afetavam sua sensibilidade. Sua obra é bastante diversificada, incluindo livros de poesia, literatura infantil, crônicas e contos. Já foi traduzida para várias línguas.

Drummond faleceu no Rio de Janeiro, em 1987. Em 1989, começou a circular no país a cédula de 50 cruzados novos, que homenageava o poeta e trazia no verso um poema. Entretanto, com a rápida sucessão de moedas naquela época (cruzado novo, cruzeiro, cruzeiro real), a homenagem durou pouco tempo: a cédula saiu de circulação em outubro de 1992.

ESTUDO DO TEXTO

Apreciação

1. Nesta crônica, o autor expõe a dura vida dos moradores de rua. Alguma vez você já havia refletido sobre esse problema?

2. Que sentimentos e sensações você teve ao ler essa crônica? Explique.

3. Você já presenciou moradores de rua vivendo em condições semelhantes? Onde? Quais os espaços ocupados por eles?

4. Você já se perguntou por que, no Brasil, há tantas pessoas que vivem marginalizadas, como os personagens da crônica? A seu ver, quais são as causas que levam à marginalização?

5. Você tem conhecimento de alguma tragédia, em nosso país, em que moradores de rua foram vítimas?

Interpretação

1. Observe a frase inicial da crônica.

> Moravam debaixo da ponte.

- Apesar de o referente do verbo **moravam** não estar expresso, o narrador deixa uma pista para possibilitar a identificação. Qual é a pista? A quem o narrador quer se referir?

2. A frase a seguir faz referência a um aspecto da lei que assegura aos cidadãos o direito à moradia.

> Oficialmente, não é lugar onde se more, porém eles moravam.

a) Quais palavras do trecho denotam a contraposição entre a lei e a realidade dos moradores de rua?

b) Que efeito de sentido é obtido por meio dessa contraposição? Copie a alternativa correta no caderno.
- Ideia de reprovação a quem mora em lugares públicos.
- Ideia do abandono e marginalização social.
- Ideia de garantia de direitos básicos à população.

3. Reflita sobre o fragmento a seguir:

> Ninguém lhes cobrava aluguel, imposto predial, taxa de condomínio [...]

- Com que intenção se menciona a falta de cobrança de taxas e impostos para os que vivem debaixo da ponte?

4. No fragmento a seguir, percebem-se claramente as oposições.

> [...] a ponte é de todos, na parte de cima; de ninguém, na parte de baixo.

- Identifique-as e explique o que representam.

5. Nesta crônica, o espaço narrativo, "debaixo da ponte", é um elemento de fundamental importância. Justifique a afirmação.

6. Você deve ter observado que os personagens da crônica são privados de nomes próprios. Releia o texto.
   a) Transcreva palavras e/ou expressões empregadas para referir-se aos personagens.
   b) Com que intenção comunicativa o narrador dispensa os nomes próprios?

7. Transcreva no caderno a alternativa incorreta. O primeiro parágrafo do texto corresponde à situação inicial da narrativa, que revela:
   a) a situação de marginalização dos personagens.
   b) a longa duração da vida dos personagens na exclusão social, indicada pelos verbos no imperfeito do indicativo.
   c) a indeterminação do tempo na vida em exclusão, pela presença dos verbos no pretérito imperfeito do indicativo.
   d) a resignação dos personagens à vida de exclusão.
   e) a revolta dos personagens pela vida indigna que levam.

8. Releia o trecho do primeiro parágrafo.

> Viviam debaixo da ponte, podiam dar esse endereço a amigos, recebê-los, fazê-los desfrutar comodidades internas da ponte.

   a) Que recurso da linguagem está presente no período? Em que consiste esse recurso?
   b) O que o narrador realmente pretende dizer ao leitor?

9. Qual é o elemento que desencadeia o conflito?

10. Reflita sobre o trecho a seguir.

> Nem todos os dias se pega uma posta de carne. Não basta procurá-la; é preciso que ela exista, o que costuma acontecer dentro de certas limitações de espaço e de lei.

   a) Indiretamente, o fragmento revela a proveniência da alimentação dos marginalizados. De onde ela provém? Justifique sua resposta.
   b) Como se pode entender "o que costuma acontecer dentro de certas limitações de espaço e de lei"?

11. O que a possibilidade de comer carne prenuncia aos personagens? Por quê? Transcreva as frases que confirmem sua resposta.

12. O desfecho da crônica é trágico.

> Dois morreram logo, o terceiro agoniza no hospital. Dizem uns que morreram da carne, dizem outros que do sal, pois era soda cáustica.
> Há duas vagas debaixo da ponte.

a) Qual é a tragédia?

b) Mas outra tragédia maior é anunciada pela frase que encerra a narrativa. Qual é a tragédia anunciada?

13. Observe o quadro abaixo.

Conteúdo	Forma	Objetivo	Suporte
• Temáticas urbanas. • Fatos e/ou vivências do cotidiano, reais ou ficcionais, que proporcionam momentos de nostalgia, enternecimento, indignação. • Temas que retratam a estranheza de algumas situações.	• Narrativas breves. • Personagens são pessoas comuns. • Narrador em 1ª ou 3ª pessoa. • Linguagem informal, que procura captar o lírico na simplicidade. • Pode ter caráter humorístico, satírico, reflexivo ou irônico. • Final surpreendente.	• Entreter o leitor. • Levar o leitor a refletir sobre determinada situação.	• Jornais, revistas, *sites*. • Livros de coletâneas. • Livros didáticos.

• Localize e escreva no caderno as características presentes na crônica que você leu.

Linguagem

1. O título da crônica é uma locução adverbial, que exprime uma circunstância de lugar. Para o sentido do texto, no entanto, esse termo circunstancial torna-se fundamental. Explique por quê.

2. Observe um trecho do parágrafo que abre a crônica.

> Moravam debaixo da ponte. Oficialmente, não é lugar onde se more, porém eles moravam. Ninguém lhes cobrava aluguel, imposto predial, taxa de condomínio: a ponte é de todos, na parte de cima; de ninguém, na parte de baixo. Não pagavam conta de luz e gás, porque luz e gás não consumiam. Não reclamavam contra falta d'água, raramente observada por baixo de pontes. Problemas de lixo não tinham; podia ser atirado em qualquer parte, embora não conviesse atirá-lo em parte alguma [...].

a) Observe que, de modo incomum, o pronome **eles** é empregado sem o referente. Os substantivos que o pronome substitui não estão expressos. Como essa opção do narrador pode ser explicada?

b) Nesse fragmento, o narrador se serve de alguns recursos linguísticos para apresentar os personagens ao leitor: as antíteses (oposições) e as repetições. Identifique esses recursos.

c) Que sentidos são construídos para a caracterização dos personagens por meio desses recursos?

3. Leia mais um trecho dessa crônica para responder à questão.

> Dores que foram aumentando, mas podiam ser atribuídas ao espanto de alguma parte do organismo de cada um [...].

a) A sensação de "espantar-se com algo" não é própria das partes do corpo.
- Que figura de linguagem é empregada nesse trecho?

b) Que outro substantivo poderia substituir "espanto" mantendo o mesmo efeito de sentido?

O QUE APRENDEMOS COM O ESTUDO DE CRÔNICA

- A crônica é uma narrativa curta.
- Segue um tempo cronológico determinado e não muito longo.
- Descreve fatos do dia a dia e pode ser inspirada em uma notícia.
- Conta com personagens comuns.
- Pode ter caráter humorístico, satírico, reflexivo ou irônico.
- Apresenta linguagem simples, espontânea, entre a linguagem oral e a literária.
- Além do fato narrado, os personagens e os espaços fazem parte do cotidiano, o que possibilita a identificação do leitor com o texto.
- A forma de abordagem determina a linguagem: mais coloquial ou mais formal.
- Normalmente, as crônicas são publicadas em jornais, revistas, *blogs*, mas podem também ser eternizadas em livros.

ENTRELAÇANDO LINGUAGENS

1. Leia a charge e discuta as questões oralmente.

    a) Descreva a charge.

    b) Embora o título da charge seja "Duas concepções sobre igualdade de direitos", qual das partes da charge se revela mais justa? Justifique seu posicionamento.

Disponível em: <interactioninstitute.org/illustrating-equality-vs-equity/>. Acesso em: 14 nov. 2018.

DIÁLOGO

O que são direitos sociais?

Os direitos sociais são direitos criados para garantir aos cidadãos o atendimento às necessidades básicas para uma vida digna. Portanto, a lei maior do país, a Constituição Federal, impõe que tais direitos sejam assegurados a toda a população, promovendo o bem-estar social. São exemplos de direitos sociais: educação, saúde, moradia, transporte, trabalho, entre outros.

Assim, a função dos direitos sociais é reduzir ao máximo as desigualdades que existem no país, econômicas ou sociais, visando garantir igualdade entre os cidadãos.

Leia abaixo como estão expressos tais direitos na Constituição Federal.

TÍTULO II – Dos Direitos e Garantias Fundamentais

• **CAPÍTULO II** – Dos Direitos Sociais

Art. 6 São direitos sociais a educação, a saúde, a alimentação, o trabalho, a moradia, o transporte, o lazer, a segurança, a previdência social, a proteção à maternidade e à infância, a assistência aos desamparados, na forma desta Constituição. (EC no 26/2000, EC no 64/2010 e EC no 90/2015)

Constituição da República Federativa do Brasil. Disponível em: <www2.senado.leg.br/bdsf/bitstream/handle/id/518231/CF88_Livro_EC91_2016.pdf>. Acesso em: 1º jun. 2018.

1. Observe que o texto constitucional tem uma estrutura particular. Identifique os elementos estruturais que o compõem.

2. A leitura do artigo 6º da Constituição Federal foi difícil, isto é, você encontrou palavras ou expressões desconhecidas?

3. Em que tempo se encontra o verbo no artigo 6º da Constituição Federal?

4. Copie no caderno a alternativa que justifica o emprego desse tempo verbal.
    a) Trata-se de um direito que se realiza durante a leitura do artigo.
    b) Trata-se de um direito permanente do cidadão brasileiro.
    c) Trata-se de um direto que ocorrerá no futuro próximo.

5. Quais dos itens previstos no artigo 6º da Constituição Federal não são garantidos aos personagens da crônica "Debaixo da ponte"?

6. Discuta com os colegas: se a Constituição Federal é a lei máxima do Estado, se os direitos sociais estão nela previstos por que, em casos como o abordado na crônica, eles não são assegurados a uma parcela da população?

O gênero textual crônica

Heloísa Amaral

A palavra "crônica", em sua origem, está associada à palavra grega "*khrónos*", que significa tempo. De *khrónos* veio *chronikós*, que quer dizer "relacionado ao tempo". No latim existia a palavra "*chronica*", para designar o gênero que fazia o registro dos acontecimentos históricos, verídicos, numa sequência cronológica, sem um aprofundamento ou interpretação dos fatos. Como se comprova pela origem de seu nome, a crônica é um gênero textual que existe desde a Idade Antiga e vem se transformando ao longo do tempo. Justificando o nome do gênero que escreviam, os primeiros cronistas relatavam, principalmente, aqueles acontecimentos históricos relacionados a pessoas mais importantes, como reis, imperadores, generais etc.

A crônica contemporânea é um gênero que se consolidou por volta do século XIX, com a implantação da imprensa em praticamente todas as partes do planeta. A partir dessa época, os cronistas, além de fazerem o relato em ordem cronológica dos grandes acontecimentos históricos, também passaram a registrar a vida social, a política, os costumes e o cotidiano do seu tempo, publicando seus escritos em revistas, jornais e folhetins. Ou seja, de um modo geral, importantes escritores começam a usar as crônicas para registrar, de modo ora mais literário, ora mais jornalístico, os acontecimentos cotidianos de sua época, publicando-as em veículos de grande circulação.

Os autores que escrevem crônicas como gênero literário, recriam os fatos que relatam e escrevem de um ponto de vista pessoal, buscando atingir a sensibilidade de seus leitores. As que têm esse tom chegam a se confundir com contos. Embora apresente característica de literatura, o gênero também apresenta características jornalísticas: por relatar o cotidiano de modo conciso e de serem publicadas em jornais, as crônicas têm existência breve, isto é, interessam aos leitores que podem partilhar esses fatos com os autores por terem vivido experiências semelhantes.

[...] No registro da história social, assim como na escrita das crônicas, um dos objetivos é mostrar a grandiosidade e a singularidade dos acontecimentos miúdos do cotidiano.

Ao escrever as crônicas contemporâneas, os cronistas organizam sua narrativa em primeira ou terceira pessoa, quase sempre como quem conta um caso, em tom intimista. Ao narrar, inserem em seu texto trechos de diálogos, recheados com expressões cotidianas.

Escrevendo como quem conversa com seus leitores, como se estivessem muito próximos, os autores os envolvem com reflexões sobre a vida social, política, econômica, por vezes de forma humorística, outras de modo mais sério, outras com um jeito poético e mágico que indica o pertencimento do gênero à literatura.

Assim, uma forte característica do gênero é ter uma linguagem que mescla aspectos da escrita com outros da oralidade. Mesmo quando apresenta aspectos de gênero literário, a crônica, por conta do uso de linguagem coloquial e da proximidade com os fatos cotidianos, é vista como literatura "menor". [...]

*Heloísa Amaral é mestre em educação, autora do Caderno do Professor – Orientação para produção de textos – Pontos de vista.

Escrevendo o Futuro. Disponível em: <www.escrevendoofuturo.org.br/conteudo/biblioteca/nossas-publicacoes/revista/artigos/artigo/1235/questao-de-genero-o-genero-textual-cronica>. Acesso em: 5 jun. 2018.

Aposto

Você já revisou alguns termos da oração e conheceu outros que podem apresentar como núcleo um **substantivo** ou **pronome substantivo**, por exemplo, o sujeito, o objeto direto, o objeto indireto e o complemento nominal. Neste capítulo, você estudará um termo da oração que se relaciona a esses núcleos.

Releia um trecho adaptado do texto "O que são direitos sociais?", apresentado na seção **Diálogo** deste capítulo.

> Os direitos sociais são direitos criados para garantir o atendimento às necessidades básicas para uma vida digna. Portanto, a lei maior do país, a Constituição Federal, impõe que tais direitos sejam assegurados a toda a população, promovendo o bem-estar social. Estes são exemplos de direitos sociais: educação, saúde, moradia, transporte, entre outros.

1. Segundo o trecho:
   a) Qual é a lei maior do país?
   b) Que direitos sociais podem ser citados como exemplos?

2. As expressões que você identificou nas respostas anteriores estão relacionadas a termos antecedentes: "a lei maior do país" e "exemplos de direitos sociais", respectivamente.
   a) Qual é o núcleo de cada um dos termos antecedentes?
   b) Como se classificam morfologicamente os núcleos dos termos antecedentes?
   c) Em relação a esses núcleos, as expressões identificadas no item **a** exercem a função de:
      - explicitar o conteúdo a que se referem.
      - modificar o sentido do termo a que se referem.
   d) Se excluídas, essas expressões prejudicariam a estrutura da oração em que se encontram?
   e) Que sinais de pontuação separam as expressões identificadas dos termos a que se referem?

Às expressões que se põem ao lado do substantivo (ou pronome substantivo) antecedente e com o qual se identificam dá-se o nome de **aposto**, que significa "posto ao lado de".

> **Aposto** é o termo acessório da oração que se liga ao substantivo (ou pronome substantivo) antecedente, com o qual se identifica, para explicá-lo, ampliá-lo, resumi-lo ou especificá-lo.

Classificação do aposto

Como vimos, os apostos são informações cuja função é explicar, esclarecer, resumir ou desenvolver o antecedente.

Há vários tipos de aposto. No início deste estudo, você entrou em contato com dois deles, descritos a seguir.

- **Aposto explicativo**: a expressão "a Constituição Federal" é exemplo de aposto explicativo, pois esclarece, explica o que é "a lei maior".
- **Aposto enumerativo**: os substantivos citados — **educação**, **saúde**, **moradia** e **transporte** — representam exemplos de direitos sociais.

Observe agora outros dois tipos de aposto.

> Vida digna, cidadania plena, igualdade de oportunidades, **tudo isso** está na base de um país melhor.

Note que o termo **tudo isso** é um aposto, uma vez que se identifica com os antecedentes "Vida digna, cidadania plena, igualdade de oportunidades".

Ao aposto que resume os antecedentes dá-se o nome de **aposto recapitulativo**.

Para concluir nosso estudo sobre o aposto, leia o enunciado a seguir.

> O poeta **Manuel Bandeira** engrandeceu a literatura brasileira.

- Por que se pode dizer que as palavras destacadas constituem o aposto do antecedente **poeta**?

Nesse caso, o aposto especifica e individualiza seu antecedente genérico (**poeta**), por isso é chamado de **aposto especificativo**.

O aposto e a pontuação

O aposto explicativo apresenta-se sempre entre vírgulas ou entre travessões.

O aposto enumerativo e o recapitulativo podem ser antecedidos por vírgulas ou dois-pontos.

O aposto especificativo, por individualizar um substantivo de sentido, não vem entre vírgulas nem entre travessões.

ATIVIDADES

1. Leia o fragmento a seguir de uma resenha de jornal a respeito de um livro biográfico sobre Miguel de Cervantes.

> [...] Nascido em 29 de setembro de 1547, o espanhol Miguel de Cervantes Saavedra é mundialmente conhecido por [...] *Dom Quixote de la Mancha*, o romance do cavaleiro da triste figura, sua obra-prima.
> [...] Sempre acompanhado de seu fiel escudeiro – e contraponto –, Sancho Pança, o protagonista é o estereótipo do herói medieval, um grande defensor da moral.

'D. Quixote de La Mancha' ganha edição especial em volume único. *Folha de S.Paulo*, 21 abr. 2016. Disponível em: <www1.folha.uol.com.br/livrariadafolha/2016/04/1756432-d-quixote-de-la-mancha-ganha-edicao-especial-em-volume-unico.shtml>. Acesso em: 27 mar. 2019.

a) No primeiro parágrafo, o termo "Miguel de Cervantes Saavedra" é um aposto. Justifique a afirmação.

b) Esse aposto explica, resume, amplia ou especifica o antecedente?

c) Por que, neste caso, não há vírgulas entre o antecedente e o aposto?

d) No mesmo parágrafo há outro aposto. Identifique-o e explique qual é seu antecedente.

e) No segundo parágrafo, identifique os respectivos antecedentes dos apostos "Sancho Pança" e "um grande defensor da moral".

f) Como você classifica os apostos desse último parágrafo?

g) Os fragmentos integram uma resenha de jornal. Com base nessa informação, levante hipóteses sobre a presença de um grande número de apostos no trecho.

Crônica

Nesta unidade, você vai criar uma crônica para ser lida na sala de aula e, depois, postada no *blog* ou *site* da escola ou no mural da turma.

Para começar

A crônica, como você estudou, é o resultado do olhar atento do cronista para uma situação, muitas vezes, simples do cotidiano ou episódios acidentais, como o caso de um cidadão comum que, de repente, vira herói nacional.

Leia a notícia a seguir sobre um jovem imigrante que salvou um garoto de quatro anos.

Homem-aranha do Mali encanta Paris

Mamoudou Gassama, de 22 anos, um jovem malinês em situação ilegal que no sábado escalou em poucos segundos quatro andares de um prédio em Paris para salvar um menino de quatro anos, será naturalizado francês. "Todos os papéis vão ser regularizados", disse o presidente francês Emmanuel Macron, durante uma conversa com o jovem malinês. O presidente também lhe propôs iniciar os trâmites para obter nacionalidade francesa. [...]

O jovem foi aclamado como um herói na França depois que um vídeo, visto por milhões de pessoas nas redes sociais, mostrou o jovem imigrante escalando quatro andares de um prédio em poucos segundos, após ver uma criança em perigo, pendurada no vazio.

"Não pensei em nada, pensei em salvá-lo e, graças a Deus, o salvei", afirmou Gassama que chegou à França em setembro. [...]

O Estado de S. Paulo, 29 maio 2018. Internacional, A11.

Planejar

Depois de ler a notícia, selecione o fato que você considera mais interessante: o ato heroico do malinês, a criança sozinha na varanda do prédio, o reconhecimento do presidente francês? Não se esqueça de que sua visão pessoal do fato escolhido é fundamental para a crônica, pois é esse modo de olhar que vai lhe possibilitar ir além da notícia.

Desenvolver

Faça uma primeira versão da sua crônica.

1. Escolha um título que seja atraente e sugestivo.
2. Determine a intenção de sua crônica: divertir o leitor, provocar nele uma reflexão, criticar um comportamento humano, sensibilizá-lo para um problema social etc.
3. Defina o foco narrativo, isto é, o ponto de vista que vai adotar: primeira pessoa, tornando-se parte da história, ou terceira pessoa, ficando de fora dela.
4. Escolha a linguagem predominante no texto: informal ou formal.
5. Faça sequências descritivas do espaço e/ou dos personagens.
6. Escreva o enredo de maneira breve e direta.
7. Procure empregar a pontuação de maneira expressiva.

Revisar e editar

1. Leia a primeira versão e verifique estes aspectos.
    a) Há um título?
    b) O texto está adequado à proposta?
    c) A opção de linguagem é coerente com a intenção escolhida?
    d) O foco narrativo está bem definido?
    e) Há sequências descritivas na observação do espaço e/ou dos personagens?
    f) A pontuação está empregada de forma expressiva?
    g) As questões ortográficas estão solucionadas? Os parágrafos estão segmentados corretamente?
2. Sente-se com um colega e, com base nas observações dele, faça as correções que julgar necessárias.

Compartilhar

1. Depois de lidas na sala de aula, as crônicas produzidas serão preparadas para postagem no *site*, no *blog* ou mural da escola.
2. Se houver possibilidade, elejam uma ou mais crônicas para serem enviadas a um jornal do bairro. Vocês deverão explicar que se trata de um texto escrito por um aluno do 8º ano a respeito da notícia escolhida.

Avaliar

1. A crônica apresentou a visão pessoal do autor sobre o fato escolhido?
2. Que aspecto do trabalho foi mais difícil para você?
3. Outros alunos desenvolveram o mesmo fato que você? As abordagens foram semelhantes?
4. Estudar crônicas despertou em você a vontade de ler outros textos dos mesmos autores ou de conhecer outros cronistas?

Regência verbal e regência nominal

1. Leia a tirinha "Logoff", da quadrinista Clara Gomes.

Bichinhos de Jardim. Disponível em: <https://bichinhosdejardim.com/logoff/>.
Acesso em: 4 jul. 2018.

a) Em sua opinião, a personagem Joana é ativa nas redes sociais? Justifique sua resposta.

b) O leitor é totalmente surpreendido no último quadrinho? Explique sua resposta, apoiando-se em informações da tirinha.

c) Nessa tira, como você pode observar, os verbos **desisto**, **penso** e **concluo**, por exemplo, exigem complementos.

- Volte aos quadrinhos e responda oralmente à questão: Que termos ou orações complementam esses verbos?

O estudo sobre a relação entre o verbo e seu complemento chama-se **regência verbal**. O verbo que determina a presença do complemento é o termo regente, e o termo complemento, o **termo regido**.

2. Releia um trecho da crônica de Drummond, "Debaixo da ponte".

> **Debaixo** da ponte os três prepararam comida. Debaixo da ponte comeram. Não sendo operação diária, cada um saboreava duas vezes: a carne e a **sensação** de raridade da carne. E iriam aproveitar o resto do dia dormindo (pois não há coisa melhor, depois de um prazer, do que o prazer **complementar** do esquecimento), quando começaram a sentir dores.

a) O título da crônica é "Debaixo da ponte"; o sentido do título seria o mesmo se fosse suprimido o complemento "da ponte"?

b) As outras palavras destacadas podem, no texto, dispensar seu complemento? Veja: **raridade da carne**, **do esquecimento**, respectivamente?

c) As palavras em destaque pertencem a que classes gramaticais?

O estudo sobre substantivos, adjetivos e advérbios que exigem complementos é chamado **regência nominal**.

> O emprego das regências nominal ou verbal costuma trazer dificuldades para os usuários da língua. Os dicionários são aliados importantes para indicação da regência correta de nomes ou verbos.

A seguir, você vai estudar alguns casos comuns de regência verbal de acordo com a norma-padrão e que devem ser observados em situações formais de uso.

Assistir

Os alunos do 8º ano **assistem** a uma palestra sobre *fake news*.
Aqueles cuidadores **assistem** os pacientes para ajudá-los a ser independentes.

Observe a diferença de sentido e de regência: no primeiro caso, o verbo "assistir" significa ver, presenciar, e é **transitivo indireto** (assistir a uma palestra). No segundo, o mesmo verbo tem sentido de cuidar, ajudar, é **transitivo direto** (assistir os pacientes).

Chegar/ir

O professor **chegou à** escola.
Vamos ao teatro.
Os dois verbos são **intransitivos** e exigem a preposição **a**.

Esquecer/lembrar

Ele **esqueceu** o livro em casa. / Ele **se** esqueceu **do** livro em casa.

Os verbos **esquecer** e **lembrar** podem apresentar duas regências: são **transitivos diretos** quando não são pronominais, isto é, não vêm acompanhados do pronome reflexivo; ou **transitivos indiretos** quando exigem o pronome oblíquo reflexivo (esquecer-**se** ou lembrar-**se**) e a preposição **de**.

Preferir

Prefiro dramas a comédias.

O verbo preferir é transitivo direto e indireto, e exige a preposição **a**.

Obedecer/desobedecer

Os profissionais da educação **obedecem ao** Estatuto da Criança e do Adolescente.
Não **desobedecemos às** instruções do equipamento.

Esses dois verbos são **transitivos indiretos** e exigem a preposição **a**.

ATIVIDADES

1. Leia o título e o subtítulo de uma entrevista publicada na revista *Crescer*, desenvolvidos com base na dúvida de uma leitora. O público-alvo dessa publicação são pais e educadores.

> ### Bebês podem assistir desenhos?
> Há quem acredite que a televisão possa substituir os pais e outros seres humanos na hora de estimular as crianças pequenas, mas, na realidade, não é bem assim...
> [...]

Crescer. Disponível em: <https://revistacrescer.globo.com/noticia/2017/10/bebes-podem-assistir-desenhos.html>. Acesso em: 4 jun. 2018.

a) Em sua opinião, a televisão pode cumprir o papel de estimular a atenção das crianças pequenas?

b) O verbo **assistir**, no título da matéria, obedece à norma-padrão quanto à regência verbal?

c) Que verbo transitivo direto poderia substituir "assistir" nesse contexto?

d) Levante hipóteses: o fato de esse verbo, sinônimo de **assistir**, ter regência transitiva direta poderia ser responsável por influenciar o falante a empregar assistir com essa mesma regência?

2. Leia um fragmento da crônica, "Chique no último!", de Walcyr Carrasco. O narrador, nessa crônica, focaliza uma situação ocorrida em um jantar oferecido por ele aos amigos.

> Todo mundo gosta ▲ ser chique. Até quem finge não se importar ▲ isso. Ninguém gosta ▲ espetar a coxa de frango ▲ o garfo e vê-la sair voando ▲ o prato do vizinho. Ou ▲ chegar ▲ uma festa de camiseta e descobrir que os convidados estão de paletó e gravata. Os esnobes costumam dizer:
> – Ser chique é ser simples! É ser quem você é.
> Puro disfarce! [...]"

Profirmez@. Disponível em: <http://profirmeza.blogspot.com/2011/04/chique-no-ultimo-walcyr-carrasco.html>. Acesso em: 5 jun. 2018.

- Transcreva o texto no caderno e substitua cada ▲ pela preposição exigida pelos verbos ou nomes nesse contexto.

3. Os fragmentos a seguir foram extraídos do portal do jornal *Folha de S.Paulo*. O primeiro pertence ao caderno "Cultura", e o segundo, ao caderno "Cotidiano". Leia-os.

> **I** Quem acorda todo dia atrasado e sai correndo de estômago vazio, desobedece o ensinamento dos que entendem de alimentação e dizem que a primeira refeição do dia é a mais importante de todas. Prepará-la e comer com calma vale mais que se encher no almoço ou no jantar.

Com ilustrador peruano, livro infantil ressalta importância do café da manhã. *Folha de S.Paulo*. Disponível em: <www1.folha.uol.com.br/guia-de-livros-discos-filmes/2015/10/1699654-com-ilustrador-peruano-livro-infantil-ressalta-importancia-do-cafe-da-manha.shtml>. Acesso em: 28 maio 2018.

> II. Crianças de nove anos na Holanda prestam um exame para serem habilitadas a andar de bicicleta nas ruas. Há multas para quem desobedece às regras, como não usar a via adequada ou andar sem luz à noite. É um processo que começa cedo. Lá, a bicicleta faz parte da cultura.

É preciso adaptação contra mortes de ciclistas, diz especialista holandês. *Folha de S.Paulo*. Disponível em: <www1.folha.uol.com.br/cotidiano/2015/09/1684977-e-preciso-adaptacao-para-conter-mortes-de-ciclistas-diz-especialista-holandes.shtml>. Acesso em: 28 maio 2018.

a) Um mesmo verbo é empregado nos dois fragmentos. Identifique esse verbo e aponte em qual trecho o emprego contraria a norma-padrão. Justifique sua resposta.

b) Reescreva o trecho, adequando o verbo à regência determinada pela norma-padrão.

4. Nas conversas informais nem sempre os participantes seguem a regência nominal da norma-padrão. Leias as frases abaixo e reescreva as que não estão de acordo com essa norma.

a) Ele faz o jogo igual o do adversário.

b) A decisão do juiz foi favorável com o time adversário.

c) Ele tem certeza de que o gol será anulado.

5. Reescreva o convite do cartaz a seguir observando o emprego da regência verbal.

DICAS

▶ ACESSE

Descubra a desigualdade no jogo dos privilégios: <https://rrpponline.com.br/site/descubra-as-desigualdades-no-jogo-dos-privilegios/>. O objetivo do jogo, desenvolvido pelo Instituto Identidade do Brasil, é mostrar como algumas vantagens podem contribuir para a ascensão social. Os participantes posicionam-se igualmente em uma linha inicial. No entanto, a disposição de cada um é modificada por meio de perguntas, cujas respostas os levam a caminhar para frente ou para trás. No final, os jogadores percebem como os privilégios sociais fundamentam desigualdades.

▶ ASSISTA

O menino e o mundo, Brasil, 2013. Direção: Alê Abreu, 85 min. Essa animação conta a história de um menino que vivia no campo com sua família. Por causa da pobreza, seu pai se vê obrigado a ir para a cidade grande e o filho decide segui-lo. Lá encontram desigualdade, indiferença e exploração. Essa dura realidade é retratada de modo sutil, do ponto de vista da criança.

▶ LEIA

Estrelas tortas, de Walcyr Carrasco. São Paulo (Moderna). Marcella era uma adolescente vaidosa e popular. Gostava de jogar vôlei e tinha muitos amigos. Porém, sua vida e a de sua família são transformadas por um acidente que a deixa paraplégica. Cada capítulo conta a história sob um diferente foco narrativo, o que torna a obra interessante não apenas pelo enredo mas também pelo fato de o leitor ser levado a conhecer o ponto de vista de várias personagens.

99

UNIDADE 4
Com a palavra, o cidadão

NESTA UNIDADE
VOCÊ VAI:

- conhecer alguns tipos de carta argumentativa;
- perceber a importância de usar bons argumentos;
- estudar adjuntos adnominais e adjuntos adverbiais;
- aprender a escrever uma carta de solicitação ou de reclamação.

Observe a imagem.

1. Suponhamos que você fosse o proprietário do automóvel danificado pela queda da árvore. Uma fatalidade! Quem vai arcar com o prejuízo? Você? O Estado? Eis aí uma questão polêmica!
2. Como o proprietário poderia acionar o Estado por um fato assim?
3. Quais seriam os argumentos do proprietário?

CAPÍTULO 1

Neste capítulo, você vai ler uma carta de reclamação e refletir sobre a importância de usar argumentos convincentes para atingir um objetivo. Você e seus colegas vão criar um vídeo para explicar aos alunos de 5º ano em que consiste o Código de Defesa do Consumidor e também vão estudar os adjuntos adnominais.

ANTES DE LER

Você sabe em que situações são escritas cartas de reclamação? Quem as escreve? Para quem?

1. Você já escreveu alguma carta? Se sim, de que tipo: pessoal, de reclamação ou de solicitação?
2. Qual foi o assunto da carta? Quem foi o destinatário?
3. Você sabe o que é o Procon? Conte aos colegas o que sabe sobre esse órgão público.
4. Você – ou alguém que você conhece – já comprou algum produto e ficou insatisfeito com ele?
5. Você entrou em contato com a empresa (por telefone, *e-mail* ou carta) para reclamar sobre esse produto? Se sim, relate aos colegas como foi essa experiência.

A seguir, você vai ler uma carta de reclamação de alguém que se sentiu lesado pela empresa que lhe vendeu um serviço, mas não o prestou.

Nesta carta, endereçada a um órgão público, a Fundação de Proteção e Defesa do Consumidor (Procon), uma pessoa faz uma reclamação. Retiramos da carta o nome da empresa, já que ele não é relevante para o trabalho.

São Paulo, 3 de agosto de 2017
Ao Procon-SP

Atendimento do Serviço de Proteção ao Consumidor

Ref.: Cobrança indevida de serviços — Empresa XXX de Telefonia

Prezados senhores,

Sou assinante de uma linha de telefone fixo dessa renomada empresa desde 2004.
Assinei, à mesma época, os serviços de secretária eletrônica digital e de transferência de chamadas, pelos quais eu pago R$ 8,00 por mês, inclusos na fatura. Ocorre que, há cerca de seis meses, solicitei a mudança de endereço da linha. Foi quando começou a ocorrer uma sequência de problemas, os quais a empresa não consegue resolver.
O primeiro problema: ao solicitar a transferência de endereço, fui informada de que haveria uma taxa de R$ 100,00 para realizar o serviço solicitado e que poderia demorar até dez dias úteis para que a linha fosse ligada no novo endereço. No entanto, a linha foi desligada imediatamente após a minha solicitação de transferência, religada no novo endereço apenas dez dias depois. Ocorre que a empresa cobrou normalmente por esse tempo em que eu fiquei sem telefone.
O segundo problema: os serviços de transferência de chamadas e de secretária eletrônica digital não mais funcionaram e nesses seis meses vêm sendo cobrados normalmente.
Assim que me dei conta de que os serviços não estavam disponíveis, imaginei que fosse uma coisa simples de resolver e entrei em contato com o SAC explicando o ocorrido. Após exatos 55 minutos de atendimento, com o atendente me garantindo que os serviços estavam de novo funcionando e devidamente configurados, fiz o teste e não estavam.
Desde então, sistematicamente fiz contatos com a empresa em busca de solução e em cada dia a demora no atendimento era sempre em torno de uma hora, e nada se resolvia. Em muitas dessas vezes, a ligação caía após um tempo de 30 minutos na espera de atendimento e eu tinha que ligar novamente e explicar toda a história de novo. Nesse primeiro mês, juntei 12 protocolos, sem contar as outras vezes em que liguei e não consegui ser atendida: não passei da gravação e nem gerou protocolo. Quando chegou a primeira conta após essa mudança de endereço, vi que os serviços estavam sendo cobrados, embora eu não os tivesse. Continuei reclamando com a empresa e passando pelas mesmas dificuldades de atendimento, quase que diariamente (alguns dias eu não tentava ligar porque realmente não tinha tempo, o trabalho me impedia de perder horas em um atendimento que não resolvia nada).

A cada vez em que eu conseguia ser ouvida por um atendente (e explicar a mesma coisa dezenas e dezenas de vezes), o atendente dizia que estava fazendo testes para acionar os serviços e como não conseguia ia enviar um técnico ao local. Ao todo, 8 (oito) técnicos foram ao meu endereço e disseram a mesma coisa: "não há o que resolver aqui no local, pois o problema é na central e não na instalação física da linha". Cheguei a protocolar 3 (três) reclamações junto à Anatel e mediante a pressão que esta exerceu junto à referida prestadora, alguém tomava a iniciativa de me ligar e dizer que ia resolver a situação.

Depois de seis meses, ainda sem os serviços, consegui apenas que a empresa não me cobrasse por eles apenas nas duas últimas contas. Os valores anteriores cobrados indevidamente, não me devolveram. E eu continuo sem os serviços contratados e sem nenhuma conclusão da empresa, nem mesmo a explicação se esses serviços poderão ser acionados ou não.

Por conta das características inerentes ao meu trabalho como autônoma, prestando atendimento a diversos clientes, necessito ter secretária eletrônica digital e transferência de chamadas funcionando.

Grata pela atenção,
Débora R.
deborar@......com.br
telefone: 99178.......

GLOSSÁRIO

Anatel: Agência Nacional de Telecomunicações.
Inerente: que é, por natureza, inseparável de alguma coisa.
Protocolo: registro, quase sempre numérico, de audiência, deliberação ou conferência. No caso, número que documenta o contato feito pelo cliente com a empresa operadora de telefonia.

AQUI TEM MAIS

O que é o Procon?

Em 1976, o governo do estado de São Paulo criou o primeiro órgão público de proteção ao consumidor, a Fundação de Proteção e Defesa do Consumidor, ou Procon.

Atualmente presente em diversos estados e municípios brasileiros, o Procon é uma fundação com caráter jurídico, cujo objetivo é elaborar e executar a política estadual de proteção e defesa do consumidor. Para tanto, conta com o apoio de um grupo técnico multidisciplinar que desenvolve atividades nas mais diversas áreas de atuação, como: educação para o consumo; recebimento e processamento de reclamações administrativas, individuais e coletivas contra fornecedores de bens ou serviços; orientação aos consumidores e fornecedores acerca de seus direitos e obrigações nas relações de consumo; fiscalização do mercado consumidor para fazer cumprir as determinações da legislação de defesa do consumidor; acompanhamento e propositura de ações judiciais coletivas; estudos e acompanhamento de legislação nacional e internacional, bem como de decisões judiciais referentes aos direitos do consumidor.

A Fundação Procon é considerada sinônimo de respeito na proteção dos direitos do cidadão.

Fonte: Fundação Procon SP. Disponível em: <www.procon.sp.gov.br>. Acesso em: fev. 2019.

Apreciação

1. A leitura da carta foi esclarecedora? Você entendeu o que motivou a autora da carta a escrevê-la?

2. É comum que consumidores, descontentes com produtos ou serviços prestados, escrevam cartas ou *e-mails* de reclamação para as empresas responsáveis pelos produtos ou serviços, ou telefonem para o Serviço de Atendimento ao Consumidor (SAC) dessas empresas.
    a) Que argumentos empregados pela autora da carta você considera importantes para justificar a reclamação?
    b) O que você acrescentaria ou mudaria na carta de Débora R.?

Interpretação

1. Por que a autora da carta se apresenta no primeiro parágrafo?

2. No segundo parágrafo, a remetente esclarece o motivo de escrever a carta para o Procon.
    • O que a motivou a tomar essa iniciativa?

3. A consumidora expõe, passo a passo, seu contato com a empresa na tentativa de solucionar os problemas que enfrentava.
    a) Qual foi, segundo ela, seu primeiro problema ao contatar a empresa?
    b) Qual foi o segundo problema que a empresa de telefonia causou à assinante?
    c) Em relação a essa empresa, do que mais a consumidora reclama?

4. Como a assinante tentou, primeiramente, resolver seu problema em relação à empresa? Qual foi o resultado?

5. Que outro órgão público a remetente procurou? Com que finalidade?
    • Que resultados ela obteve ao contatar esse órgão?

6. Releia este trecho.

> Ao todo, 8 (oito) técnicos foram ao meu endereço e disseram a mesma coisa: "não há o que resolver aqui no local, pois o problema é na central e não na instalação física da linha".

    a) A citação entre aspas pertence a quem?
    b) Por que essa citação funciona como um argumento para o remetente?

7. Mesmo escrevendo para reclamar do mau atendimento de uma empresa, a autora da carta, de certa forma, está solicitando algo. O que ela solicita?

8. A autora da carta demonstrou paciência ou irritação? Justifique-se.

105

9. As cartas de reclamação seguem geralmente uma estrutura comum. Releia a carta e responda:

   a) Quais são as primeiras informações que aparecem nela?

   b) Diga com que objetivo foi colocado no início da carta o trecho abaixo.

   > Ref.: Cobrança indevida de serviços – Empresa XXX de Telefonia

   c) No final da carta, como a remetente se despede?

   d) Que tipo de contatos ela apresenta?

Linguagem

1. A autora dirige-se à instituição empregando linguagem informal ou formal? Justifique sua escolha.

2. Observe este trecho.

   > [...] ao solicitar a transferência de endereço, fui informada de que haveria uma taxa de R$ 100,00 para realizar o serviço solicitado e que poderia demorar até dez dias úteis para que a linha fosse ligada no novo endereço. **No entanto**, a linha foi desligada imediatamente após a minha solicitação de transferência, religada no novo endereço apenas dez dias depois. Ocorre que a empresa cobrou normalmente por esse tempo em que eu fiquei sem telefone.

   a) A expressão **no entanto** contém a ideia de oposição, contraste. Quais são as oposições?

   b) Essa expressão poderia ser substituída por quais outras palavras?

3. Releia o trecho a seguir.

   > A cada vez em que eu conseguia ser ouvida por um atendente (e explicar a mesma coisa **dezenas** e **dezenas** de vezes), o atendente dizia que estava fazendo testes para acionar os serviços e, como não conseguia, ia enviar um técnico ao local. Ao todo, 8 (oito) técnicos foram ao meu endereço e disseram a mesma coisa [...].

   - Qual é o efeito de sentido, no texto, da repetição destacada nesse trecho?

4. No final da carta, a autora diz que trabalha como **autônoma**.

   a) O que isso significa?

   b) Qual é a relação entre essa característica da atividade profissional com a necessidade de telefone, secretária eletrônica digital e transferência de chamadas?

5. A autora utiliza na carta expressões que indicam circunstância de tempo, por exemplo: à mesma época, há cerca de seis meses, até dez dias úteis, apenas dez dias depois, quase que diariamente, após exatos 55 minutos etc.

   a) Em sua opinião, por que essas expressões foram empregadas por ela?

   b) Encontre mais uma expressão indicativa de tempo no início do penúltimo parágrafo.

   c) Podemos afirmar que essas circunstâncias constroem a argumentação do texto? Justifique sua resposta.

6. Observe os advérbios destacados e transcreva no caderno a alternativa correta.

> Desde então, **sistematicamente** fiz contatos com a empresa em busca de solução [...].
> Os valores anteriores cobrados **indevidamente**, não me devolveram.

- Eles podem ser substituídos, respectivamente, por:
  a) metodicamente, corretamente.
  b) desordenadamente, injustamente.
  c) regularmente, ilegalmente.

7. Releia o trecho e responda: A que serviços exatamente a consumidora se refere?

> "E eu continuo sem os serviços contratados e sem nenhuma conclusão da empresa, nem mesmo a explicação se **esses serviços** poderão ser acionados ou não."

ENTRELAÇANDO LINGUAGENS

1. Leia a tira a seguir publicada no *blog Um sábado qualquer*. O autor dela é Carlos Ruas. Você já teve contato com outras criações desse autor?

> Carlos Ruas é um jovem **designer** da cidade de Niterói (RJ). Criou o *blog* **Um sábado qualquer** em 2009, aos 23 anos. Seus quadrinhos caracterizam-se por irreverência e muito humor. De modo inteligente e sem preconceito, Ruas vem conquistando diversos leitores no Brasil. Ele tem dois livros publicados e, em 2012, ganhou o Prêmio HQ Mix, o mais importante prêmio brasileiro de quadrinhos, na categoria **Webtiras**.

2. Você achou essa tira divertida?

3. Quem você imagina que é o personagem da tira?

4. Com quem ele fala ao telefone? Qual teria sido a reclamação?

5. O personagem obteve uma resposta que atende à sua reclamação?

6. Por que o personagem deve esperar milhares de anos?

7. Por que o atendente instrui o personagem a tirar o fio da tomada, esperar e ligar novamente?

Gravação de vídeo

Você e os colegas vão gravar um vídeo (de, no máximo, dois minutos) para explicar aos alunos de 5º ano em que consiste o Código de Defesa do Consumidor; qual é a importância dos consumidores e fornecedores de produtos e serviços respeitarem esse código e de os órgãos públicos fiscalizarem essas empresas.

Para começar

Você vai assistir ao vídeo "Código de Defesa do Consumidor completa 25 anos – Jornal Futura – Canal Futura", disponível na internet.

Organizar

1. Em trios, discutam sobre:
   - a importância da existência de leis que protejam os consumidores;
   - o comportamento e a opinião dos entrevistados a respeito do conhecimento do código;
   - além do Procon, a qual órgão o consumidor pode recorrer ao se sentir prejudicado;
   - o fato de os consumidores optarem pelo Procon;
   - o fato de a reclamação da produtora da carta ser um fato recorrente no Procon;
   - a relação entre a carta da consumidora Débora R. e a sugestão de Gustavo Kloh.
2. Anotem os dados considerados importantes para a gravação do vídeo.
3. Entrem no Portal da Anatel (www.anatel.gov.br/institucional/) e cliquem em Consumidor. Na barra à esquerda, selecionem Telefonia Fixa e, em seguida, Direitos. Leiam o texto e cliquem em Concessionárias. Anotem a definição.
4. Acessem o *link* sobre a diminuição de reclamações (www.anatel.gov.br/institucional/ultimas-noticiass/1877-reclamacoes-sobre-servicos-de-telecomunicacoes-caem-12-9-em-2017) e observem a comparação do volume de reclamações entre 2016 e 2017. Verifiquem ainda, nessa matéria, a proposta da Anatel para diminuir as reclamações em 2018, e atualizem os dados. As ações da Anatel podem ser citadas no vídeo como exemplos de tentativas de redução de reclamações.

Gravar e apresentar

Gravem o vídeo. Assistam à gravação e a editem. Quando todos acharem que está finalizada, marquem um dia com a direção da escola para apresentar o vídeo aos alunos do 5º ano.

Avaliar

Com a ajuda do professor, avaliem os vídeos que foram apresentados.

AQUI TEM MAIS

Em busca de soluções

Você conhece o *site* Reclame Aqui? Esse *site* se define como uma ferramenta para "melhorar o relacionamento entre fornecedores e clientes de forma transparente e colaborativa". Assim, o consumidor que se sente prejudicado posta no *site* uma carta com a reclamação sobre determinado produto ou serviço de uma empresa. Esse *post* é enviado pelo Reclame Aqui à empresa responsável. O *site* tem cadastradas inúmeras empresas, que se utilizam dessa ferramenta gratuita para responder às reclamações.

Leia a seguir uma carta de reclamação de um cliente e a resposta da empresa a ele. Como na carta anterior, foram omitidos os dados do cliente e da empresa, pois o que nos interessa é a intenção comunicativa que resultou nos dois textos. Assim também foi respeitado o registro linguístico mais informal empregado pelo remetente.

Encontra-se abaixo o comentário final do consumidor sobre a solução do problema que gerou o *post*.

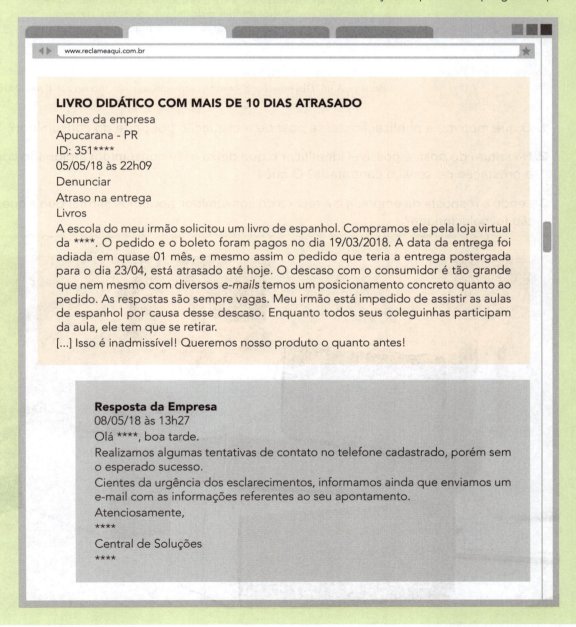

LIVRO DIDÁTICO COM MAIS DE 10 DIAS ATRASADO
Nome da empresa
Apucarana - PR
ID: 351****
05/05/18 às 22h09
Denunciar
Atraso na entrega
Livros
A escola do meu irmão solicitou um livro de espanhol. Compramos ele pela loja virtual da ****. O pedido e o boleto foram pagos no dia 19/03/2018. A data da entrega foi adiada em quase 01 mês, e mesmo assim o pedido que teria a entrega postergada para o dia 23/04, está atrasado até hoje. O descaso com o consumidor é tão grande que nem mesmo com diversos *e-mails* temos um posicionamento concreto quanto ao pedido. As respostas são sempre vagas. Meu irmão está impedido de assistir as aulas de espanhol por causa desse descaso. Enquanto todos seus coleguinhas participam da aula, ele tem que se retirar.
[...] Isso é inadmissível! Queremos nosso produto o quanto antes!

Resposta da Empresa
08/05/18 às 13h27
Olá ****, boa tarde.
Realizamos algumas tentativas de contato no telefone cadastrado, porém sem o esperado sucesso.
Cientes da urgência dos esclarecimentos, informamos ainda que enviamos um e-mail com as informações referentes ao seu apontamento.
Atenciosamente,
****
Central de Soluções
****

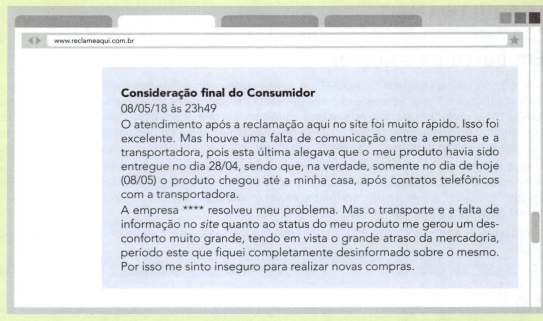

Consideração final do Consumidor
08/05/18 às 23h49

O atendimento após a reclamação aqui no site foi muito rápido. Isso foi excelente. Mas houve uma falta de comunicação entre a empresa e a transportadora, pois esta última alegava que o meu produto havia sido entregue no dia 28/04, sendo que, na verdade, somente no dia de hoje (08/05) o produto chegou até a minha casa, após contatos telefônicos com a transportadora.

A empresa **** resolveu meu problema. Mas o transporte e a falta de informação no *site* quanto ao status do meu produto me gerou um desconforto muito grande, tendo em vista o grande atraso da mercadoria, período este que fiquei completamente desinformado sobre o mesmo. Por isso me sinto inseguro para realizar novas compras.

Reclame Aqui. Disponível em: <www.reclameaqui.com.br>. Acesso em: 8 jun. 2018.

1. O que motivou a publicação desse *post* de reclamação por parte do consumidor?

2. Na leitura do *post*, é possível identificar o que deixa esse consumidor indignado com a prestação de serviço contratada? O quê?

3. Lendo a resposta da empresa e a réplica do consumidor, podemos afirmar que a questão foi solucionada?

Adjunto adnominal

No texto da seção **Aqui tem mais** que você acabou de ler, o consumidor inicia sua reclamação contextualizando o motivo pelo qual entrou em contato com o estabelecimento comercial.

1. Leia esta oração.

   > A escola do meu irmão solicitou um livro de espanhol.

   a) Qual o sujeito da oração?
   b) Identifique o núcleo do sujeito?
   c) Que palavra e expressão acompanham o núcleo do sujeito? Classifique-as.
   d) O verbo **solicitou** é transitivo direto. Identifique o objeto direto desse verbo e seu núcleo.
   e) Que palavra e expressão acompanham o núcleo desse objeto direto? Classifique-as.

2. Observe agora a oração que expõe a consequência do atraso do livro para o aluno.

   > Meu irmão está impedido de assistir às aulas de espanhol por causa desse descaso.

   - Escreva no caderno o sujeito e o termo que acompanha o núcleo.

Como você já sabe, a oração quase sempre tem dois termos essenciais: o **sujeito** e o **predicado**.

Tanto o sujeito quanto os complementos verbais e outros termos da oração podem ter como núcleo um substantivo ou um pronome. Os núcleos substantivos geralmente estão acompanhados de outras palavras. Veja:

Esses termos que acompanham os núcleos substantivos, exercendo a função de caracterizá-los, especificá-los (**de espanhol**), determiná-los (**meu**) ou indeterminá-los (**um**), classificam-se como **adjuntos adnominais**.

Apesar de os adjuntos adnominais serem classificados como termos "acessórios" da oração, eles são importantes para a construção de sentido dos enunciados. Na carta, a locução adjetiva "**de espanhol**", por exemplo, torna mais preciso o substantivo **livro**.

Podem desempenhar a função de adjuntos adnominais: artigos (definidos e definidos), adjetivos e locuções adjetivas, pronomes adjetivos (possessivos, demonstrativos, indefinidos e interrogativos) e numerais.

111

ATIVIDADES

1. Leia a tira do cartunista paranaense Fernando Gonsales.

a) Com que fábula a tira estabelece intertextualidade, isto é, relações de sentido? Quem é o fabulista que primeiro a narrou?

b) O que provoca o humor na tira é o desfecho criado pelo cartunista. Justifique essa afirmação.

2. Releia o primeiro quadrinho e faça no caderno o que se pede. Na oração:

> As formigas resolveram dar abrigo para a cigarra no inverno...

a) Identifique o sujeito.
b) Destaque o núcleo do sujeito.
c) Classifique morfologicamente a palavra que constitui o núcleo do sujeito.
d) Qual é a palavra que acompanha o núcleo do sujeito? A que classe de palavras ela pertence?
e) Essa palavra desempenha na oração a função de adjunto adnominal? Por quê?

3. Na oração do segundo quadrinho:

> Tenho que dar aula de violão para essas formigas sem talento!

a) Identifique e classifique o verbo principal da locução verbal **tenho que dar**.
b) Identifique e classifique os objetos do verbo principal.
c) Destaque os núcleos dos objetos.
d) Como se classifica morfologicamente a palavra **aula**, que desempenha a função de núcleo do objeto direto?
e) Qual é a expressão que acompanha o núcleo do objeto direto **aula**? Classifique-a morfologicamente.
f) O núcleo do objeto indireto é acompanhado de que palavras e/ou expressões? Classifique-as morfologicamente.
g) As palavras que você identificou no item anterior são adjuntos adnominais. Se excluíssemos o último adjunto adnominal, o humor da tira permaneceria?

112

4. Leia estes versos de Marina Colasanti.

> [...]
> Ao largo
> cravados sobre o mar do horizonte
> como torres de uma fortaleza
> navios-cargueiros esperam
> fundeados.
> Não entraram no porto.
> O porto à noite
> é reino de piratas.

Marina Colasanti. *Traço de poeta*. São Paulo: Global, 2006. p. 71.

a) O trecho do poema faz uma comparação dos navios-cargueiros fundeados sobre o mar do horizonte com algo. Com o que eles se parecem? Por quê?

GLOSSÁRIO
Fundeado: ancorado.

b) Observe a oração que constitui os dois últimos versos do fragmento e classifique o verbo da oração.

> O porto à noite / **é** reino de piratas.

c) Identifique no predicado um atributo do sujeito. Destaque o núcleo e classifique morfologicamente a palavra que o constitui.

d) Identifique e classifique a expressão que acompanha esse núcleo.

5. Nas orações a seguir, os adjuntos adnominais são representados por locuções adjetivas. Substitua as locuções por adjetivos correspondentes a elas.

a) Investimentos em transporte **de trem** trariam benefícios.
b) A faixa **de idade** não está adequada ao conteúdo do filme.
c) Tinha uma paciência **sem igual**.
d) Perfume de flores **do campo** são deliciosos.
e) O trabalho **de crianças** é proibido.

6. Do fragmento abaixo, foram retirados os adjuntos adnominais.

> Muitos pensam que a pesquisa científica é uma atividade puramente ▲, na qual o objetivismo lógico é o ▲ mecanismo capaz de gerar conhecimento. Como resultado, os cientistas são vistos como insensíveis e limitados, um grupo ▲ que corrompe a beleza ▲ ao analisá-la matematicamente.

Marcelo Gleiser. *A dança do Universo: dos mitos de criação ao Big-Bang*. São Paulo: Companhia das Letras, 1997. p. 17.

• Copie esse fragmento no caderno repondo, coerentemente, os adjuntos adnominais do quadro.

> da Natureza – racional – único – de pessoas

7. Substitua cada oração destacada por um adjunto adnominal de sentido equivalente.

a) Depois do desastre ambiental, a pequena cidade ficou sem água **que se pode beber**.
b) Os advogados dos acusados apresentaram provas **que não se podem contestar**.
c) Precisamos de políticos **que não se deixem corromper**.
d) O parlamentar apresentou uma proposta **que não se pode defender**.

Em dupla

8. Do belo poema "Estas mãos", de Cora Coralina, extraímos a 1ª, a 2ª, a 5ª e a 6ª estrofes. Leia a seguir.

Estas mãos

Olha para estas mãos
de mulher roceira,
esforçadas mãos cavouqueiras.

Pesadas, de falanges curtas,
sem trato e sem carinho.
Ossudas e grosseiras.

[...]

Íntimas da economia,
do arroz e do feijão
da sua casa.
Do tacho de cobre.
Da panela de barro.
Da acha de lenha.
Da cinza da fornalha.
Que encestavam o velho barreleiro
e faziam sabão.

Minhas mãos doceiras...
Jamais ociosas.
Fecundas. Imensas e ocupadas.
Mãos laboriosas.
Abertas sempre para dar,
Ajudar, unir e abençoar.
[...]

Cora Coralina. Traço de poeta. In: *Antologia de poesias para jovens*. São Paulo: Global, 2006. p. 45-46.

GLOSSÁRIO

Acha: pedaço de madeira, geralmente em estado natural, usado como lenha em fogo ou fogueira.
Barreleiro: pano usado para coar os resíduos resultantes da barrela, e com o qual se cobre a roupa a ser alvejada.
Cavouqueiro: que cavouca, escava, cava buracos para semear.
Laborioso: devotado ao trabalho; esforçado.

a) O poema de Cora Coralina contém traços autobiográficos. Leia as informações biográficas da autora e relacione-as ao poema.

Cora Coralina, pseudônimo de Anna Lins dos Guimarães Peixoto Bretas (1889-1985), nasceu em Goiás, e seu primeiro livro foi publicado quando já tinha quase 76 anos de idade. Era doceira e viveu longe dos grandes centros urbanos. Em geral, a obra da poetisa trata de temas do cotidiano do interior brasileiro, em particular das ruas históricas do estado de Goiás.

b) Identifique, no verso inicial do poema, a função sintática do termo "estas mãos".
c) Qual é o núcleo desse termo?
d) Qual é a classificação morfológica e a função sintática da palavra que acompanha **mãos**?
e) De quem são as mãos?
f) Qual é a palavra que possibilita essa identificação?
g) No verso seguinte, a expressão "de mulher roceira" é também adjunto adnominal do núcleo nominal **mãos**. Classifique morfologicamente a locução que constitui esse adjunto adnominal.
h) Quais são os adjuntos adnominais da primeira e da segunda estrofes que retomam a ideia expressa no segundo verso?
i) Qual é a importância dos adjuntos adnominais na construção dos sentidos do texto?
j) Ao caracterizar as próprias mãos, o eu lírico também expressa suas características físicas e psicológicas. No caderno, copie características (adjetivos e/ou locuções adjetivas) que reafirmam que o eu lírico é a mulher:
- do campo;
- simples;
- trabalhadeira;
- habilidosa na cozinha;
- generosa.

9. Ainda em dupla, observem a imagem.

a) Reflitam sobre as impressões que ela transmite: alegria, serenidade, consciência do tempo que passou etc.
b) Façam uma descrição subjetiva da imagem empregando adjuntos adnominais.

115

CAPÍTULO 2

Neste capítulo, você vai continuar estudando cartas, agora de solicitação. Vai aplicar seus conhecimentos redigindo uma carta de solicitação e estudar os adjuntos adverbiais.

No capítulo anterior, você leu a carta de uma consumidora que, inconformada com os problemas causados por uma empresa de telefonia, escreve ao Procon para reclamar da empresa.

Agora você lerá uma carta de solicitação: um cidadão, revoltado com o desrespeito que ele e os membros de sua comunidade enfrentam na sociedade americana, escreve ao presidente dos Estados Unidos, na época: Dwight D. Eisenhower.

13 de maio de 1958.
Ao presidente,
Casa Branca, Washington, D.C.

Meu querido presidente:
Eu estava na plateia da Cúpula de Líderes Negros ontem quando o senhor disse que nós devemos ter paciência. Ao ouvir o senhor dizer isso, senti vontade de levantar e dizer "Ah, não! Não de novo!".

Respeitosamente lembro ao senhor que temos sido o povo mais paciente do mundo. Quando o senhor disse que devemos ter respeito próprio, fiquei pensando como poderíamos manter respeito próprio e continuar pacientes considerando o tratamento que temos recebido ao longo dos anos.

Dezessete milhões de negros não podem fazer o que o senhor sugere e esperar que o coração dos homens mude. Queremos usufruir agora dos direitos a que fazemos jus como americanos. Não vamos conseguir isso, a menos que busquemos agressivamente os objetivos que todos os outros americanos alcançaram há 150 anos.

Como presidente de nossa nação, eu lhe digo, com todo respeito, que o senhor inconscientemente sufoca o espírito de liberdade nos negros ao constantemente exigir paciência e dar esperança àqueles líderes segregacionistas como o governador Faubus, que tomaria de nós mesmos a liberdade de que hoje gozamos. Sua própria experiência com o governador Faubus é prova suficiente de que tolerância e não integração é o objetivo que os líderes segregacionistas buscam.

No meu ponto de vista, uma declaração inequívoca acompanhada de ações como as que o senhor demonstrou que poderia adotar no último outono ao tratar com o governador Faubus, se fosse necessário, mostraria que a América está determinada a dar – no futuro próximo – aos negros a liberdade a que fazemos jus segundo a Constituição.

Sinceramente,

Jackie Robinson

Carta de solicitação de Jackie Robinson ao presidente dos Estados Unidos.

Tradução de Fernanda Maria Mendes Navarro. *National Arquives*. Disponível em: <www.archives.gov/exhibits/featured_documents/jackie_robinson>. Acesso em: 18 fev. 2019.

GLOSSÁRIO

Fazer jus: ter o direito, ser merecedor de algo.
Inequívoco: claro, evidente.
Segregacionista: pessoa partidária da segregação racial; adepta da separação, do isolamento, da discriminação racial.

Esporte e cidadania

Jackie Robinson nasceu em 1919, no Estado da Geórgia, nos Estados Unidos. Jogou seu primeiro jogo com os Dodgers em 15 de abril de 1947. Nessa ocasião, uma multidão de 26 mil pessoas compareceu, mais da metade formada por negros que foram apoiá-lo. Porém, durante seus primeiros anos de carreira, Robinson sofreu com atos de racismo de torcidas de equipes adversárias, e até mesmo de certos colegas.

Em alguns jogos, além das vaias, chegou a ser ferido. O atleta e sua família também sofreram ameaças, caso ele não se retirasse da Major League. Contudo, com a ajuda de alguns companheiros e de dirigentes do time, e com sua força e paixão pelo esporte, Robinson permaneceu jogando até 1956.

O talento e a perseverança de Robinson abriram espaço para que outros atletas negros conseguissem seu lugar no esporte americano. Ao encerrar sua carreira como jogador de beisebol, Robinson continuou sua luta pelos direitos dos negros estadunidenses. Faleceu nos Estados Unidos em 1972.

O ativismo de Jackie Robinson deixou um legado aos movimentos contra a segregação racial nos Estados Unidos. Desde 2007, celebra-se, anualmente, o Jackie Robinson Day (Dia de Jackie Robinson). A Liga Americana, nesse dia, autoriza todos os jogadores a usarem a camisa de número "42", uniforme do jogador. Em data anterior, 1997, a Liga, em homenagem ao atleta, já havia aposentado a camisa 42 em todas as equipes.

Fontes: *Jackie Robinson*. Disponível em: <www.jackierobinson.com/>; *Biography*. Disponível em: <www.biography.com/>. Acessos em: 18 fev. 2019.

↑ Jackie Robinson, janeiro de 1945.

↑ Jackie Robinson Day em Miami, 2018.

Apreciação

1. Você já tinha ouvido falar desse jogador?

2. A leitura da carta foi esclarecedora? Você entendeu o que Jackie Robinson está pedindo?

3. O que você achou da solicitação do jogador? Converse com os colegas sobre a carta dele.

4. Você já leu a respeito das manifestações segregacionistas ocorridas nos Estados Unidos ou assistiu a algum filme sobre o tema?

Interpretação

1. O que motivou o autor da carta a escrevê-la?

2. A quem a carta foi dirigida?

3. No segundo parágrafo, o jogador expõe uma contradição na fala do presidente. Copie no caderno a alternativa que esclarece essa contradição.

   a) Ter respeito por si próprio e se revoltar contra atitudes segregacionistas.

   b) Ter respeito próprio e aceitar pacientemente as atitudes segregacionistas.

4. No terceiro parágrafo, o autor deixa claro que há dois tipos de americano. Com isso em mente, leia o quadro a seguir e responda às perguntas.

   > A guerra pela independência dos Estados Unidos contra a Inglaterra começou em 1775 e só terminou em 1783. Em 4 de julho de 1776, entretanto, os partidários do rompimento com a metrópole aprovaram a **Declaração de Independência**. Esse documento tornava livres as treze colônias inglesas na América.
   >
   > Fonte: *Britannica Escola*. Disponível em: <https://escola.britannica.com.br/levels/fundamental/article/Guerra-de-Independência-dos-Estados-Unidos/480590>. Acesso em: 6 jul. 2018.

   a) Quais são os dois tipos de americanos, segundo Jackie Robinson?

   b) Também segundo ele, em que categoria se encaixam os negros naquele país?

5. O autor da carta não concorda com o caminho sugerido à comunidade afro-americana pelo presidente. O que ele propõe?

6. O presidente a quem o jogador escreveu chamava-se Dwight D. Eisenhower.

   a) Algum outro político foi citado na carta?

   b) A opinião de Robinson sobre esse político era positiva ou negativa? Explique sua resposta.

7. Releia o trecho.

> Sua própria experiência com o governador Faubus é prova suficiente de que tolerância e não integração é o objetivo que os líderes segregacionistas buscam.

a) Leia os verbetes dos verbos **tolerar** e **integrar** para conhecer a diferença de sentido entre esses dois termos que o autor da carta destaca.

> ▶ **tolerar (to.le.rar) v.td. 1.** Suportar com resignação e paciência. *tolerava as grosserias do marido.* **2.** Ser conivente com; permitir. *tolerava os caprichos da filha.*

Evanildo Bechara. *Minidicionário da língua portuguesa Evanildo Bechara.*
Rio de Janeiro: Nova Fronteira, 2009.

> ▶ **Integrar (in.te.grar) v.td. tr 1.** Juntar, tornando parte integrante; incorpor-(se). *A praia de Ipanema integra-se perfeitamente à paisagem carioca.* **tdr. 2.** Receber (alguém) em, ou tornar-se membro de. *integrar os novos sócios ao clube.* **td. 3.** Ser parte de uma totalidade. *Os dois irmãos integravam uma nova banda.*

Evanildo Bechara. *Minidicionário da língua portuguesa Evanildo Bechara.*
Rio de Janeiro: Nova Fronteira, 2009.

b) Com base na leitura dos verbetes, explique por que o jogador é contrário à posição dos líderes segregacionistas, como o governador Faubus.

8. Quais os principais argumentos usados por Robinson para defender sua opinião? Cite trechos do texto.

9. No caderno, copie os argumentos completos. Para isso, relacione as partes indicadas com letras e as indicadas com algarismos romanos.

a) Uma declaração seguida de medidas concretas...

b) Para que os negros possam usufruir os direitos que possuem como americanos...

c) Com sua constante exortação à paciência...

I. ... é necessário perseguir agressivamente os objetivos que todos os americanos alcançaram há 150 anos.

II. ... inconscientemente o presidente sufoca nos negros o espírito de liberdade.

III. ... seria uma demonstração de que o país está decidido a conceder aos negros a liberdade garantida pela constituição.

10. A conclusão de uma carta de solicitação pode apresentar uma sugestão de ação para o remetente.

a) Releia a sugestão do jogador ao presidente.

> No meu ponto de vista, uma declaração inequívoca acompanhada de ações como as que o senhor demonstrou que poderia adotar no último outono ao tratar com o governador Faubus, se fosse necessário, mostraria que a América está determinada a dar – no futuro próximo – aos negros a liberdade a que fazemos jus segundo a Constituição.

b) Copie no caderno a reescrita que melhor expressa a sugestão do remetente.

- O presidente deve fazer uma declaração sem dúvida sobre suas intenções em relação à comunidade afro-americana e adotar medidas necessárias para assegurar os direitos adquiridos na Constituição pelos membros dessa comunidade.
- O presidente deve expressar claramente suas intenções em relação à comunidade afro-americana e adotar medidas, se necessário, para assegurar o direito à liberdade, previsto na Constituição, aos membros dessa comunidade.
- O presidente deve falar com clareza sobre a comunidade afro-americana e adotar medidas necessárias para que sejam respeitados o direito à liberdade adquiridos na Constituição.

11. Qual foi a intenção do jogador ao produzir essa carta: reclamar de algo ou solicitar alguma coisa? Explique sua resposta.

Linguagem

1. Há trechos que não seguem um registro formal, como convém a uma carta dirigida a um presidente.

a) Como o produtor da carta se dirige ao presidente?

b) Em sua opinião, por que ele utilizou uma saudação carinhosa para se dirigir ao presidente?

c) Encontre no primeiro parágrafo e copie outro trecho que tenha essa característica de informalidade.

d) O que justifica o fato de o autor se expressar dessa forma?

2. O autor da carta, no segundo parágrafo, usa o advérbio de modo **respeitosamente** e, mais adiante, a locução adverbial que expressa a mesma circunstância: "com todo respeito".

- Em sua opinião, por que ele emprega essas palavras na carta?

3. O remetente encerra a carta com um advérbio. Qual é ele?

4. A carta é uma tradução. Que advérbio ou locução adverbial você empregaria no Brasil para se despedir em uma correspondência formal como essa?

a) Carinhosamente.   b) Atenciosamente.   c) Sem mais.

5. No segundo parágrafo, o produtor da carta emprega numerais.

a) Identifique os numerais.

b) Explique como esses numerais têm efeito argumentativo na carta de Jackie.

O negro no futebol brasileiro

É muito provável que você já tenha ouvido falar de Pelé, Leônidas, Ronaldinho Gaúcho, Júnior, Romário, Adriano... São nomes e apelidos de grandes jogadores de futebol, brasileiros e negros.

Em 1947, Mário Filho, jornalista esportivo e grande fã de futebol escreveu um livro com o título desta seção. Em 2018, foi lançada uma série documental com base nesse livro, dirigida por Gustavo Acioli.

A série mostra um pouco da história do futebol do Brasil, a luta de jogadores negros para conquistar espaço nesse esporte e o racismo ainda encontrado no futebol e na sociedade.

AQUI TEM MAIS

O segregacionismo estadunidense

Até o fim dos anos 1950, os negros americanos não tinham seus direitos protegidos pela Constituição. Não tinham sequer direito ao voto. Ainda havia muita discriminação racial na sociedade americana e, enquanto a população negra lutava pela defesa de seus direitos, muitas outras pessoas, em movimentos organizados ou não, defendiam o segregacionismo.

Em 1954, a Corte Suprema dos Estados Unidos determinou o fim da segregação racial nas escolas. Porém, alguns estados, com forte tendência racista, não acataram essa determinação e continuaram impedindo a entrada de alunos negros em escolas consideradas exclusivas para a população branca.

Em 1957, o governador Faubus, do Estado do Arkansas, ordenou aos soldados da Guarda Nacional que impedissem o acesso de nove alunos negros a uma escola. Muitos casos de agressão entre pais e alunos, negros e brancos, ocorreram, até que o presidente Eisenhower enviou soldados do Exército para garantir a entrada dos alunos negros na escola.

Um dos episódios mais emblemáticos desse período aconteceu em 1960, quando a menina Ruby Bridges, com 6 anos, foi escoltada por oficiais de justiça para que pudesse entrar em uma escola, recém-integrada por ordem judicial, em Nova Orleans.

O artista Norman Rockwell (1894-1978) representou esse momento na obra "O problema com o qual todos nós convivemos", reproduzida aqui. Em 2011, o presidente dos Estados Unidos, Barack Obama, pendurou a obra de arte no Salão Oval da Casa Branca (sede do governo estadunidense).

← Ruby Bridges sendo escoltada, 1960.

O QUE APRENDEMOS COM O ESTUDO DE CARTA DE RECLAMAÇÃO E CARTA DE SOLICITAÇÃO

- Nas cartas de reclamação ou de solicitação, o destinatário é alguém que tem condições de resolver o problema apontado pela pessoa que escreve a carta.
- O autor da carta ou remetente apresenta o problema, defendendo seu ponto de vista sobre determinada situação, e cobra uma resolução dos responsáveis.
- No desenvolvimento das cartas, o autor deve lançar mão de argumentos convincentes. O destinatário precisa ser convencido da justeza da reclamação ou da solicitação que está sendo feita e, consequentemente, da injustiça em não atender ao pedido do emissor.
- A estrutura é semelhante à das demais cartas: data, local, vocativo, corpo da carta, despedida e assinatura.
- O registro linguístico é normalmente o formal.

DIÁLOGO

Leia a notícia publicada em um portal.

https://economia.uol.com.br/empregos-e-carreiras/noticias/redacao/2017/11/17/desemprego-pnad-ibge.htm

A cada 3 desempregados no Brasil, 2 são pretos ou pardos, diz IBGE

Do UOL, em São Paulo
17/11/2017 09h30

Pretos e pardos são mais atingidos pelo desemprego e ganham pouco mais que a metade dos rendimentos dos trabalhadores brancos no país.

No terceiro trimestre, dos 13 milhões de brasileiros desocupados, 8,3 milhões eram pretos ou pardos, o que dá 63,7% do total. Os pretos ou pardos representam 54,9% da população brasileira com 14 anos ou mais, alvo da pesquisa.

Com o resultado, a taxa de desemprego entre pretos e pardos ficou em 14,6%. Entre trabalhadores brancos a taxa é de 9,9%.

A taxa de desocupação entre negros e pardos caiu em relação ao segundo trimestre (15,2%), mas subiu na comparação com o terceiro trimestre de 2016 (13,8%).

As informações foram divulgadas pelo IBGE (Instituto Brasileiro de Geografia e Estatística) nesta sexta-feira (17) e fazem parte de um detalhamento da Pnad Contínua (Pesquisa Nacional por Amostra de Domicílios Contínua). A taxa de desemprego e o número de desempregados já haviam sido divulgados pelo instituto no final de outubro.

O uso do termo "preto" costuma ser criticado nas redes sociais como supostamente preconceituoso, mas é a terminologia oficial da pesquisa do IBGE. O grupo mais genérico de "negros" reúne as cores específicas, "preta" e "parda", explica o IBGE.

Metade do rendimento

O rendimento dos trabalhadores pretos e pardos foi de R$ 1.531 no terceiro trimestre, o que corresponde a 56% do rendimento médio dos brancos (R$ 2.757).

Para o coordenador de trabalho e rendimento do IBGE, Cimar Azeredo, os dados mostram uma desigualdade no mercado de trabalho que vem desde a colonização do país.

"Entre os diversos fatores, estão a falta de experiência, de escolarização e de formação de grande parte da população de cor preta ou parda", diz. "Claro que se avançou muito, mais ainda tem que se avançar bastante, no sentido de dar à população de cor preta ou parda igualdade em relação ao que temos hoje na população de cor branca.[...]"

UOL. Disponível em:<https://economia.uol.com.br/empregos-e-carreiras/noticias/redacao/2017/11/17/desemprego-pnad-ibge.htm>. Acesso em: 7 maio 2019.

1. O que a pesquisa do IBGE revela aos leitores da notícia?

2. O coordenador aponta algumas causas desse problema socioeconômico. Releia:

> "Entre os diversos fatores, estão a falta de experiência, de escolarização e de formação de grande parte da população de cor preta ou parda".

a) Você concorda com a opinião dele?
b) Acrescentaria outras causas?

ESTUDO DA LÍNGUA

Adjunto adverbial

Você já conhece o adjunto adnominal, termo que especifica ou delimita um substantivo, agora vamos estudar o adjunto adverbial.

1. Leia um fragmento do poema a seguir.

Correspondido amor

Belo é acordar
num domingo de inverno
com o sol no coração
e um envelope amarelo
esperando no portão.
[...]

Carlos Queiroz Telles. *Sonhos, grilos e paixões*. 2. ed. São Paulo: Moderna, 2003. p. 50.

a) Como você define um "correspondido amor"?
b) No poema, o que identifica para o eu lírico o amor correspondido?
c) Que relação pode ser estabelecida entre o título e o conteúdo do poema?
d) Que expressão, no poema, indica uma circunstância de tempo? A que palavra ela está associada?
e) Identifique outra expressão que também modifica essa palavra, atribuindo-lhe uma circunstância de modo (como).
f) No último verso da estrofe, a expressão "no portão" também indica uma circunstância. A qual palavra essa expressão está associada? Qual é a circunstância expressa?

2. Releia o poema, eliminando as circunstâncias identificadas na atividade 1.
- Em relação ao sentido, que diferenças existem entre as duas formas?

> **Circunstâncias** do **verbo** são informações que ampliam o significado do verbo: Quando? Onde? Como? Por quê? Para quê? Sobre o quê? etc. As circunstâncias podem ser identificadas pelo contexto. Eis alguns exemplos.
>
> **Tempo**: Partiremos *hoje*.
> **Lugar**: A banda tocou *na praça*.
> **Modo**: Falava *calmamente*.
> **Causa**: Tremia *de medo*.
> **Finalidade**: Viajou *a trabalho*.
>
> **Assunto**: Falamos *de trabalho*.
> **Intensidade**: Falamos *demais*.
> **Companhia**: Saiu feliz *com o namorado*.
> **Dúvida**: *Talvez* não venham.
> **Negação**: *Não* irei.

123

As expressões **num domingo de inverno**, **com o sol no coração** e **no portão** – que indicam **quando** o eu lírico acordou, **como** ele se sentiu e **onde** estava o envelope, respectivamente – desempenham, na oração, a função sintática de **adjunto adverbial**.

> **Adjunto adverbial** é o termo da oração que se liga, basicamente, ao verbo e informa a circunstância da ação verbal, ampliando seu significado. São os **advérbios** e as **locuções adverbiais** que desempenham a função de adjunto adverbial na oração.

3. Observe estas orações:

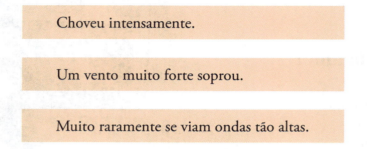

- No caderno, copie as três orações e analise as palavras que exprimem circunstâncias. Identifique a circunstância e a palavra a que está associada.

Como você verificou, os **adjuntos adverbiais de intensidade** podem acompanhar também **adjetivos** (**muito** forte), **advérbios** (**muito** raramente).

No registro informal, é comum também o emprego de **adjuntos adverbiais de intensidade** acompanhando **substantivos**, como em: Ele é **muito** gente fina.

Pontuação: a vírgula nos adjuntos adverbiais

Na Unidade 1 deste volume, estudamos a importância da ordem direta para a compreensão da frase. Agora veremos também que a ordem direta é ponto de partida para o estudo da pontuação.

> sujeito + verbo + complemento e/ou adjunto adverbial

1. Leia os títulos de notícia abaixo e levante hipóteses relacionadas ao conteúdo dessa matéria jornalística.

Disponível em: <www.terra.com.br/noticias/mundo/america-latina/videos/equador-aposenta-61-caes-policiais-com-honras,8664006.html>. Acesso em: 26 out. 2018.

Disponível em: <http://portaldodog.com.br/cachorros/videos/geralv/caes-policiais-participam-de-cerimonia-de-aposentadoria-no-equador/>. Acesso em: 22 out. 2018.

Bom Pra Cachorro. Disponível em: <https://bompracachorro.blogfolha.uol.com.br/2018/05/11/com-honras-equador-aposenta-61-caes-policiais/>. Acesso em: 6 jul. 2018.

a) Em quais títulos a oração está na ordem direta, como a seguir?

> sujeito + verbo + complementos (objetos) + adjunto adverbial

b) Em qual dos títulos a intenção do jornalista é destacar como os cães foram aposentados? Justifique sua opinião.

c) Que sinal de pontuação separa esse adjunto adverbial do sujeito **Equador**?

d) Em relação à pontuação dos adjuntos adverbiais, qual é a diferença entre os três títulos?

No primeiro e no segundo títulos, os adjuntos adverbiais encontram-se em sua posição habitual na oração, portanto não há necessidade de separá-los do complemento por meio de uma vírgula.

No terceiro título, o adjunto adverbial foi deslocado de seu lugar habitual na oração para destacar a circunstância "com honras". Nesse caso, isola-se o adjunto adverbial com uma vírgula.

O adjunto adverbial também pode estar no meio da frase, intercalando os termos da oração.

Observe a reescrita do mesmo título da notícia:

> Equador aposenta, **com honras**, 61 cães policiais.

Como houve o deslocamento do adjunto adverbial com a intenção de destacá-lo, empregam-se as vírgulas.

É optativo o emprego de vírgulas se a circunstância expressa pelo adjunto adverbial não for o destaque da oração.

Exemplos:

> **Ontem** os jogadores participaram de um treinamento intensivo para a última partida.

> Os jogadores participaram **ontem** de um treinamento intensivo para a última partida.

ATIVIDADES

1. Leia outro fragmento de poema.

Canção do fundo do tempo

Longe andava meu olhar.
Longe andava...
Creio que **jamais** te vi...
Linda corça enrodilhada
À espera do sacrifício,
Parece que te vejo **agora**
Só **agora**!
[...]

Levemente desenhada
Nos móveis biombos do tempo
Feitos de água e de gaze...
Ah! Se eu pudesse jogar-me
Às águas que **já** passaram,
Decerto que morreria
Ou ficaria **mais** louco
[...]

Mário Quintana. *Prosa e verso*. São Paulo: Globo, 1998. p. 127.

a) Releia o título do poema e explique como você o interpreta. Apoie suas observações nos versos.

b) Morfologicamente, como se classificam as palavras destacadas? A que outras palavras elas estão associadas?

c) Identifique os verbos modificados por esses advérbios e as circunstâncias expressas por eles.

d) Identifique os adjetivos modificados por esses advérbios e as circunstâncias expressas por eles.

2. Os adjuntos adverbiais **longe**, **jamais** e **agora** são fundamentais na construção dos sentidos do texto.

a) Quais são responsáveis por indicar a falta de percepção do eu lírico?

b) Qual deles marca o momento de uma descoberta por parte do eu lírico?

c) Esse advérbio é intensificado por outro no poema. Qual é ele?

3. A partir do 8º verso do poema, é reforçada a lembrança de um tempo distante. Explique como o advérbio **levemente** contribui para essa construção de sentido.

4. Há substantivos no trecho que reforçam essa ideia de lembrança distante. Quais? Por quê?

5. Leia o cartaz da campanha de doação de órgãos da Associação de Pacientes Transplantados da Bahia (ATX-BA).

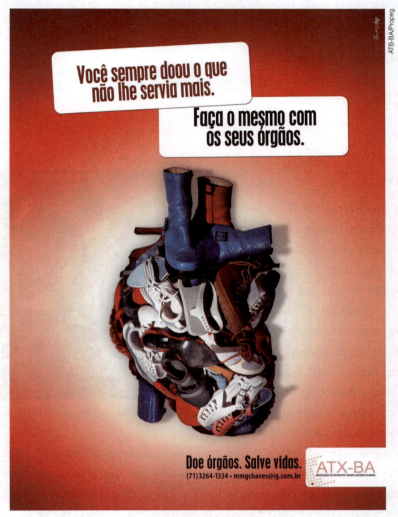

Aletp. Disponível em: <https://aletp.com.br/2007/06/atx-bahia-campanha-de-doacao-de-orgaos/>. Acesso em: 6 jul. 2018.

a) Qual é a finalidade da campanha?

b) Após identificar na imagem os elementos da linguagem não verbal, escreva no caderno o nome dos itens a que se referem as indicações abaixo:
- órgão do corpo humano representado;
- elementos que compõem esse órgão.

c) Qual é a relação entre a imagem e a linguagem verbal da campanha?

6. Releia o primeiro texto da campanha: "Você sempre doou o que não lhe servia mais".

a) Identifique os adjuntos adverbiais e as circunstâncias que eles expressam.

b) A omissão desses adjuntos comprometeria o sentido do texto da campanha?

7. No caderno, copie as frases pontuando os adjuntos adverbiais, quando necessário. Justifique a pontuação empregada.

a) Nos últimos minutos da partida, o artilheiro marcou o gol da vitória no campo adversário.

b) Os estudantes, no fim do semestre, esperavam, com muita ansiedade, pelas férias de julho.

Carta de solicitação

Para começar

1. Leia o texto a seguir.

Quem somos

Médicos Sem Fronteiras (MSF) é uma organização humanitária internacional que leva cuidados de saúde a pessoas afetadas por graves crises humanitárias. [...]

A organização foi criada em 1971, na França, por jovens médicos e jornalistas, que atuaram como voluntários no fim dos anos 60 em Biafra, na Nigéria. Enquanto socorriam vítimas em meio a uma guerra civil brutal, os profissionais perceberam as limitações da ajuda humanitária internacional: a dificuldade de acesso ao local e os entraves burocráticos e políticos, que faziam com que muitos se calassem, ainda que diante de situações gritantes. MSF surge, então, como uma organização humanitária que associa ajuda médica e sensibilização do público sobre o sofrimento de seus pacientes, dando visibilidade a realidades que não podem permanecer negligenciadas. Em 1999, MSF recebeu o prêmio Nobel da Paz.
[...]

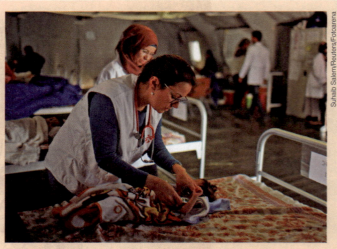

↑ Médicos Sem Fronteiras, Somália, 2011.

Médicos Sem Fronteiras. Disponível em: <www.msf.org.br/quem-somos>. Acesso em: 18 fev. 2019.

Planejar

1. Escolha uma empresa brasileira e escreva a ela uma carta de solicitação de contribuições em dinheiro para a organização Médicos Sem Fronteiras (MSF).

Você deverá falar dos objetivos da organização, de sua importância e do fato de se tratar de um projeto que depende das contribuições recebidas.

2. Faça uma pesquisa na internet (www.msf.org.br) sobre a ONG Médicos Sem Fronteiras. Leia seu histórico, conheça seu trabalho, os lugares em que atua. Dessa forma, você estará preparado para argumentar com a empresa em sua carta de solicitação.

3. Escolha a empresa da qual solicitará uma contribuição. Para isso, você pode observar a etiqueta de suas roupas, o rótulo de produtos que usa em casa ou propagandas em revistas. Pesquise o endereço da empresa para poder enviar sua carta.

Desenvolver

1. Escolha a maneira mais adequada de se dirigir à pessoa que receberá sua carta de solicitação, atentando ao cargo que ela ocupa na empresa, por exemplo: Prezado Senhor Diretor Presidente da(o)...; Prezado Senhor Diretor Geral da(o)...
2. Use argumentos objetivos, claros e bem fundamentados. Seja convincente. Explique as razões que levaram você a fazer a solicitação em nome da ONG Médicos Sem Fronteiras. Mencionar, por exemplo, o fato de a organização ter recebido o Nobel da Paz é um argumento favorável à ajuda, pois mostra que MSF teve um reconhecimento mundial, pela respeitada Academia Real da Suécia.
3. Inclua informações que facilitem o contato entre a empresa e a MSF.

Revisar e editar

1. Esta carta exige um registro formal, portanto, é preciso fazer uma releitura atenta do texto quanto à concordância do verbo com o sujeito, aos casos de regência verbal já estudados e ao emprego dos adjuntos adnominais e adverbiais responsáveis pela clareza e pelo sentido do texto.
2. Verifique também, ao terminar de escrever a carta, a ortografia, a pontuação, a coerência de seus argumentos e a correção na forma de se dirigir à empresa e de se despedir com cordialidade.
3. Leia sua carta para a turma e o professor, para a troca de experiências.
4. Ouça os comentários e use os que julgar adequados para rever e melhorar sua carta.
5. Faça comentários que possam ajudar os colegas a fazer o mesmo.

Compartilhar

1. Depois de revista a carta, digite-a cuidadosamente.
2. Ela poderá ser enviada pelo correio ou via *e-mail* para a empresa escolhida.
3. Após enviar a carta, é possível que você receba uma resposta da empresa. Caso isso ocorra, leia-a para a turma.

DICAS

▶ ASSISTA

Cartas para Angola, Angola; Brasil; Portugal, 2012. Direção: Coraci Luiz e Júlio Matos, 75 min. Documentário premiado no Festival do Filme Etnográfico do Recife, no Festival Internacional de Cinema de Luanda e no Festival de Cinema Itinerante da Língua Portuguesa, em Lisboa. A produção conta a história de uma troca de cartas — entre brasileiros e angolanos — que revela muito sobre saudade, preconceito, exílio e migração.

O grande desafio, EUA, 2007. Direção: Denzel Whashington, 126 min. O filme conta a história de um professor negro, Melvin B. Tolson, que decide preparar seus alunos para uma competição de debates que acontecerá em todo o país. O enredo aborda temas importantes, como a discriminação racial na década de 1930 nos EUA, e mostra as habilidades relacionadas à argumentação sendo utilizadas como forma de combater a injustiça.

42 – A história de uma lenda, EUA, 2013. Direção: Brian Helgeland, 127 min. Filme sobre a vida e a carreira de Jackie Robinson. O nome do filme é uma referência ao número usado por Robinson, que jogou com a camisa 42 durante toda sua carreira.

↑ Visitantes assistem a uma peça no Shakespeare's Globe, em Londres, 2011. Esse teatro inglês é uma reprodução do Globe Theatre, onde Shakespeare apresentou muitas de suas peças.

UNIDADE 5

O teatro – A arte de representar

NESTA UNIDADE
VOCÊ VAI:

- estudar o texto dramático: a comédia e a tragédia;
- exercitar a leitura dramatizada;
- estudar alguns casos de concordância verbal e nominal;
- estudar a pontuação entre os termos da oração;
- produzir um texto teatral com base em um texto narrativo.

Na imagem da abertura, você pode ver uma encenação no palco e a plateia, ao redor, assistindo ao espetáculo.

1. Em sua opinião, o que é preciso para que um espetáculo teatral aconteça?
2. Shakespeare foi um grande dramaturgo inglês. Você conhece alguma peça desse autor? Qual?
3. Que diferenças básicas existem entre a apresentação de um filme e de uma peça de teatro?

131

CAPÍTULO 1

Neste capítulo, você vai ler um trecho de um texto escrito para ser representado, isto é, um texto teatral ou dramático; estudar os elementos que constroem a comicidade no texto teatral; e conhecer alguns casos de concordância verbal.

ANTES DE LER

Apresentação do espetáculo *Telhado de ninguém* no Teatro Municipal de São José dos Campos (SP), 2017.

1. Você já leu algum texto escrito para teatro? Qual era o título dele?

2. Caso não tenha lido, levante hipóteses: Em que esse texto se diferencia de outros textos literários que você já leu, como contos e crônicas, por exemplo?

3. Para quem você acredita que é escrito um texto de teatro, isto é, quem geralmente lê textos teatrais?

Nas páginas seguintes, você vai ler um trecho do primeiro ato da peça teatral *O santo e a porca*, de Ariano Suassuna. Trata-se de uma comédia dividida em três atos. O personagem principal, Eurico, é um velho avarento que esconde sua fortuna em uma porca de madeira. O medo de Eurico de que alguém o roube provoca uma série de mal-entendidos, o que dá o tom de humor à peça, entre outros recursos.

Personagens que participam do primeiro ato: Eurico, Caroba, Pinhão, Margarida e Dodó.

Estrutura do texto dramático

Ato: grande divisão de uma peça, determinada pelos fatos que ocorrem em um mesmo espaço.
Cena: divisão do ato, determinada pela entrada e saída de personagens em cena.

O santo e a porca

O pano abre na casa de EURICO ARÁBE, *mais conhecido como* EURICÃO ENGOLE-COBRA.

CAROBA – E foi então que o patrão dele disse: "Pinhão, você sele o cavalo e vá na minha frente procurar Euricão..."

EURICÃO – Euricão, não. Meu nome é Eurico.

CAROBA – Sim, é isso mesmo. Seu Eudoro Vicente disse: "Pinhão, você sele o cavalo e vá na minha frente procurar Euriques..."

EURICÃO – Eurico!

CAROBA – "Vá procurar Euríquio..."

EURICÃO – Chame Euricão mesmo.

CAROBA – "Vá procurar Euricão Engole-Cobra..."

EURICÃO - Engole-Cobra é a mãe! Não lhe dei licença de me chamar de Engole-Cobra, não! Só de Euricão!

CAROBA – "Vá na minha frente procurar Euricão para entregar essa carta a ele."

EURICÃO – Onde está a carta? Dê cá! Que quererá Eudoro Vicente comigo?

PINHÃO – Eu acho que é dinheiro emprestado.

EURICÃO – (*Devolvendo a carta.*) Hein?

PINHÃO – Toda vez que ele me manda assim na frente, a cavalo, é para isso.

EURICÃO – E que ideia foi essa que eu tenho dinheiro? Você andou espalhando isso! Foi você, Caroba miserável, você que não tem compaixão de um pobre como eu! Foi você, só pode ter sido você!

CAROBA – Eu? Eu não!

EURICÃO – Ai, meu Deus, com essa carestia! Ai a crise, ai a carestia! Tudo que se compra é pela hora da morte!

CAROBA – E o que é que o senhor compra? Me diga mesmo, pelo amor de Deus! Só falta matar a gente de fome!

EURICÃO – Ai, a crise, ai a carestia! E é tudo querendo me roubar! Meu Santo Antônio me protege!

PINHÃO – O senhor pelo menos leia a carta!

EURICÃO – Eu? Deus me livre de ler essa maldita! Essa amaldiçoada! Ai a crise, ai a carestia! Santo Antônio me proteja, meu Deus! Ai a crise, ai a carestia!

Entra MARGARIDA *atraída pelo rumor. Vem acompanhada de* DODÓ VICENTE, *disfarçado com uma horrível barbicha, com a boca torta, com corcova, coxeando e vestido de preto.*

MARGARIDA – Papai! Que foi, meu pai? Ouvi o senhor gritar! Está sentido alguma coisa?

EURICÃO – Ai minha filha, me acuda! Ai, ai! Os ladrões, minha filha, os ladrões!

MARGARIDA – Socorro! Socorro! Pega o ladrão!

EURICÃO – Ai minha filha, não grite assim não! Não grite, senão vão pensar que a gente tem o que roubar em casa. E vêm roubar! Santo Antônio, Santo Antônio! Ai a crise, ai a carestia!

MARGARIDA – Mas o que foi que houve?

EURICÃO – Ainda não houve nada, mas está para haver! Está para haver, minha filha!

MARGARIDA – O que é? Que foi que houve, Caroba? Que foi, Pinhão? Pinhão, você aqui? Ah, já sei o que houve, papai soube de tudo! É melhor então que eu confesse logo.

CAROBA – Que a senhora se confesse? Deixe para a sexta-feira, porque a senhora aproveita e comunga! Que coisa, Dona Margarida só quer viver na igreja!

EURICÃO – Ai a crise, ai a carestia!

MARGARIDA – Mas afinal de contas, o que foi que houve? Meu pai, eu vou contar...

DODÓ – Não!

PINHÃO – Não, não, Dona Margarida, quem fala sou eu! O que houve é que meu patrão escreveu uma carta ao senhor seu pai.

MARGARIDA – Uma carta? Dizendo o quê?

EURICÃO – Você ainda pergunta? Só pode ser para pedir dinheiro emprestado! Aquele usurário! Aquele ladrão!

CAROBA – Mas Seu Euricão, Seu Eudoro é um homem rico!

EURICÃO – E é por isso mesmo que eu estou com medo. Você já viu pobre pedir dinheiro emprestado? Só os ricos é que vivem com essa safadeza! Santo Antônio, Santo Antônio!

MARGARIDA – Mas papai já leu a carta?

EURICÃO – Não! Nem quero ler! Nem quero que você leia! Afaste-se, não toque nessa amaldiçoada! [...]

MARGARIDA – Não pode ser coisa ruim, papai!

EURICÃO – Só pode ser coisa ruim, minha filha!

CAROBA – Mas se for dinheiro emprestado, é só o senhor não emprestar, Seu Euricão!

EURICÃO – É mesmo! É mesmo, Caroba! Eu nem me lembrei disso, no meu aperreio!

CAROBA – Leia a carta, Seu Euricão!

MARGARIDA – É, papai, leia! Que mal faz?

PINHÃO – Se for dinheiro emprestado...

EURICÃO – (*Jogando a carta no chão.*) Ai!

MARGARIDA – (*Apanhado-a.*) Não é nada demais, está vendo? Olhe, veja o senhor mesmo!

EURICÃO – Não fala em dinheiro não?

MARGARIDA – Não.

EURICÃO – Nem pede para eu avalizar alguma letra?

MARGARIDA – Não.

EURICÃO – Você jura?

MARGARIDA – Juro.

EURICÃO – Então eu leio. Mas Santo Antônio, veja lá! Não vá ser essa safadeza de me pedir dinheiro emprestado!

MARGARIDA – Papai, leia a carta pelo amor de Deus!

[...]

EURICÃO – Então eu leio. *Meu caro Eurico: espero que esta vá encontrá-lo como sempre com os seus, gozando paz e prosperidade!* Ai! Margarida!

MARGARIDA – Que é, papai?

EURICÃO – Você passou o São João na fazenda de Eudoro Vicente.

MARGARIDA – É verdade, papai.

EURICÃO – Você foi dizer, lá, que eu era rico?

MARGARIDA – Eu? E eu ia dizer uma coisa dessa, meu pai? Nós somos tão pobres!

EURICÃO – E como é que ele fala em prosperidade, aqui? Isso é dinheiro emprestado, não tem pra onde!

MARGARIDA – É um modo de falar, papai, todo mundo diz isso nas cartas!

EURICÃO – É?

MARGARIDA – É!

EURICÃO – Então eu leio. *Gozando paz e prosperidade. Sobretudo, espero que esteja passando bem sua encantadora filha Margarida, cuja estada em minha casa ainda não consegui esquecer.* Ah, isso aí ele tem que reconhecer, minha filha é um patrimônio que possuo. Hei de casá-la com um homem rico e ela há de amparar a velhice do paizinho dela. Eudoro, com todo o dinheiro que tem, não tem uma filha como a minha!

CAROBA – E o senhor, com toda a filha que tem, não tem uma riqueza como a dele!

EURICÃO – Como foi?

CAROBA – Nada!

EURICÃO – *Mando na frente meu criado Pinhão, homem de toda confiança...*

[...]

EURICÃO – Está vendo? Eu não dizia? Minha filha, você ainda causará a minha perdição, minha morte, meu assassinato! Ai crise, ai a carestia!

MARGARIDA – Que foi, meu pai?

EURICÃO – A carta! A carta amaldiçoada! Bem que eu estava com um pressentimento ruim!

[...]

MARGARIDA – *De minha chegada aí, mas quero logo avisá-lo: pretendo privá-lo de seu mais precioso tesouro!*

EURICÃO – Está vendo? Esse ladrão! Esse criminoso! Meteu na cabeça que eu tenho dinheiro escondido e quer roubá-lo. Estão me roubando! Ladrões, só pensam nisso! Mas vou tomar minhas providências! Saiam, saiam imediatamente! Entrem, entrem!

Empurra os quatro num quarto qualquer, que tranca por fora. Tranca também as portas e janelas com barras de madeira e abre pelo meio uma grande porca de madeira, velha e feia, que deve estar em cena, atirada a um canto, como se fosse coisa sem importância. Dentro dela, pacotes e pacotes de dinheiro. Euricão, enquanto ergue e deixa cair amorosamente os pacotes, vai falando, ora consigo mesmo, ora com o Santo Antônio, cuja imagem também deve estar em cena.

EURICÃO – Ladrões, ladrões! Será que me roubaram? É preciso ver, é preciso vigiar! Vivem de olho no meu dinheiro, Santo Antônio! Dinheiro conseguido duramente, dinheiro que juntei com os maiores sacrifícios. Eurico Arábe, Euricão Engole-Cobra! Pois sim! Mas é rico e os que vivem zombando dele não têm a garantia de sua velhice. Ah, está aqui, os ladrões ainda não conseguiram furtar nada. [...]

EURICÃO – Venham! Ra, ra! Então vocês queriam roubar o velho Euricão Arábe, hein? Euricão Engole-Cobra! Pois sim! Mas, se eu não cuido, as cobras é que vão me engolir.

PINHÃO – É por isso que o povo diz que cobra que não anda não engole sapo.

EURICÃO – Acabe com esses ditados! Trabalhei com as cobras, é verdade, vendendo meus remédios por todo o sertão. Mas hoje... Vocês pensam que sou rico, não é?

MARGARIDA – Mas papai, quem vai pensar uma coisa dessa?

EURICÃO – Vivo cercado de inimigos, de ladrões. E agora, ainda mais esse Eudoro Vicente, querendo roubar o que é meu! Esse ladrão, esse criminoso! Eu não convidei ninguém, ele vem porque quer. E você, Seu Dodó, não diz nada? O senhor ouve essa desgraça, vê que estão querendo me depenar, me explorar, e fica calado?

DODÓ – O senhor vá ao hotel de Dadá e reserve quarto para o fazendeiro. Quando ele chegar, paga a conta!

EURICÃO – É mesmo! Dodó Boca-da-Noite! Que talento, que gênio! É a única pessoa que sabe me compreender! Se você não fosse tão pobre e tão feio, minha filha bem que poderia... Eu vou, sua ideia é boa. Mas cuidado, todo cuidado é pouco. Você fica aqui, de olho. Não deixa entrar ninguém. Margarida, minha filha, você jura que fica aqui?

MARGARIDA – Juro.

EURICÃO – Você também jura, Dodó Boca-da-Noite?

DODÓ – Juro.

EURICÃO – Você vigia minha filha e ela vigia você! Vou reservar o quarto para Eudoro. E se ele chegar na minha ausência, vão logo esclarecendo tudo. Eu não convidei ninguém e não tenho dinheiro nenhum. E que Santo Antônio me proteja dos ladrões! (*Sai.*)

MARGARIDA – Meu amor, o que é que se pode fazer para evitar isso? Espere, tire essa barba horrível, não consigo me convencer de que é você! Estamos perdidos, vão descobrir tudo.

DODÓ – A que horas meu pai chega, Pinhão?

PINHÃO – Chega já. Pelo menos foi o que ele disse na carta, mas falar é fôlego.

[...]

MARGARIDA – O melhor é a gente confessar tudo, querido. Não aguento mais essa agonia. A todo instante penso que meu pai vai reconhecer você.

[...]

DODÓ – Talvez você tenha razão, é melhor confessar. Quando ele chegar, descobrimos tudo e ficamos de joelhos diante dos dois, pedindo consentimento para nos casar.

CAROBA – O senhor quer um conselho?

DODÓ – Quero, Caroba, estou completamente cego.

CAROBA – Então não descubra nada!

MARGARIDA – Por quê? Você fala de um jeito tão misterioso!

CAROBA – É porque estou maldando um negócio mais misterioso ainda. Vou dizer uma coisa curta e certa aos dois: não descubram a história não, porque o pai do senhor vem é para pedir Dona Margarida em casamento.

DODÓ – O quê? Você está doida, mulher?

[...]

MARGARIDA – E se for, o que é que a gente faz, meu Deus?

CAROBA – É deixar as coisas como estão. Se o senhor tiver habilidade, pode ser que seu pai não o reconheça, pelo menos hoje. Quando chegar, já é quase noite. Com a corcova, a perna curta, a barbicha e a boca torta, o senhor bem que pode passar por outro. Então a gente vê o que faz, examina tudo, vê se é casamento mesmo e pode então partir daí para resolver tudo.

[...]

DODÓ – Está bem, Caroba, vou seguir seu conselho. E se tudo se resolver a contento, eu saberei mostrar minha gratidão.

[...]

Ariano Suassuna. *O santo e a porca*. 20. ed. Rio de Janeiro: Nova Fronteira, 2017. p. 21-45.

GLOSSÁRIO

Avalizar: garantir o pagamento de um título.
Carestia: encarecimento do custo de vida.
Compaixão: sentimento humano de consideração pelas dores alheias, com o objetivo de suavizá-las.
Usurário: indivíduo que empresta dinheiro a outro com finalidade de obter vantagem financeira.

Ariano Suassuna nasceu em 16 de junho de 1927 em Nossa Senhora das Neves, na época, capital do Estado da Paraíba. Aos 3 anos mudou-se para o interior de Pernambuco, onde fez seus estudos. Foi desse convívio com o sertão que nasceram os temas e a forma de expressão de suas obras. Ele escreveu romances, poesia e teatro. Este último, marcado pela simplicidade e comicidade dos diálogos, garante o sucesso de suas peças junto às plateias de todo o mundo.

 **ESTUDO DO TEXTO**

Apreciação

1. A leitura desse trecho do primeiro ato da peça *O santo e a porca* foi prazerosa? Você sentiu alguma dificuldade em identificar o conflito principal trabalhado nesse trecho? Explique.

2. A peça é uma comédia. Que situações você considerou mais engraçadas, cômicas? Por quê?

3. Você se identificou com algum personagem? Qual? Por quê?

4. Como você imagina o cenário em que esse ato é apresentado? E o figurino usado pelos personagens?

5. Que traços regionais, isto é, próprios da cultura nordestina, você identificou no texto?

6. Agora acompanhe a leitura dramatizada da peça ou participe dela, conforme a orientação do professor. Os leitores devem observar a entonação das falas e, se possível, os gestos de cada personagem.

Interpretação

1. No início do ato, Caroba tenta informar algo a Euricão.
   a) O que ela tenta comunicar ao patrão?
   b) Por que Caroba tem dificuldade em transmitir essa mensagem a seu patrão?
   c) Explique por que esse trecho, do início até o momento em que Caroba consegue transmitir a mensagem integralmente, provoca o riso do público.

2. A introdução da carta revela uma característica marcante de Euricão.
   a) Qual é ela?
   b) Que frase dita por Euricão confirma tal característica?
   c) Selecione uma fala de Caroba em que essa característica também seja destacada.

3. A entrada de Margarida e Dodó em cena cria uma série de mal-entendidos entre os personagens, provocando também o riso do público.
   a) O primeiro mal-entendido ocorre entre Margarida e o pai. Explique o que ocorreu.
   b) Releia a fala de Margarida.

> MARGARIDA – O que é? Que foi que houve, Caroba? Que foi, Pinhão? Pinhão, você aqui? Ah, já sei o que houve, papai soube de tudo! É melhor que eu confesse logo.

   • O que demonstra a sequência de frases interrogativas a respeito do estado de espírito da personagem?
   c) A conclusão de Margarida é outro mal-entendido. Como Caroba e Pinhão interferem para esclarecer a situação à moça?
   d) O que essa interferência de Caroba e Pinhão revela sobre eles?

4. A rubrica – ou indicações entre parênteses, como você já estudou – tem a função de orientar o diretor da peça e os atores quanto à entonação das falas, aos gestos, à sua entrada em cena (ou saída), à iluminação, à sonoplastia, ao cenário etc.

   a) Identifique duas rubricas em que se destacam os gestos de Euricão ao rejeitar a carta.

   b) Explique a função dessas rubricas como elemento gerador de comicidade.

   c) Nas duas situações, os gestos de Euricão são consequência de comentários de qual personagem? Que tipo de comentário ele faz?

   d) Explique por que a função dessas falas também é provocar o riso.

5. Releia o trecho a seguir.

> *Empurra os quatro num quarto qualquer, que tranca por fora. Tranca também as portas e janelas com barras de madeira e abre pelo meio uma grande porca de madeira, velha e feia, que deve estar em cena, atirada a um canto, como se fosse coisa sem importância. Dentro dela, pacotes e pacotes de dinheiro. Euricão, enquanto ergue e deixa cair amorosamente os pacotes, vai falando, ora consigo mesmo, ora com o Santo Antônio, cuja imagem também deve estar em cena.*
>
> EURICÃO – Ladrões, ladrões! Será que me roubaram? É preciso ver, é preciso vigiar! Vivem de olho no meu dinheiro, Santo Antônio! Dinheiro conseguido duramente, dinheiro que juntei com os maiores sacrifícios. Eurico Arábe, Euricão Engole-Cobra! Pois sim! Mas é rico e os que vivem zombando dele não têm a garantia de sua velhice. [...]

   a) O trecho é responsável por tornar o público testemunha de um segredo de Euricão.
   - Que segredo é esse?

   b) Por que a rubrica "enquanto ergue e deixa cair amorosamente os pacotes" é importante?

   c) Que elementos do cenário representam as duas oposições marcantes na personalidade de Euricão?

   d) Não há na rubrica sugestão de iluminação. Imagine que você fosse o diretor da peça e quisesse acrescentar uma informação sobre a iluminação nessa cena.
   - Como seria redigida a rubrica?

6. Outra relação de oposição na obra ocorre entre Caroba e Euricão. Explique essa oposição quanto à posição social e à malícia de cada um.

   a) Exemplifique duas situações em que Caroba toma as rédeas da trama.

   b) Pode-se afirmar que a inversão de papéis – Caroba determina a ação dos patrões – também é responsável pelo riso do público?

7. Releia a última fala de Dodó:

> DODÓ – Está bem, Caroba, vou seguir seu conselho. E se tudo se resolver a contento, eu saberei mostrar minha gratidão.

- Levante hipóteses coerentes com o contexto da peça: Como Dodó poderia agradecer à Caroba? Em sua opinião, ela quer algo em troca do favor prestado? Em caso de resposta afirmativa, o que poderia ser?

8. A peça revela outros valores sociais próprios do período em que foi escrita (1957).
   - Releia o trecho a seguir e explique o que ele revela sobre a autoridade paterna em relação ao casamento dos filhos.

> DODÓ – Talvez você tenha razão, é melhor confessar. Quando ele chegar, descobrimos tudo e ficamos de joelhos diante dos dois, pedindo consentimento para nos casar.

Linguagem

Nas questões de interpretação, você identificou vários recursos do texto que contribuíram para a construção da comicidade. A seguir, veremos como a linguagem também contribui para o mesmo fim.

1. Releia o trecho.

> EURICÃO – Então eu leio. *Meu caro Eurico: espero que esta vá encontrá-lo como sempre com os seus, gozando paz e **prosperidade**!* Ai! Margarida!

- Sabendo que o substantivo destacado é derivado do adjetivo **próspero**, copie do verbete abaixo o sentido dado à palavra por Seu Eudoro e o compreendido por Eurico.

> ▶ **Próspero (prós.pe.ro) adj. 1** Que evolui. **2** Com muitos bens; rico. **3** Bem-sucedido. **4** Abre possibilidade para; favorável. *Um próspero ano-novo para vocês.* [Superl.: *prospérrimo* e *prosperíssimo*.] **prosperidade** sf. [Do lat. *prosper* ou *prosperus, a, um*]

Evanildo Bechara. *Minidicionário de Língua Portuguesa*. Rio de Janeiro: Nova Fronteira, 2009. p. 733.

2. Que justificativa Margarida dá ao pai para o emprego dessa palavra no contexto da carta?

3. O falante de uma língua, dependendo do contexto, faz uso de uma linguagem mais formal (como em jornais ou em apresentações de trabalhos, entrevistas de emprego etc.) ou de uma mais informal, coloquial (nas conversas com amigos e familiares).
   - A linguagem empregada por Eudoro na introdução da carta é mais formal porque:
     a) trata-se de uma comunicação escrita;
     b) o remetente e o destinatário têm pouca intimidade;
     c) o assunto da carta é sério: um pedido de casamento.

4. A peça que você leu é ambientada no sertão nordestino. É natural, portanto, que a linguagem dos personagens tenha marcas dessa região, seja na forma de pronunciar as palavras, seja na escolha do léxico (vocabulário).
   Copie no caderno as falas de Eurico que exemplificam uma variação regional.

> EURICÃO – *Você ainda pergunta? Só pode ser para pedir dinheiro emprestado! Aquele usurário! Aquele ladrão!*
> EURICÃO – *Ai a crise, ai a carestia!*
> EURICÃO – *É mesmo! É mesmo, Caroba! Eu nem me lembrei disso, no meu aperreio!*
> EURICÃO – *E como é que ele fala em prosperidade, aqui? Isso é dinheiro emprestado, não tem pra onde!*

5. Com a saída de Eurico da cena, Margarida e Dodó discutem se vão confessar ou não a farsa que ambos montaram. Nesse diálogo, um mesmo verbo é empregado diversas vezes com dois sentidos diferentes.

   a) Leia as falas e identifique o verbo e seu sentido em cada uma das ocorrências.

> MARGARIDA – Meu amor, o que é que se pode fazer para evitar isso? Espere, tire essa barba horrível, não consigo me convencer de que é você! Estamos perdidos, vão descobrir tudo.
> [...]
> DODÓ – Talvez você tenha razão, é melhor confessar. Quando ele chegar, descobrimos tudo e ficamos de joelhos diante dos dois, pedindo consentimento para nos casar.
> [...]
> DODÓ – Quero, Caroba, estou completamente cego.
> CAROBA – Então não descubra nada!

   b) Você considera que essa repetição do mesmo verbo com sentidos diferentes contribui para gerar a comicidade da peça?

6. O texto teatral é um texto dialogado, isto é, sua estrutura é basicamente constituída de diálogos. Por meio deles, conhecemos as personagens e o enredo da peça se desenvolve.

   - Observe estes trechos e identifique as marcas de interlocução entre os personagens, isto é, marcas que indicam interação entre eles.

> MARGARIDA – Mas papai, quem vai pensar uma coisa dessa?
> EURICÃO – Vivo cercado de inimigos, de ladrões. E agora, ainda mais esse Eudoro Vicente, querendo roubar o que é meu! Esse ladrão, esse criminoso! Eu não convidei ninguém, ele vem porque quer. E você, Seu Dodó, não diz nada? O senhor ouve essa desgraça, vê que estão querendo me depenar, me explorar, e fica calado?

   a) Com quem Margarida interage?
   b) Que palavra ou expressão possibilitou essa conclusão?
   c) Com quem Eurico interage?
   d) Essas palavras ou expressões, que indicam a quem nos dirigimos em uma conversa, por exemplo, são chamadas de **vocativo**.
      - Que sinal de pontuação separa o vocativo nas frases acima?

Algumas funções dos profissionais do teatro

Diretor (ou **encenador**): é o responsável pela concepção da peça, dirige os atores e a equipe técnica.
Ator: sem ator não há teatro, ele é o responsável pela ação dramática.
Cenógrafo: cria um ambiente adequado à ação de acordo com as orientações do diretor.
Figurinista: cria o figurino dos atores de acordo com as orientações do diretor.
Iluminador: cria a emoção da cena por meio de efeitos de luz.
Sonoplasta: cria a emoção da cena por meio dos efeitos sonoros.

ESTUDO DA LÍNGUA

Concordância verbal

Você já estudou, em unidades anteriores, que o **sujeito** concorda em número e pessoa com o **verbo**. Nesta unidade, vamos estudar alguns casos especiais dessa concordância.

1. Leia abaixo a apresentação do livro *O santo e a porca*, de Ariano Suassuna, escrita pelo poeta Carlos Drummond de Andrade. Esse texto foi publicado na orelha das primeiras edições da obra.

> O santo é Santo Antônio e a porca é uma porca de madeira, em que o avarento esconde suas economias. Diz a peça que todos nós, como Euricão, hesitamos entre o santo e a porca; às vezes a porca toma o lugar do santo, mas não há de que nos envergonharmos. Quando se perde a porca, tanto melhor, ganha-se tudo aquilo que está na perda da porca, no despojamento, na alegria de ficar livre da porca e mesmo de não carecer de amolar Santo Antônio a toda hora para defender a porca. Há na peça um riso bom e ruidoso, um sopro de vida simples e cheia de paixões diretas [...] um girar contínuo de graça e astúcia cabocla, sob o fundo de universal humanidade.

Carlos Drummond de Andrade. In: Ariano Suassuna. *O santo e a porca*. 4. ed. Rio de Janeiro: José Olympio, 1981.

a) A avaliação de Drummond sobre a peça é positiva ou negativa? Por quê?

b) Com base em sua leitura de parte do primeiro ato da peça, você concorda com Drummond? Por quê? Cite situações do enredo que confirmem sua opinião.

c) Releia o primeiro período do texto e identifique os verbos e os respectivos sujeitos.

d) Por que os três verbos do período se encontram flexionados na 3ª pessoa do singular?

2. Releia este trecho:

> Diz a peça que todos nós, como Euricão, **hesitamos** entre o santo e a porca [...]

a) Na peça, Santo Antônio representa a devoção de Euricão ao divino. E a porca, o que representa?

b) Você concorda com Drummond que, por vezes, alternamos entre esses dois elementos?

c) Qual é o sujeito do verbo destacado? O verbo está flexionado nessa mesma pessoa?

d) Se o sujeito fosse substituído pela locução pronominal "a gente", como ficaria flexionado o verbo?

3. O segundo ato de *O santo e a porca* inicia-se com a seguinte rubrica:

> *Mesma sala. Entram Caroba, Margarida e Dodó.*

Ariano Suassuna. *O santo e a porca*. 20. ed. Rio de Janeiro: José Olympio. p. 77.

a) Qual é o sujeito do verbo **entram**?

b) A oração está na ordem direta?

Embora a concordância mais recomendada seja a flexão do verbo no plural com o sujeito composto, se esse sujeito vier após o verbo (posposto), este pode concordar apenas com o núcleo mais próximo, como em: **Chegou** o técnico e os jogadores ao estádio.

Vamos estudar mais alguns casos particulares de concordância entre o verbo e o sujeito.

Sujeito coletivo

1. Leia o comentário do jogador Alan Patrick a respeito da torcida.

ESPN. Disponível em: <www.espn.com.br/video/632027_a-torcida-esta-de-parabens-diz-alan-patrick>.
Acesso em: 17 jun. 2018.

a) Identifique o núcleo do sujeito "a torcida". Classifique-o morfologicamente.

b) Em que número está esse substantivo?

2. Agora leia estes exemplos.

> O grupo de alunos **foi** bem recebido pela direção da escola.
> O grupo de alunos **foram** bem recebidos pela direção da escola.

Aceita-se também a concordância do verbo com locução adjetiva no plural.

- Escreva no caderno o que você conclui sobre a concordância do verbo com sujeito coletivo.

Verbos impessoais

1. Observe a manchete a seguir.

Blog Todos a bordo. Disponível em: <https://todosabordo.blogosfera.uol.com.br/2018/06/17/amelia-earhart-primeira-mulher-voo-aviao-atlantico/?cmpid=copiaecola>. Acesso em: 17 jun. 2018.

a) Identifique e classifique o verbo da primeira oração.

b) Identifique o objeto direto.

2. Reescreva essa oração substituindo o verbo **haver** pelo verbo **fazer**.

Nesse contexto, os verbos **haver** e **fazer** adquirem significado de tempo transcorrido; são impessoais, isto é, não têm sujeito. Os verbos impessoais são empregados na 3ª pessoa do singular.

Sujeito formado por nomes no plural

Leia esta frase:

Santos possui um dos mais importantes portos do país.

Se o sujeito não vier precedido de artigo, o verbo fica no singular. Caso venha antecedido por artigo, o verbo concordará com o artigo. Assim:

Os Andes estão na América do Sul.

↑ Porto de Santos, 2018.

↑ Vista da Cordilheira dos Andes. Peru, 2017.

Sujeito formado por porcentagem

1. Leia um fragmento de reportagem sobre flexibilidade no horário de trabalho e um título de notícia sobre vacinação.

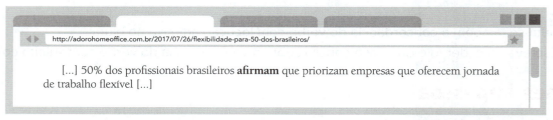

[...] 50% dos profissionais brasileiros **afirmam** que priorizam empresas que oferecem jornada de trabalho flexível [...]

Adoro Home Office. Disponível em: <http://adorohomeoffice.com.br/2017/07/26/flexibilidade-para-50-dos-brasileiros/>. Acesso em: 2 jul. 2018.

'Quase 50% da população **está** vacinada', afirma secretário de Saúde do RJ

G1. Disponível em: <http://g1.globo.com/globo-news/estudio-i/videos/v/quase-50-da-populacao-esta-vacinada-afirma-secretario-de-saude-do-rj/6428239/>. Acesso em: 2 jul. 2018.

a) Nos dois exemplos, a expressão numérica que indica porcentagem vem seguida de um determinante. Em qual deles o determinante está no singular?

b) O verbo concorda com a expressão numérica ou com o determinante?

c) O que você pode concluir a respeito da concordância do sujeito cujo núcleo é uma expressão numérica que indica porcentagem com o verbo?

ATIVIDADES

1. Leia a tirinha do Hagar.

Chris Browne. *Hagar, o Horrível*, 2015. King Features Syndicate/Ipress.

a) Como muitos pais, Hagar, no primeiro quadrinho, conversa com seu filho sobre o futuro. Como reage o garoto diante das advertências do pai?
- Que palavra na fala do pai é responsável por essa interpretação do filho?

b) Observe o segundo quadrinho. Que diferença você nota, em relação ao primeiro, na postura corporal de Hagar?

c) A expressão facial de Hagar, em relação ao filho, é de carinho ou de repreensão?

d) O advérbio **infelizmente**, na fala de Hagar, expressa que ele:
- sente muito, mas o filho terá de enfrentar, sim, momentos difíceis na vida.
- tem certeza de que o filho terá, sim, de enfrentar momentos difíceis da vida.
- não vê qualquer possibilidade de o filho enfrentar dificuldades na vida.

2. Justifique a concordância do verbo **haver** na tira.

3. Transcreva as frases no caderno e substitua cada ▲ pelo verbo no tempo indicado nos parênteses, fazendo a concordância.

a) ▲ momentos alegres e tristes. (haver, futuro do presente do indicativo)

b) ▲ momentos alegres e tristes. (ocorrer, futuro do presente do indicativo)

4. Identifique o sujeito do fragmento a seguir, retirado de um artigo de jornal, e justifique a concordância verbal.

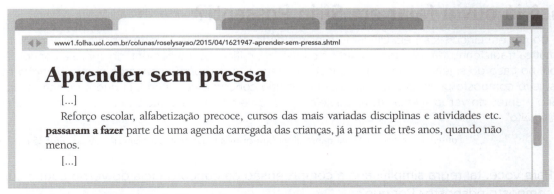

Rosely Sayão. *Folha de S.Paulo*. Disponível em: <www1.folha.uol.com.br/colunas/roselysayao/2015/04/1621947-aprender-sem-pressa.shtml>. Acesso em: 6 set. 2018.

5. Escolha, nas opções entre parênteses, a concordância que atende à norma-padrão. Escreva as respostas no caderno.

a) Quando percebemos, ▲ poucos convidados na festa. (restava/restavam)

b) ▲ existir muitas pessoas desabrigadas, depois do temporal. (dever)

c) ▲ dias lindos, apesar do frio intenso. (fazia/faziam)

d) Mais de dois terços ▲ com a mudança do horário. (concorda/concordam)

e) Apenas 25% dos alunos ▲. (votará/votarão)

Em dupla

6. Leia o meme e responda oralmente às questões propostas.

a) O meme tem a função de divertir. Que elementos da imagem contribuem para essa função?

b) A linguagem verbal contribui para o humor? Por quê?

c) Que correção você faria na linguagem verbal para que ela ficasse de acordo com a norma-padrão?

 **CURIOSO É...**

Você já ouviu falar em Sírio Possenti?

É doutor em Linguística pela Unicamp (Universidade de Campinas), onde é professor. Em relação à gramática tradicional, tem um posicionamento bastante crítico. Leia o comentário sobre a concordância verbal no caso do sujeito composto posposto ao verbo: "o verbo não concorda com o primeiro nome do sujeito composto posposto; ele simplesmente não concorda com nada, já que a posição típica de sujeito – antes do verbo – está vazia. Ou seja, o verbo se comporta como se essas orações não tivessem sujeito".

Fonte: <http://cienciahoje.org.br/coluna/um-caso-especial-de-concordancia/>. Acesso em: 25 out. 2018.

1. Para você, tal regra simplificaria a compreensão da concordância do verbo com o sujeito composto posposto? Por quê?

AQUI TEM MAIS

O teatro ao longo do tempo

Os povos dos antigos impérios (egípcio, mesopotâmico, chinês) tinham a tradição de dedicar-se a rituais de danças e encenações, pois, por meio dessas práticas, ensinavam religião, história e cultura ancestral ao povo.

Os gregos também seguiram essa tradição e, por volta do século V a.C., destinaram o *théatron* – "lugar onde se vai para ver" – a representações cênicas, por isso foram considerados os precursores do teatro. Antes disso, as encenações eram realizadas em lugares públicos.

No Brasil, as primeiras manifestações teatrais surgiram no século XVI, com as representações do padre Anchieta, que usava esse recurso para catequizar e ensinar religião aos indígenas e colonos. Nessa época, os atores eram amadores e, assim como no início do teatro grego, as peças eram encenadas em espaços públicos.

Com a chegada da família real ao Brasil, alguns teatros começaram a ser construídos para entreter os nobres. As peças apresentadas eram reflexo do que se produzia artisticamente na Europa. Além de o teatro não ter identidade nacional, apenas a elite podia assistir aos espetáculos. Foi a partir do século XIX que o teatro brasileiro começou a ganhar representatividade, e inúmeros dramaturgos surgiram. Entre os principais dramaturgos brasileiros do século XX estão Augusto Boal, Ariano Suassuna, Gianfrancesco Guarnieri, Hilda Hilst, Maria Clara Machado, Oswald de Andrade, Plínio Marcos, Dias Gomes e Nelson Rodrigues.

Atualmente os espetáculos usam cada vez mais recursos tecnológicos. O diretor Denis Marleau, da companhia de teatro Ubu Theatre, de Montreal, no Canadá, produziu o espetáculo *Os cegos: fantasmagoria tecnológica*. Nele, não há atores no palco, apenas projeções em vídeo. Durante a apresentação, o público é convidado a acompanhar um grupo de cegos perdidos na floresta.

↑ Cena de *Os cegos: fantasmagoria tecnológica*, peça dirigida por Maurice Maeterlinck e produzida por Denis Marleau. Avignon, 2002.

1. De qual ou quais dramaturgos brasileiros citados, além de Ariano Suassuna, você já ouviu falar? Assistiu a alguma peça de um deles?

2. Qual é sua opinião sobre a mescla de teatro com tecnologia? Em que a tecnologia já contribuiu para a encenação das peças atuais?

3. Você sabe alguma curiosidade sobre o teatro na época de William Shakespeare?

CAPÍTULO 2

Neste capítulo, você vai ler um trecho de um texto teatral, estudar os elementos que constroem a tragédia no texto dramático, conhecer alguns casos de concordância nominal e estudar o uso da vírgula no período simples.

Você provavelmente conhece ou ouviu falar da história de Romeu e Julieta.

Do que trata essa história?

O texto que vamos ler é uma das cenas mais famosas da peça, em que Romeu consegue se aproximar da sacada do quarto de Julieta.

Romeu e Julieta

[...]
Ato II, Cena II
Cenário: Jardim de Capuleto.
(Entra Romeu).

ROMEU – Só ri das cicatrizes quem ferida nunca sofreu no corpo. (*Julieta aparece na janela.*) Mas silêncio! Que luz se escoa agora da janela? Será Julieta o sol daquele oriente? Surge, formoso sol, e mata a Lua cheia de inveja, que se mostra pálida e doente de tristeza, por ter visto que, como serva, és mais formosa que ela. Deixa, pois, de servi-la; ela é invejosa. Somente os tolos usam sua túnica de vestal, verde e doente; joga-a fora. Eis minha dama. Oh, sim! É o meu amor. Se ela soubesse disso! (*Julieta, na janela, falando, mas Romeu não consegue ouvi-la e tenta se aproximar.*)

ROMEU – Ela fala; contudo, não diz nada. Que importa? Com o olhar está falando. Vou responder-lhe. Não; sou muito ousado; não se dirige a mim. [...] Vede como ela apoia o rosto à mão. Ah! se eu fosse uma luva dessa mão, para poder tocar naquela face!

JULIETA – Ai de mim!

ROMEU – Oh, falou! Fala de novo, anjo brilhante, porque és tão glorioso para esta noite, sobre a minha fronte, como o emissário alado das alturas poderia ser para os olhos brancos e revirados dos mortais atônitos, que, para vê-lo, se reviram, quando montado passa nas ociosas nuvens [...].

JULIETA – Romeu, Romeu! Ah! por que és tu Romeu? Renega o pai, despoja-te do nome; ou então, se não quiseres, jura ao menos que amor me tens, porque uma Capuleto deixarei de ser logo.

ROMEU (*à parte*) – Continuo ouvindo-a mais um pouco, ou lhe respondo?

JULIETA – Meu inimigo é apenas o teu nome. Continuarias sendo o que és, se acaso Montecchio tu não fosses. Que é Montecchio? Não será mão, nem pé, nem braço ou rosto, nem parte alguma que pertença ao corpo. Sê outro nome. Que há num simples nome? O que chamamos rosa, sob uma outra designação teria igual perfume. Assim Romeu, se não tivesse o nome de Romeu, conservaria a tão preciosa perfeição que dele é sem esse título. Romeu, risca teu nome, e, em troca dele, que não é parte alguma de ti mesmo, fica comigo inteira.

ROMEU – Sim, aceito tua palavra. Dá-me o nome apenas de amor, que ficarei rebatizado. De agora em diante não serei Romeu.

JULIETA – Quem és tu que, encoberto pela noite, entras em meu segredo?

ROMEU – Por um nome não sei como dizer-te quem eu seja. Meu nome, cara santa, me é odioso, por ser teu inimigo; se o tivesse diante de mim, escrito, o rasgaria.

JULIETA – Minhas orelhas ainda não beberam cem palavras sequer de tua boca, mas reconheço o tom. Não és Romeu, um dos Montecchios?

ROMEU – Não, bela menina; nem um nem outro, se isso te desgosta.

JULIETA – Dize-me como entraste e porque vieste. Muito alto é o muro do jardim, difícil de escalar, sendo o ponto a própria morte – se quem és atendermos – caso fosses encontrado por um dos meus parentes.

ROMEU – Do amor as lestes asas me fizeram transvoar o muro, pois barreira alguma conseguirá deter do amor o curso, tentando o amor tudo o que o amor realiza. Teus parentes, assim, não poderiam desviar-me do propósito.

JULIETA – No caso de seres visto, poderão matar-te.

ROMEU – Ai! Em teus olhos há maior perigo do que em vinte punhais de teus parentes. Olha-me com doçura, e é quanto basta para deixar-me à prova do ódio deles.

JULIETA – Por nada deste mundo desejaria que fosses visto aqui.

ROMEU – A capa tenho da noite para deles ocultar-me. Basta que me ames, e eles que me vejam! Prefiro ter cerceada logo a vida pelo ódio deles, a ter morte longa, faltando o teu amor.

JULIETA – Com quem tomaste informações para até aqui chegares?

ROMEU – Com o amor, que a inquirir me deu coragem. Deu-me conselhos e eu lhe emprestei olhos. Não sou piloto; mas se te encontrasses tão longe quanto a praia mais extensa que o mar longínquo banha, aventurara-me para obter tão preciosa mercancia.

JULIETA – Sabe-lo bem: a máscara da noite me cobre agora o rosto; do contrário, um rubor virginal me pintaria, de pronto, as faces, pelo que me ouviste dizer neste momento. Desejara – oh! minto! – retratar-me do que disse. Mas fora! Fora com as formalidades! Amas-me? Sei que vais dizer-me sim, e creio no que dizes. Se o jurares, porém, talvez te mostres inconstante, pois dos perjúrios dos amantes, dizem, Jove sorri. Ó meu gentil Romeu! Se amas, proclama-o com sinceridade; ou se pensas, acaso, que foi fácil minha conquista, vou tornar-me ríspida, franzir o sobrecenho e dizer não, porque me faças novamente a corte. [...]

Romeu e Julieta. Direção de Franco Zeffirelli. Itália, 1968.

ROMEU – Senhora, juro pela santa Lua que acairela de prata as belas frondes de todas estas árvores frutíferas...

JULIETA – Não jures pela Lua, essa inconstante, que seu contorno circular altera todos os meses, porque não pareça que teu amor, também, é assim mudável.

ROMEU – Por que devo jurar?

JULIETA – Não jures nada, ou jura, se o quiseres, por ti mesmo, por tua nobre pessoa, que é o objeto de minha idolatria. Assim, te creio.

ROMEU – Se o amor sincero deste coração...

JULIETA – Para! Não jures; muito embora sejas toda minha alegria, não me alegra a aliança desta noite; irrefletida foi por demais, precipitada, súbita, tal qual como o relâmpago que deixa de existir antes que dizer possamos: Ei-lo! brilhou! Boa noite, meu querido. Que o hálito do estio amadureça este botão de amor, porque ele possa numa flor transformar-se delicada, quando outra vez nos virmos. Até à vista; boa noite. Possas ter a mesma calma que neste instante se me apossa da alma.

ROMEU – Vais deixar-me sair mal satisfeito?

JULIETA – Que alegria querias esta noite?

ROMEU – Trocar contigo o voto fiel de amor.

JULIETA – Antes que mo pedisses, já to dera; mas desejara ter de dá-lo ainda.

ROMEU – Desejas retirá-lo? Com que intuito, querido amor?

JULIETA – Porque, mais generosa, de novo to ofertasse. No entretanto, não quero nada, afora o que possuo. Minha bondade é como o mar: sem fim, e tão funda quanto ele. Posso dar-te sem medida, que muito mais me sobra: ambos são infinitos. (*A ama chama dentro.*) Ouço bulha dentro de casa. Adeus, amor! Adeus! (*gritando para a ama*) – Ama, vou já! – Sê fiel, doce Montecchio. Espera um momentinho; volto logo. (*Retira-se da janela.*)

ROMEU – Oh! que noite abençoada! Tenho medo, de um sonho, lisonjeiro em demasia para ser realidade.

(*Julieta torna a aparecer em cima.*)

JULIETA – Romeu querido, só três palavrinhas, e boa noite outra vez. Se esse amoroso pendor for sério e honesto, amanhã cedo me envia uma palavra pelo próprio que eu te mandar: em que lugar e quando pretendes realizar a cerimônia, que a teus pés deporei minha ventura, para seguir-te pelo mundo todo como a senhor e esposo.

AMA (*dentro*) – Senhorita!

JULIETA – Já vou! Já vou! – Porém se não for puro teu pensamento, peço-te...

Cena do filme *Romeu e Julieta*. Direção de Franco Zeffirelli. Itália, 1968.

AMA (*dentro*) – Menina!

JULIETA – Já vou! Neste momento! – ... Que não sigas com tuas insistências e me deixes entregue à minha dor. Amanhã cedo te mandarei recado por um próprio.

ROMEU – Por minha alma...

JULIETA – Boa noite vezes mil. (*Retira-se.*)

ROMEU – Não, má noite, sem tua luz gentil. O amor procura o amor como o estudante que para a escola corre: num instante. Mas, ao se afastar dele, o amor parece que se transforma em colegial refece. (*Faz menção de retirar-se.*)

(*Julieta torna a aparecer em cima.*)

JULIETA – Psiu! Romeu, psiu! Oh! quem me dera o grito do falcoeiro, porque chamar pudesse esse nobre gavião! O cativeiro tem voz rouca; não pode falar alto, senão eu forçaria a gruta de Eco, deixando ainda mais rouca do que a minha sua voz aérea, à força de cem vezes o nome repetir do meu Romeu.

ROMEU – Minha alma é que me chama pelo nome. Que doce som de prata faz a língua dos amantes à noite, tal qual música langorosa que ouvido atento escuta?

JULIETA – Romeu!

ROMEU – Minha querida?

JULIETA – A que horas, cedo, devo mandar alguém para falar-te?

ROMEU – Às nove horas.

JULIETA – Sem falta. Só parece que até lá são vinte anos. Esqueci-me do que tinha a dizer.

ROMEU – Deixa que eu fique parado aqui, até que te recordes.

JULIETA – Esquecê-lo-ia, só para que sempre ficasses aí parado, recordando-me de como adoro tua companhia.

ROMEU – E eu ficaria, para que esquecesses, deixando de lembrar-me de outra casa que não fosse esta aqui.

JULIETA – É quase dia; desejara que já tivesses ido, não mais longe, porém, do que travessa menina deixa o meigo passarinho, que das mãos ela solta – tal qual pobre prisioneiro na corda bem torcida – para logo puxá-lo novamente pelo fio de seda, tão ciumenta e amorosa é de sua liberdade.

ROMEU – Quisera ser teu passarinho.

JULIETA – O mesmo, querido, eu desejara; mas de tanto te acariciar, podia, até, matar-te. Adeus; calca-me a dor com tanto afã, que boa noite eu diria até amanhã.

ROMEU – Que aos teus olhos o sono baixe e ao peito. Fosse eu o sono e dormisse desse jeito! Vou procurar meu pai espiritual, para um conselho lhe pedir leal.

(*Sai.*)

[...]

William Shakespeare. *Romeu e Julieta*. Disponível em: <http://www.ebooksbrasil.org/adobeebook/romeuejulieta.pdf>. Acesso em: 6 ago. 2018.

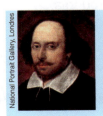

William Shakespeare, poeta, escritor e dramaturgo inglês (1564-1616), escreveu obras-primas apreciadas até hoje. Seus textos e personagens são bem conhecidos do público, sendo retratados frequentemente em produções de teatro, televisão e cinema.

GLOSSÁRIO

Afã: anseio, desejo.
Atônito: espantado, aturdido.
Bulha: barulho, confusão.
Demasia: excesso.
Despojar(-se): livrar-se, dispensar.
Fronte: testa.
Idolatrar: adorar.
Langoroso: em estado de doce melancolia amorosa.
Lisonjeiro: elogioso, bajulador.
Pendor: tendência, inclinação.
Refecer: ceder, abrandar, diminuir a intensidade.

ESTUDO DO TEXTO

Apreciação

1. O texto que você leu foi escrito com a intenção de provocar o riso do leitor? Por quê?

2. Qual é o obstáculo que os personagens enfrentam?

3. Os diálogos entre os amantes prenderam sua atenção? Você gostaria de ler a continuação desse texto?

4. Atualmente, as relações familiares ainda são empecilhos para a união de jovens apaixonados? Por quê?

5. Agora, você e os colegas vão fazer uma leitura interpretativa, como se fossem os atores e atrizes. Organizem-se de acordo com a orientação do professor.
    - O grupo de leitores deve ficar atento e tentar imaginar que está presente no lugar onde se passam as ações da história. Na cena apresentada, Romeu invadiu o jardim da casa de Julieta, arriscando-se a morrer somente para poder vê-la. Ela está sozinha, na varanda.

Interpretação

1. A impossibilidade de realização do amor é mencionada várias vezes pelos amantes.
    - Transcreva no caderno uma fala de cada personagem que confirme essa impossibilidade.

2. Releia as falas das personagens e copie, no caderno, aquelas que melhor justificam a cena lida como momento definidor do desfecho trágico das personagens.

> **JULIETA** – Romeu, Romeu! Ah! por que és tu Romeu? Renega o pai, despoja-te do nome; ou então, se não quiseres, jura ao menos que amor me tens, porque uma Capuleto deixarei de ser logo.
> **ROMEU** – Por um nome não sei como dizer-te quem eu seja. Meu nome, cara santa, me é odioso, por ser teu inimigo; se o tivesse diante de mim, escrito, o rasgaria.
> **JULIETA** – Minhas orelhas ainda não beberam cem palavras sequer de tua boca, mas reconheço o tom. Não és Romeu, um dos Montecchios?
> **JULIETA** – Não jures nada, ou jura, se o quiseres, por ti mesmo, por tua nobre pessoa, que é o objeto de minha idolatria. Assim, te creio.

3. Copie a alternativa que pode justificar a intenção do autor ao escrever essa tragédia.
    a) o amor proibido é capaz de sacrifícios inimagináveis para realizar-se.
    b) as famílias poderosas veem o casamento como um negócio.
    c) o ódio incontrolável é responsável pelas infelicidades humanas.

4. Em sua opinião, por que Julieta não aceita o juramento de Romeu quando esse ameaça fazê-lo em nome da "santa Lua"?

5. Você concorda com a opinião de Julieta, de que muitos amantes fazem juramentos falsos? Esse comportamento é comum?

6. Copie este quadro no caderno e complete-o com as diferenças entre as duas peças que lemos na unidade: *O santo e a porca*, de Ariano Suassuna, e *Romeu e Julieta*, de Shakespeare.

	Romeu e Julieta	**O santo e a porca**
Retrata a sociedade	nobre de Verona	
Intenção		Fazer o público rir e refletir sobre as fraquezas humanas, como o apego ao dinheiro.
Tema		A avareza
Características dos personagens masculinos	Romeu enfrenta o perigo de ser descoberto pelos parentes de Julieta para ficar junto dela.	
Características das personagens femininas		Margarida teme a reação do pai, fica em dúvida se deve confessar a estratégia de esconder o amado em sua própria casa.

7. Nos textos teatrais, cada ato é uma subdivisão da peça, e há uma interrupção do espetáculo entre cada um deles.
   - No fragmento lido, qual ato é apresentado?
   - A que parte da peça corresponde esse ato: à situação inicial, ao desequilíbrio, ao conflito, ao clímax ou ao desfecho?

8. As sete primeiras falas desse ato não constituem um diálogo, mas um monólogo.
   a) Explique essa afirmação valendo-se das indicações entre parênteses.
   b) Qual é a importância desse monólogo para o público?

9. No texto há várias **rubricas** fundamentais no texto teatral. Localize as que indicam:
   - ações de Julieta;
   - ações de Romeu;
   - mudanças de entonação na voz de Julieta.

Linguagem

1. A **linguagem** empregada nos diálogos é carregada de poesia, revelada na escolha lexical (vocabular) cuidadosa do autor. Essa linguagem tem a intenção de criar um efeito no leitor.
   - Escolha no quadro o efeito que a linguagem dessa peça teatral causa em você.
   - Justifique sua opção com um trecho do texto.

ironia   humor   tristeza   amor   fé   paixão

2. A ordem das palavras na frase também colabora para criar um efeito poético no texto. Releia este trecho e reescreva-o na ordem direta.

> **ROMEU** – A capa tenho da noite para deles ocultar-me.

- Leia os dois trechos em voz alta e aponte aquele que para você tem mais ritmo.

3. Figuras de linguagem transmitem mais expressividade à fala das personagens.

> **ROMEU** – Ai! Em teus olhos há maior perigo do que vinte punhais de teus parentes. Olhe-me com doçura, e é quanto basta para deixar-me à prova do ódio deles.

a) Para Romeu, o que há em comum entre os olhos de Julieta e os vinte punhais dos parentes da moça?
b) Por que o olhar de Julieta é perigoso?

4. Outra figura de linguagem explorada no texto é a **hipérbole**. Essa figura consiste em exagerar algo.
a) Releia a seguinte fala de Julieta e identifique o emprego de uma hipérbole.

> **JULIETA** – Sem falta. Só parece que até lá são vinte anos. Esqueci-me do que tinha a dizer.

b) Explique a intenção de Julieta ao empregar a hipérbole.

5. O texto original foi escrito em versos e depois adaptado para prosa. Observe na fala a seguir a exploração de um dos recursos poéticos, a sonoridade.

> **JULIETA** – O mesmo, querido, eu desejara; mas de tanto te acariciar, podia, até, matar-te. Adeus; calca-me a dor com tanto afã, que boa noite eu diria até amanhã.

A repetição do som /m/ e de /ã/ dão ritmo ao poema. Esses recursos sonoros são chamados respectivamente de **aliteração** (repetição de consoantes) e **assonância** (repetição de vogais).

- Identifique a exploração desses mesmos recursos nesta fala de Romeu.

> **ROMEU** – Com o amor, que a inquirir me deu coragem. Deu-me conselhos e eu lhe emprestei os olhos. Não sou piloto; mas se te encontrasses tão longe quanto a praia mais extensa que o mar longínquo banha, aventurara-me para obter tão preciosa mercancia.

6. A linguagem da peça é marcada pelo emprego de palavras pouco usadas atualmente. Além do vocabulário e de algumas construções de frases, é possível observar também o uso de alguns pronomes de tratamento. Leia as falas a seguir.

> [...] – Senhora, juro pela santa lua que acairela de prata as belas frondes de todas estas árvores frutíferas...
> [...] – Quem és tu que, encoberto pela noite, entras em meu segredo?
> [...] – Senhorita!

a) Identifique os pronomes e indique a quem se refere cada um deles.
b) Que pronome você usa quando se dirige a seus amigos ou amigas?
c) Reescreva a fala de Julieta empregando o pronome **você**.

154

O QUE APRENDEMOS COM O ESTUDO DE **TEXTO TEATRAL**

- O texto teatral é um texto escrito para ser encenado.
- O discurso direto é a base da apresentação teatral. Por meio do diálogo, os personagens são caracterizados, assim como o ambiente e a época em que a história acontece. As falas devem ser coerentes com o registro e as variedades linguísticas empregados.
- Na maioria dos casos, não há narrador e o enredo é desenvolvido por meio das falas e ações dos atores que representam os personagens. Esse texto é dividido em atos e cenas. As rubricas podem indicar, por exemplo, movimentos ou gestos que os atores devem fazer no palco; formas de pronunciar certas frases para expressar sentimentos; orientações para os sonoplastas; ou ainda elementos que compõem o cenário.

 ENTRELAÇANDO LINGUAGENS

Os amantes não conseguem realizar o sonho de viver juntos. Uma tragédia obriga Romeu a se refugiar em outra cidade, enquanto a família de Julieta dá a mão da moça em casamento a outro pretendente. Desesperada, ela tem uma ideia: tomaria um preparado para fingir-se de morta e, quando despertasse, fugiria com Romeu. O padre, encarregado de avisar o jovem noivo, envia-lhe um mensageiro com um recado, mas eles se desencontram. Ao ver na capela o corpo da amada, Romeu desiste da vida e ingere um veneno.

Observe a cena em que Romeu descobre o corpo inerte de Julieta, representada por duas diferentes linguagens: cinema e meme.

1. Qual das duas imagens corresponde mais fielmente à tragédia escrita por Shakespeare? Por quê?

2. O meme é uma citação de outro texto, ou um desenho, ou uma foto que se "viraliza" na internet porque produz humor, ironia. Para entender o humor da imagem à direita, o que o leitor do meme precisaria saber?
Antes de responder à pergunta, saiba que "16 colossus" é uma referência a um jogo de computador.

3. Qual é a diferença de comportamento de Romeu em cada imagem?

Concordância nominal

Agora vamos estudar a concordância nominal.

1. Leia um fragmento da crítica do filme *Shakespeare apaixonado*, do diretor John Madden, publicada no jornal *Folha de S.Paulo*.

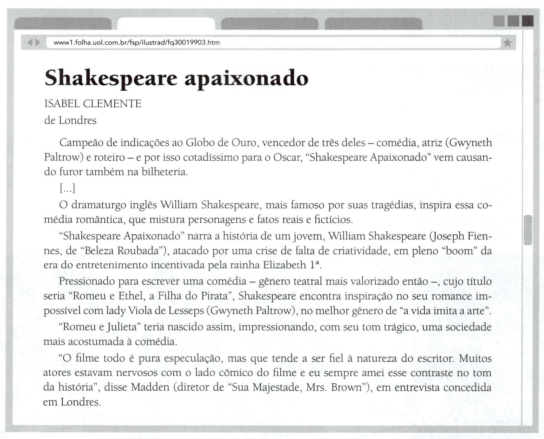

Folha de S.Paulo. Disponível em: <www1.folha.uol.com.br/fsp/ilustrad/fq30019903.htm>.
Acesso em: 20 jun. 2018.

a) A resenha destaca o sucesso do filme *Shakespeare apaixonado*. Indique trechos em que o produtor da resenha demonstra tal valorização.

b) O filme pretende ser fiel à realidade, isto é, retrata como o autor se inspirou para escrever *Romeu e Julieta*? Comprove sua afirmação com elementos da resenha.

c) Em que parágrafos se encontra o resumo do filme que está sendo resenhado?

d) Você já assistiu a esse filme? Caso não tenha assistido, sentiu curiosidade agora que já conhece parte da peça de Shakespeare em que ele foi inspirado?

Uma resenha é um texto que avalia um produto cultural com a intenção de despertar no leitor interesse ou rejeição pelo objeto resenhado. Para construir essa avaliação, o produtor faz uso de vários recursos da língua, principalmente de substantivos e de palavras ou expressões determinantes.

2. Observe os determinantes em destaque na frase abaixo.

O dramaturgo **inglês** William Shakespeare, mais **famoso** por **suas** tragédias, inspira **essa** comédia **romântica**, que mistura personagens e fatos **reais** e **fictícios**.

- Que relação podemos estabelecer quanto ao número e ao gênero dos substantivos e dos determinantes que os acompanham?

A concordância de gênero e número entre o substantivo e o(s) adjetivo(s) denomina-se **concordância nominal**.

Os falantes de nossa língua têm consciência das concordâncias nominais e verbais que se estabelecem entre as palavras na frase e da importância para a clareza do texto. Reconhecem também que socialmente esse aspecto da língua é bastante observado, principalmente nos contextos formais de uso: apresentações orais formais, entrevista de emprego etc. Assim, damos continuidade aqui a algumas situações em que a concordância nominal oferece dúvida.

Concordâncias nominais que suscitam dúvidas

Obrigado

O **particípio obrigado** concorda com o **gênero** e **número** da pessoa que fala.
- **O rapaz** agradeceu e disse muito **obrigado**.
- **Os rapazes** agradeceram e disseram muito **obrigados**.
- **A moça** agradeceu e disse muito **obrigada**.
- **As moças** agradeceram e disseram muito **obrigadas**.

A expressão "muito obrigado" significa "Eu me sinto grato, agradecido em relação a alguém por algum favor".

Menos

- **Menos** é um **advérbio**, portanto palavra **invariável**.
- A menina estava **menos** cansada.
- As mães ficaram **menos** preocupadas depois da boa notícia.
- **Menos** é **pronome adjetivo indefinido**, liga-se a substantivo e é também invariável.
- Hoje a professora deu **menos lições** de casa.

  menos — pronome adj. indefinido
  lições — substantivo feminino plural

Meio/meia

a) **Meio** é **numeral fracionário**, palavra **variável em gênero** e **número** e significa "metade".
- Magali comeu **meia melancia** e **meio melão**.

  meia — numeral fracionário fem.
  melancia — substantivo fem.
  meio — numeral fracionário masc.
  melão — substantivo masc.

b) **Meio** é **advérbio**, palavra **invariável** e significa "um pouco, mais ou menos".
- Magali sentiu-se **meio enjoada**.

157

Anexo, mesmo, próprio, quite

Esses adjetivos **concordam com o substantivo** ou **pronome** a que se referem.

- **Elas mesmas** admitiram a culpa.
- **Segue anexo** o arquivo.
- **Seguem anexos** os arquivos.
- **Ele próprio** admitiu a culpa.
- **Eles próprios** admitiram a culpa.
- **Ela própria** admitiu a culpa.
- **Estou** quite.
- **Estamos** quites.

É proibido, é bom, é necessário

a) Quando essas expressões se referem a um **sujeito genérico**, o **adjetivo** fica sempre no masculino.
- É **proibido** entrada.
- Fruta é **bom**.
- É **necessário** que chova naquela cidade.

b) Se o **substantivo** estiver acompanhado de **determinantes**, as expressões **concordam com o substantivo**.
- É **proibida** a entrada de animais.
- A fruta do pomar é **boa**.
- A chuva é **necessária** para aquela região seca.

ATIVIDADES

1. Releia este trecho extraído da peça de Shakespeare, *Romeu e Julieta*.

> **ROMEU** – Oh, falou! Fala de novo, anjo brilhante, porque és tão glorioso para esta noite, sobre a minha fronte, como o emissário alado das alturas ser poderia para os olhos brancos e revirados dos mortais atônitos, que, para vê-lo, se reviram, quando montado passa nas ociosas nuvens [...].

a) A expressão empregada por Romeu "anjo brilhante" a quem se refere?

b) De acordo com a norma-padrão, o adjetivo "glorioso" empregado no masculino singular está correto?

c) Caso a expressão "o emissário alado" estivesse no plural, como ficaria o trecho acima a partir dessa expressão flexionada no plural?

2. Reescreva as frases fazendo a concordância com o adjetivo/particípio entre parênteses. Caso não se recorde de todas as regras, volte às páginas anteriores para consultá-las.

a) Deixo (claro) minha posição.

b) Água é (bom) para a saúde.

c) Elas pensaram consigo (mesmo).
d) A menina ficou (meio) desconfiada.
e) O juiz julgou pai e filho (culpado).
f) (Feito) as denúncias, foram embora.
g) A mãe disse (obrigado) às pessoas que a ajudaram.
h) A gasolina no Brasil é (caro).
i) O médico disse (obrigado) às enfermeiras que o auxiliaram.

3. Você é o revisor! Leia o fragmento a seguir.

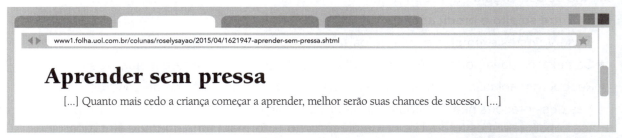

Rosely Sayão. *Folha de S.Paulo*. Disponível em: <www1.folha.uol.com.br/colunas/roselysayao/2015/04/1621947-aprender-sem-pressa.shtml>. Acesso em: 6 set. 2018.

a) Identifique o trecho em que há erro, de acordo com a norma-padrão, e faça a correção no caderno.

b) Em sua opinião, o que levou a autora do artigo a não flexionar o adjetivo de acordo com a norma-padrão?

4. A seguir, você lerá um fragmento da crônica "Anúncio de João Alves", de Carlos Drummond de Andrade. O texto foi escrito com base em um classificado de jornal, publicado em 1889. Substitua cada ▲ pelo adjetivo indicado, fazendo a devida concordância. Copie as respostas no caderno.

FIGURA o anúncio em um jornal que o amigo me mandou, e está assim redigido:

"À procura de uma besta. – A partir de 6 de outubro do ano cadente, sumiu-me uma besta vermelho-▲ (escuro) com os seguintes característicos: ▲ (calçado/ferrado) de todos os membros ▲ (locomotor), um pequeno quisto na base da orelha direita e crina ▲ (dividido) em duas seções em consequência de um golpe, cuja extensão pode alcançar de 4 a 6 centímetros, ▲ (produzido) por jumento".

Essa besta, muito (domiciliado) nas cercanias deste comércio, é muito ▲ (manso) e ▲ (bom) de sela, e tudo me induz ao cálculo de que foi (roubado), assim que hão sido ▲ (falho) todas as indagações.

Quem, pois, apreendê-la em qualquer parte e a fizer entregue aqui ou pelo menos notícia exata ministrar, será razoavelmente remunerado. Itambé do Mato Dentro, 19 de novembro de 1889.
[...]"

Projeto Memória. Disponível em: <www.projetomemoria.art.br/drummond/vida/jornais_os-jornais-na-literatura_anuncio-de-joao-alves.jsp>. Acesso em: 6 set. 2018.

GLOSSÁRIO

Assim que hão sido: por isso têm sido.
Besta: fêmea do cavalo, égua.
Característico: o mesmo que característica.
Cercania: proximidade, vizinhança.
Domiciliado: residente.

Pontuação – Vírgula

Você já estudou o uso da vírgula para separar os adjuntos adverbiais e o vocativo; agora vamos aprender um pouco mais sobre o emprego desse sinal de pontuação.

1. **Não se usa vírgula** para separar termos que, sintaticamente, estão interligados.

   a) Entre sujeito e predicado

   Observe estes exemplos e localize os sujeitos nas duas orações.
   - Os músicos da importante Orquestra Sinfônica de Londres receberam aplausos.
   - Receberam aplausos os músicos da importante Orquestra Sinfônica de Londres.

   Nas duas orações não há vírgulas separando o sujeito do predicado. Isso ocorre pois esses dois termos constituem a estrutura básica da oração, isto é, **formam uma unidade sintática**.

   b) Entre o verbo e seus complementos

   Também **não se separam os verbos transitivos de seus complementos**, uma vez que o sentido desses verbos se integra ao complemento verbal – o objeto direto ou indireto.
   - O ensaio da orquestra **pediu muita disciplina aos músicos**.

   - Vovó **comprou um bolo para mim**.
     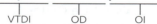

   c) Entre o verbo de ligação e o predicativo do sujeito

   Pela mesma razão, manutenção da unidade sintática, não há vírgula entre o verbo de ligação e o predicativo do sujeito.
   - Os músicos da orquestra **ficaram felizes** com os aplausos.

VL PS
   - A moça **permaneceu acordada** após o fim da celebração.

VL PS

   ↑ Orquestra Sinfônica de Londres no Royal Albert Hall. Londres, 2014.

2. **Emprega-se a vírgula** para separar termos que exercem a mesma função sintática.

   a) Núcleos de um sujeito composto
   - **Livros**, **filmes**, **peças de teatro** enriquecem a alma.
   - São exemplos de alimentos ricos em flavonoides **a soja**, **as frutas vermelhas**, **o chocolate amargo**.

   b) Núcleos do objeto
   - Entre as obras de Shakespeare, gosto de *Romeu e Julieta*, *Hamlet* e *Sonhos de uma noite de verão*.

3. Observe a frase a seguir.

   As pessoas sábias usam bons argumentos; as outras, o grito.

   a) Na frase, há um verbo elíptico (oculto). Qual é ele?

   b) Que recurso foi utilizado para indicar a omissão desse verbo?

ATIVIDADES

1. Justifique o uso das vírgulas nos casos a seguir.

   a)
   > Atualizações nas leis francesas vão afetar bastante o mundo da moda. [...] Quem estiver com o corpo muito mais magro do que o comum, indicando riscos para a saúde, não poderá trabalhar.

   b)
   > Itália, Espanha e Israel são outros países que também já fizeram mudanças legislativas procurando evitar o mesmo problema.

   Peça Única. Disponível em: <https://pecaunica.blogfolha.uol.com.br/2015/03/17/franca-deve-aprovar-lei-que-proibe-modelos-magras-demais/>. Acesso em: 29 out. 2018.

2. Você é o revisor: corrija os títulos de notícia nos quais a pontuação está incorreta e justifique sua resposta.

   a) Grave acidente entre caminhões interdita viaduto em São Paulo.
   b) Jovens e talentosos arquitetos brasileiros, criam pequenas praças para descanso.
   c) A escritora Lygia Fagundes Telles é indicada ao Prêmio Nobel de Literatura.
   d) A morte de Edgar Allan Poe, há exatos 168 anos, é tão misteriosa quanto suas obras.
   e) Integrantes da Comissão Olímpica brasileira adiam para a próxima semana, a inspeção nos estádios.

3. Foram retiradas algumas vírgulas do fragmento a seguir. Leia-o, copie-o no caderno e recoloque as vírgulas necessárias.

   > Sempre que podíamos nos reuníamos em casa de meus avós maternos. [...]
   > Os filhos de meus avós eram sete. Os netos inúmeros. [...]
   > Cada um tinha sua especialidade. [...]
   > Vovó Ritinha contava maravilhosas histórias de folclore [...].
   > Quanto a meus pais, ancoravam em leituras suas histórias.
   > Mamãe tinha toda a coleção de contos de fadas de Andersen Grimm e Perrault. [...]
   > Entre minhas prediletas, lembro *A bela e a fera*, *As quatro penas brancas*, *Pele de Asno* e *A moura torta*.

   Ana Maria Machado. *Esta força estranha – Trajetória de uma autora*. São Paulo: Atual, 1996. p. 14-17.

4. Leia o poema "A canção de Romeu", de Olavo Bilac.

   ## A canção de Romeu

   Abre a janela... acorda!
   Que eu, só por te acordar,
   Vou pulsando a guitarra, corda a corda,
   Ao luar
   [...]

   Vem, que esta voz secreta
   É o canto de Romeu!
   Acorda! quem te chama, Julieta,
   Sou eu!
   [...]

   Olavo Bilac. *Poesias*. São Paulo: Martins Fontes, 1996.

161

a) Os versos do poeta brasileiro retomam a tragédia de Shakespeare. Como se pode identificar essa retomada?

b) Em sua opinião, Olavo Bilac, ao retomar a obra do dramaturgo inglês, prestou-lhe uma homenagem ou fez uma crítica a Shakespeare?

c) De quem é a voz do poema?

d) De que forma Romeu pretende acordar a amada?

5. Leia em voz alta o verso a seguir e preste atenção à sonoridade.

> Vou pulsando a guitarra, corda a corda

- O que você pôde perceber? Qual é a relação desse verso com o que inicia o poema?

6. No caderno, copie as alternativas corretas. De acordo com o texto, entende-se que:

a) Julieta acorda e ouve a música de Romeu do balcão de seu quarto;

b) a voz secreta corresponde à música que Romeu toca na guitarra;

c) a guitarra é o instrumento que expressa o amor de Romeu por Julieta;

d) Romeu fala diretamente com Julieta.

7. Releia os últimos versos e justifique o emprego das vírgulas

> Acorda! quem te chama, Julieta,
> Sou eu!

DICAS

▶ ASSISTA

Dúvida, EUA, 2009. Direção: John Patrick Shanley, 104 min. O filme é uma versão cinematográfica de uma peça teatral premiada e bem avaliada pelos críticos. Conta a história de um padre, Flynn, que viveu na década de 1960 e desejava ser mais liberal com os alunos do colégio Saint Nicholas. Mas a freira Aloysius discorda do religioso, trata os jovens com grande rigor e acusa o padre de comportar-se inadequadamente com um novo estudante.

📖 LEIA

Hamlet ou Amleto?, de Rodrigo Lacerda (Zahar). Hamlet, uma das mais famosas histórias elaboradas por Shakespeare, trata de um príncipe dinamarquês que tenta vingar a morte de seu pai, assassinado pelo próprio irmão. O premiado escritor Rodrigo Lacerda fez uma adaptação que reconta essa que é uma das mais famosas peças teatrais de Shakespeare em uma linguagem bastante moderna e acessível.

📍 VISITE

Centro Cultural São Paulo. Entre as várias possibilidades que esse centro cultural oferece (bibliotecas, espaço para *shows* e exposições, jardins, restaurante etc.) na cidade de São Paulo (SP), há um teatro com intensa programação a preços acessíveis. Mais informações em: <www.centrocultural.sp.gov.br/> (acesso em: 6 set. 2018).

Teatro Amazonas. Conhecido por sua beleza arquitetônica e pela Orquestra Amazonas Filarmônica, tornou-se cartão-postal não só de Manaus como do Estado do Amazonas. É considerado um símbolo da riqueza conquistada durante o Ciclo da Borracha.

Adaptação de texto para produção de texto teatral

Para começar

Nesta seção, você vai adaptar um texto para ser encenado e apresentado aos alunos do 7º ano.

1. Escolha o texto que será adaptado a seguir.

    Você pode lançar mão dos trechos das duas peças de teatro que leu nesta unidade, do conto *Escândalo na Boêmia*, de Conan Doyle, da primeira unidade e das crônicas "Segredo de Natal", de Ivan Angelo, e "Debaixo da ponte", de Carlos Drummond de Andrade, da terceira unidade.

2. Leia com atenção o texto escolhido pelo grupo e discutam as adaptações que farão no texto: ajuste da linguagem, do contexto histórico, ampliação ou não do número de personagens etc.

Escrever o texto teatral

1. Observe que o texto original tem um narrador; já no adaptado, a fala e as ações dos atores serão responsáveis por conduzir a narrativa.
2. Nessa versão, os travessões serão substituídos pelo nome da personagem, indicando quem fala.
3. Não se esqueça das rubricas, elas orientam os atores e o encenador (ou diretor).
4. Leia com seu grupo o texto completo. As alterações devem ser decididas por todos.
5. Verifiquem se o texto está coerente e adequado ao público-alvo.

Ensaiar a apresentação

1. Durante os ensaios, procurem na internet vídeos de montagens teatrais feitas por companhias conhecidas, ou melhor, assistam ao vivo uma peça, se possível. Observem a entonação de voz dos atores, os gestos, a linguagem corporal; enfim, tudo o que contribui para a expressividade da interpretação.
2. Decidam quem cuidará do cenário, do figurino e da sonoplastia. Essa parte é fundamental para caracterizar os personagens, a época e os espaços cênicos.

    Os figurinos e cenários podem ser apenas sugeridos ao público: uma caixa de papelão e um pequeno cobertor podem servir para caracterizar os personagens que moram sob a ponte, por exemplo. Um conjunto de lanternas cobertas por papel-celofane cria efeitos luminosos. Pensem nessas sugestões e improvisem! Ensaiem a apresentação algumas vezes.

Avaliar

1. O texto de vocês foi fiel às características de um texto teatral?
2. Na encenação, havia um bom posicionamento dos atores no espaço cênico?
3. Os diálogos estavam bem divididos? A linguagem estava de acordo com a época retratada?
4. A voz dos atores estava audível para o público?
5. Os atores seguiram as rubricas ou fizeram improvisos adequados à encenação?
6. Os atores e o cenário estavam bem caracterizados?
7. Houve o emprego de recursos sonoros e de iluminação na apresentação?

UNIDADE 6

Diferentes pontos de vista

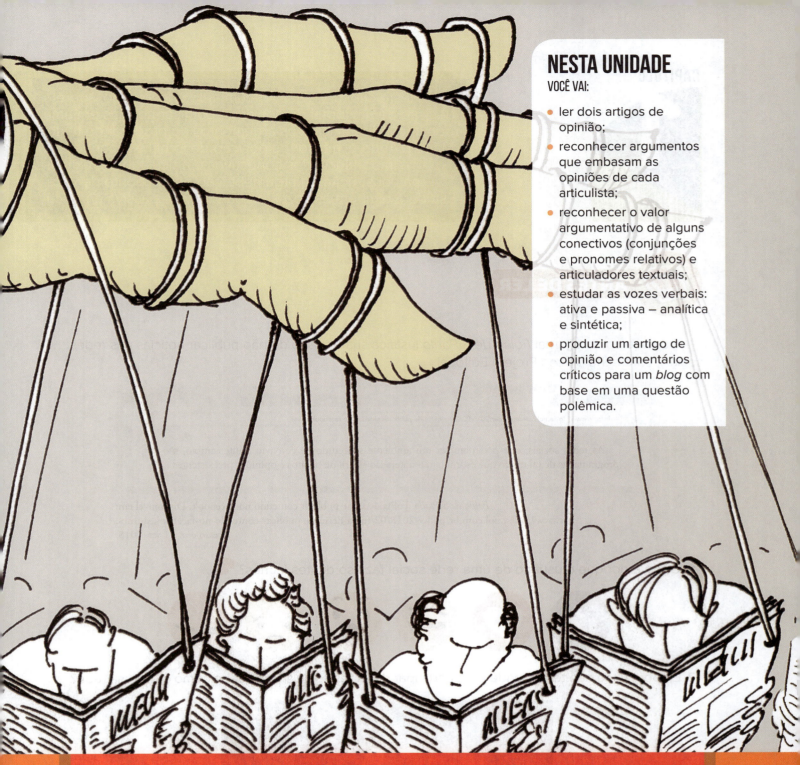

NESTA UNIDADE
VOCÊ VAI:

- ler dois artigos de opinião;
- reconhecer argumentos que embasam as opiniões de cada articulista;
- reconhecer o valor argumentativo de alguns conectivos (conjunções e pronomes relativos) e articuladores textuais;
- estudar as vozes verbais: ativa e passiva — analítica e sintética;
- produzir um artigo de opinião e comentários críticos para um *blog* com base em uma questão polêmica.

1. Você já assistiu a um espetáculo de marionetes? Em caso positivo, quando? Conte aos colegas como foi essa experiência.
2. O que há em comum entre esse tipo de teatro e a imagem acima?
3. O que ou quem, em sua opinião, a mão representa?
4. Levante uma hipótese: Que crítica o cartunista está fazendo à imprensa?
5. Você concorda com a opinião do cartunista?

CAPÍTULO 1

Neste capítulo, você lerá um artigo de opinião, sobre a decisão de um jornal de deixar de publicar notícias em uma rede social; identificará os argumentos do produtor do texto, Mario D'Andrea, a favor da posição do jornal e reconhecerá a importância dos conectivos e articuladores textuais na construção da argumentação de um ponto de vista. Estudará também as vozes verbais: ativa e passiva analítica.

ANTES DE LER

Observe como o jornal *Folha de S.Paulo* justifica sua decisão de não publicar notícias nas redes sociais, em trecho de seu Projeto Editorial.

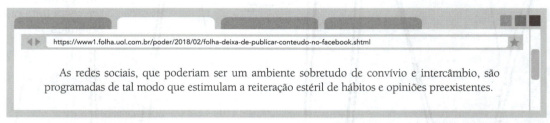

As redes sociais, que poderiam ser um ambiente sobretudo de convívio e intercâmbio, são programadas de tal modo que estimulam a reiteração estéril de hábitos e opiniões preexistentes.

Folha de S.Paulo. Folha deixa de publicar conteúdo no Facebook. Disponível em: <www1.folha.uol.com.br/poder/2018/02/folha-deixa-de-publicar-conteudo-no-facebook.shtml>. Acesso em: 11 set. 2018.

1. Onde e por que o usuário de uma rede social faz uso destes ícones?

2. Embora você não tenha idade para participar de redes sociais, você sabe como atua essa rede?

3. Essa rede social é acusada de espalhar *fake news*. O que é isso?

LEITURA

Leia a opinião de Mario D'Andrea sobre o assunto.

www1.folha.uol.com.br/opiniao/2018/02/foi-correta-a-decisao-da-folha-de-deixar-o-facebook-sim.shtml

Foi correta a decisão da Folha de deixar o Facebook? Sim

24 fev. 2018 às 2h00

Mario D'Andrea

O mundo das redes sociais está em discussão acalorada há algum tempo, o que vem levantando a cortina e desvendando os bastidores de uma realidade ainda mais assustadora do que se supunha.

Pessoas são contratadas, por exemplo, para escrever notícias falsas que são espalhadas pelas redes, o que pode até mesmo interferir no resultado de uma eleição.

Aberrações desse tipo apenas escancaram a pouca credibilidade e transparência desse universo.

Toda essa discussão acabaria, é claro, por gerar reações. A multinacional *Unilever* ameaçou cortar anúncios em plataformas digitais, como *Facebook* e *Google*, se não houver mais transparência e combate às "fake news". Colocou em dúvida muitas das "grandes verdades" e "eficiências" propaladas por essas plataformas.

Outra decisão bombástica: a **Folha** deixou de publicar seu conteúdo no Facebook. Uma atitude arriscada, parecerá a muitos. Reconheçamos: pode ser mesmo um risco, a curto prazo, para a **Folha**.

No entanto, é uma atitude exemplar para o mercado e, sobretudo, para a sociedade. Fato que pode marcar a história do jornalismo brasileiro.

Vejamos: se você leu este texto até aqui, é porque valoriza a informação. E deve concordar que informação de verdade é algo fundamental para o desenvolvimento de uma sociedade moderna e democrática.

Informação de verdade é produzida por jornalismo de qualidade, o que demanda centenas, quando não milhares, de profissionais, além de equipamentos e tempo de investigação. Uma operação que envolve, enfim, custos expressivos.

Esse investimento é mantido, em boa parte, por anunciantes e agências que, por meio da credibilidade de veículos como a **Folha**, aproximam suas marcas dos consumidores na forma de anúncios publicitários.

Em outras palavras: a publicidade sempre foi uma grande patrocinadora do jornalismo e da liberdade de imprensa.

Sociedade sem imprensa livre é sociedade doente, com destino incerto. Todas as ditaduras, de direita ou esquerda, sempre mostram algo em comum: detestam a liberdade de imprensa. Exemplos atuais? Venezuela e Coreia do Norte.

> www1.folha.uol.com.br/opiniao/2018/02/foi-correta-a-decisao-da-folha-de-deixar-o-facebook-sim.shtml
>
> Em função dessa importância, o jornalismo não pode ser nivelado por baixo e colocado lado a lado com fábricas de "fake news", como acontece nas redes sociais.
>
> Plataformas digitais não se deixam enquadrar pelas regras de autorregulamentação do mercado publicitário e do jornalismo, alegando que não são veículos de comunicação.
>
> Dessa forma, tentam se eximir da responsabilidade pelo conteúdo criado por terceiros. No entanto, essas plataformas vendem anúncios em meio a conteúdo. Deveriam, portanto, ser enquadradas como veículos de comunicação.
>
> As plataformas digitais querem apenas o bônus que o mercado oferece, sem arcar com os mesmos ônus de outros veículos.
>
> As relações entre as três partes (veículos, agências e anunciantes) são regidas por várias regras claras que garantem a transparência nas informações prestadas – sejam informações comerciais ou de conteúdo.
>
> Ética é fundamental na relação com os consumidores, e a economia digital não deveria ignorar isso.
>
> Ética não é algo que se possa trocar por um punhado de *likes* nas redes sociais. Parece que a **Folha** também pensa assim.

Folha de S.Paulo. Disponível em: <www1.folha.uol.com.br/opiniao/2018/02/foi-correta-a-decisao-da-folha-de-deixar-o-facebook-sim.shtml>. Acesso em: 23 jun. 2018.

Mario D'Andrea é publicitário, presidente e CCO do Dentsu Creative Group e da Associação Brasileira de Agências de Publicidade (Abap). Foi o único brasileiro a liderar um júri do Festival Internacional de Criatividade de Cannes, em 2017.

GLOSSÁRIO

Aberração: deformidade, distorção da natureza, desvio exagerado.
Autorregulamentação: conjunto de medidas estabelecidas por empresa ou órgão governamental para controlar e organizar a si mesmo.
Bônus: prêmio, vantagem, pagamento extra.
Propalado: divulgado, propagado.

Apreciação

1. O que você entende por ética nos meios jornalísticos?

2. Em sua opinião, a seleção de notícias, inclusive as falsas, seria uma forma de censura?

3. Você já foi vítima de *fake news*? Se sim, como se sentiu ao tomar conhecimento de que se tratava de uma notícia falsa?

4. Em sua opinião, como os veículos de informação – jornais, revistas, televisão, canais de vídeos etc. – se mantêm financeiramente?

Interpretação

1. Qual é a profissão do produtor do artigo?

   a) Você acredita que sua profissão interferiu no fato de ele ter sido a favor da saída do jornal das redes sociais?

b) Em que parágrafos do texto essa influência é identificada?

2. Comente resumidamente o ponto de vista do publicitário sobre a decisão da *Folha de S.Paulo* com relação às redes sociais.

3. Em sua opinião, Mario D'Andrea defendeu bem seu ponto de vista sobre a decisão do jornal de deixar a rede social *Facebook*? Por quê?

4. Copie no caderno a alternativa em que as palavras ou expressões podem substituir os termos destacados, neste trecho, sem prejuízo do sentido:

> O mundo das redes sociais está em discussão **acalorada** há algum tempo, o que vem levantando a cortina e desvendando **os bastidores** de uma realidade ainda mais assustadora do que se supunha.

a) entusiasmada – particularidades

b) agitada – privacidade

c) desestimulante – intimidade

5. Segundo o articulista, qual é a realidade assustadora?

6. Esse comportamento das redes teve como consequência duas ações de importantes empresas.
  a) Trata-se de que empresas?
  b) Que ações elas tomaram?

7. O autor desse texto é favorável à decisão do jornal, mas precisa convencer o leitor de que sua opinião é acertada. Para isso constrói argumentos. Vamos estudá-los.

Construção do 1º argumento
• Faz uma consideração a respeito da atitude tomada pelo jornal:

> Uma atitude arriscada, parecerá a muitos. Reconheçamos: pode ser mesmo um risco, a curto prazo, para a **Folha**.

a) Como ele descontrói para o leitor essa ideia de que a *Folha* pode ter algum prejuízo?

b) A que **mercado** Mario D'Andrea se refere ao defender seu ponto de vista?

Construção do 2º argumento
• Copie no caderno o trecho em que o escritor tenta convencer o leitor de que ambos compartilham um ponto de vista semelhante.

Construção do 3º argumento
• Estabelece um raciocínio: Jornalismo de qualidade necessita da colaboração de inúmeros profissionais, o que envolve custos financeiros.

c) Segundo o articulista, quem mantém "boa parte dos custos" dos jornais?

d) Destas relações – para se manter, o jornal depende dos anunciantes/os anunciantes não querem ver seus produtos associados a notícias falsas – pode-se deduzir que:
  • a *Folha* jamais deveria ter deixado as plataformas digitais, pois estas divulgam conteúdo por menor custo.

- as plataformas digitais não têm controle sobre seu conteúdo noticioso, portanto, prejudicam a imagem do anunciante.
- A *Folha* tomou a decisão correta, pois perderia anunciantes, que não querem seu produto associado às *fake news*.

8. O produtor do artigo afirma que as plataformas digitais não se submetem às regras de autorregulamentação do jornalismo impresso e do mercado publicitário. O que você entende com essa afirmação?

9. Qual é sua opinião sobre o artigo? O produtor conseguiu convencê-lo de que a decisão do jornal foi acertada?

Linguagem

1. Mario D'Andrea é um publicitário, alguém acostumado a empregar a linguagem como forma de persuadir o interlocutor. Observe as escolhas que ele faz de substantivos e verbos no trecho abaixo.

> Aberrações desse tipo apenas escancaram a pouca credibilidade e transparência desse universo.

a) A que **universo** o produtor do artigo se refere?
b) Releia, no glossário, o sentido de aberração; em seguida identifique o que, no texto, o autor chama de **aberrações**.
c) No lugar do substantivo **aberração**, o autor poderia ter empregado o substantivo desvio. Essa troca provocaria o mesmo efeito de sentido?
d) Observe os diferentes sentidos do verbo **escancarar** e copie no caderno o que pode substituir esse verbo no texto.
   - abrir de maneira ampla
   - expor
   - deixar à vista
e) O articulista avalia positiva ou negativamente o papel das redes sociais na divulgação das notícias? Por quê?

2. No quarto parágrafo, o articulista procura mostrar que é correta a posição do jornal de abandonar as redes sociais. Copie no caderno a expressão que confirma essa posição.

> Toda essa discussão acabaria, é claro, por gerar reações.

3. O quinto parágrafo inicia-se com a seguinte expressão:

> Outra decisão bombástica [...].

a) O adjetivo **bombástica** deriva de que palavra?
b) O que há em comum entre essa palavra e a decisão tomada pelo jornal?
c) Podemos afirmar que, assim como **aberrações** e **escancaram**, o adjetivo **bombástica** tem como finalidade criar um efeito de sentido para o leitor?

4. Copie no caderno a afirmação que apresenta a intenção do articulista ao iniciar o quinto parágrafo com a expressão "Outra decisão".

  a) Essa expressão indica ao leitor que o conteúdo do texto será ampliado.

  b) Essa expressão indica ao leitor que o conteúdo anterior será esclarecido.

5. Observe estes trechos, que constroem um argumento do artigo:

> [...] Uma atitude arriscada, parecerá a muitos. Reconheçamos: pode ser mesmo um risco, a curto prazo, para a **Folha**.
>
> No entanto, é uma atitude exemplar para o mercado e, sobretudo, para a sociedade. Fato que pode marcar a história do jornalismo brasileiro.

  a) Que expressão relaciona "pode ser mesmo um risco" a "é uma atitude exemplar"?

  b) Qual é o sentido dessa expressão? Copie a alternativa correta no caderno.
  - Estabelecer uma relação de consequência entre as duas ideias.
  - Estabelecer a oposição entre as ideias de cada parágrafo.

  c) Copie no caderno uma ou mais palavras e expressões que poderiam substituir a que você indicou no item **a** da atividade anterior.

> pois, porém, mas também, todavia, mais ainda, entretanto, contudo.

6. Releia estes parágrafos e copie no caderno a alternativa que melhor explica a função da expressão destacada em **negrito**.

> Esse investimento é mantido, em boa parte, por anunciantes e agências que, por meio da credibilidade de veículos como a *Folha*, aproximam suas marcas dos consumidores na forma de anúncios publicitários.
>
> **Em outras palavras**: a publicidade sempre foi uma grande patrocinadora do jornalismo e da liberdade de imprensa.

- A função dessa expressão em relação ao parágrafo anterior é introduzir:

  a) uma dúvida a respeito do que foi afirmado.

  b) um esclarecimento a respeito do que foi afirmado.

7. Em sua opinião, o que o produtor do texto pretendia valorizar ao empregar a expressão destacada no item anterior?

8. Releia esta afirmação de Mario D'Andrea:

> As plataformas digitais querem apenas o bônus que o mercado oferece, sem arcar com os mesmos ônus de outros veículos.

  a) Pesquise no dicionário o significado do substantivo **ônus**.

  b) Identifique os dois substantivos que constroem a antítese na frase acima.

  c) Essa antítese confirma a opinião de Mario D'Andrea a respeito das redes sociais?

171

AQUI TEM MAIS

Senso crítico é arma para combater *fake news*

Para especialistas, sociedade deve fazer esforço coletivo pela alfabetização digital

Por Marina Dayrell, Matheus Riga e Pedro Ramos

A educação virtual é uma arma importante para detectar informações falsas no noticiário, segundo especialistas. [...]

Como identificar (e não compartilhar) *fake news*

[...] Para descobrir se o conteúdo que você recebe por Facebook, Twitter ou WhatsApp é verdadeiro e não ser enganado por *fake news* [...] confira as dicas a seguir, apontadas por Cristina, da Agência Lupa, Tai, da Aos Fatos, e Angie Holan, editora do *site* de checagem americano Politifact:

1) Não leia só o título

Uma estratégia muito utilizada pelos criadores de conteúdo falso na internet é apelar para títulos bombásticos. Ler o texto completo é um passo básico para evitar compartilhar *fake news*. "Às vezes, um título é provocativo, mas ele não necessariamente está sendo honesto com a própria reportagem", indica Cristina. "Os títulos são feitos para chamar a atenção. Então, você precisa ler o que está escrito para ver se o título se confirma no texto."

2) Verifique o autor

Ver quem escreveu determinado texto é importante para dar credibilidade ao que está sendo veiculado. "Na checagem de fatos, ver o autor é interessante. A notícia foi assinada por alguém que você nunca viu na vida?", questiona Cristina. Para Tai, se a matéria é assinada por um repórter, o *site* demonstra responsabilidade pela qualidade da informação.

3) Veja se conhece o *site*

Não deixe de olhar a página onde está a notícia. Navegar mais no *site* ajuda a analisar sua credibilidade. "Investigar que página é essa, ir lá no 'Quem somos' e saber se dá para ligar para essa redação e falar com um responsável é fundamental", afirma Cristina. [...] Também vale checar o endereço do *site*. Segundo Cristina, algumas páginas tentam simular o endereço de um veículo importante, alterando apenas uma letra, um número ou um símbolo gráfico.

4) Observe se o texto contém erros ortográficos

As reportagens jornalísticas prezam pelo bom vocabulário e pelo uso correto das normas gramaticais. Por outro lado, os *sites* com notícias falsas ou mensagens divulgadas pelo WhatsApp tendem a apresentar uma escrita fora do padrão, com erros de português ou quantidade exagerada de adjetivos. [...]

5) Olhe a data de publicação

Identifique quando a notícia foi publicada. Muitas vezes, o texto está simplesmente fora de contexto. "Cansei de ver notícia falsa que na verdade não é falsa, só é velha", conta Cristina.

6) Saia da bolha da rede social

Para estar bem informado, o eleitor deve ler e acompanhar o noticiário não somente nas redes sociais. "Ele deve fazer um esforço para estar mais informado, encontrando uma nova fonte na qual ele confia e que tenha um bom histórico", recomenda Angie. [...]

7) Tome cuidado com o sensacionalismo

As *fake news* tendem a conter palavras ou frases que despertam emoções ou mexem com as crenças das pessoas, atingindo um maior potencial de divulgação e compartilhamento nas redes sociais. "Se tiver uma manchete, uma foto, um meme ou um vídeo que comova você, ou que fale diretamente com aquilo que acredita, duvide, porque pode ter sido feito para isso", avalia Cristina.

Colaborou Alessandra Monnerat

Estadão. Disponível em: <http://infograficos.estadao.com.br/focas/politico-em-construcao/materia/senso-critico-e-arma-para-combater-fake-news>. Acesso em: 6 jul. 2018.

 **ENTRELAÇANDO LINGUAGENS**

1. Leia o texto de uma campanha contra as *fake news*.

Veja, São Paulo, Abril, edição 2588, ano 51, n. 26, 27 jun. 2018.

a) Identifique no texto verbal o trecho em que o produtor da campanha estabelece interlocução com o leitor e o escreva.

b) Qual é a intenção da campanha?

c) Que elemento da imagem não verbal dialoga com a expressão *fake news*?

d) Indique outro elemento da imagem que confirma o fato de essas notícias serem compartilhadas pelas redes sociais.

e) Que exemplo de *fake news* a campanha destaca?

f) Que "dicas" sugeridas pelos especialistas em educação digital ajudariam o leitor a identificar essa informação como falsa?

2. Esse anúncio foi publicado em uma revista semanal.

a) Quem é responsável pela publicação desse anúncio?

b) Em sua opinião, qual é a intenção desse anunciante em publicar tal anúncio?

173

# ESTUDO DA LÍNGUA

Vozes verbais: voz ativa e voz passiva analítica

Nesta unidade, você conhecerá outra propriedade do verbo: estabelecer a relação de **atividade** e de **passividade** do sujeito.

1. Leia a introdução de um artigo de opinião, de Guilherme Barbosa, publicado no *site* Torcedores.

Torcedores. Disponível em: <www.torcedores.com/noticias/2018/02/opiniao-negar-arbitros-de-video-evolucao?enable-feature=new_layout>. Acesso em: 22 jun. 2018.

a) Sobre qual assunto o articulista constrói uma opinião?

b) Esse artigo foi publicado no *site* Torcedores. Em sua opinião, que notícias e artigos são publicados nesse *site*?

c) O recurso de árbitro de vídeo foi utilizado na Copa do Mundo de 2018. Que argumentos a favor ou contra você pode apresentar em relação a essa tecnologia?

> **GLOSSÁRIO**
>
> **Cartola:** dirigente de clube de futebol ou outra entidade esportiva que se beneficia do cargo para obter ganhos ou prestígio.

2. No título do artigo, o autor deixa clara sua opinião favorável ao emprego do árbitro de vídeo.

a) Releia esta oração, extraída da introdução do artigo, em que ele confirma tal posicionamento, e identifique o sujeito. Depois informe se o sujeito é agente (pratica a ação verbal) ou paciente (sofre a ação verbal).

> Os cartolas do futebol brasileiro disseram "não" ao progresso.

3. Leia outra oração também presente na introdução do artigo.

> A decisão foi tomada no último dia 5, na sede da Confederação Brasileira de Futebol (CBF), no Rio de Janeiro.

a) Identifique o sujeito da oração e informe se esse sujeito é agente ou paciente da ação verbal.

b) Embora não esteja explícito, é possível identificar pelo contexto quem pratica a ação na oração em que o sujeito é paciente, isto é, sofre a ação do verbo.
- Quem pratica a ação nessa oração?
- Em sua opinião, por que esse termo não está expresso na oração?

Observe como são estruturadas as duas orações trabalhadas na introdução do nosso estudo:

Quando o sujeito é o **agente** da ação expressa pelo verbo, temos a **voz ativa**.

Quando o sujeito não é o agente que realiza a ação do verbo, mas sim o **paciente**, ou seja, o ser que recebe ou sofre a ação verbal, temos a **voz passiva**.

Ao termo da oração que, na voz passiva, exerce a função de agente da ação verbal dá-se o nome de **agente da passiva**. Geralmente, esse termo é introduzido pela preposição **por** (ou **per**) e suas contrações (**pelo**, **pela**, **pelos**, **pelas**).

Observe, com bastante atenção, como se dá a passagem da voz ativa para a passiva.

Observe que o verbo auxiliar manteve-se no tempo do verbo principal (pretérito perfeito do indicativo), e que o verbo principal da locução foi empregado no particípio.

A voz passiva formada, geralmente, com o emprego do verbo auxiliar **ser** e com o **particípio do verbo principal**, denomina-se **voz passiva analítica**.

A voz verbal indica a relação entre a ação expressa pelo verbo e o sujeito. Neste capítulo, estudamos a relação de atividade e passividade que se estabelece entre esses dois elementos.

No próximo capítulo, estudaremos outra estrutura para a voz passiva, a **voz passiva sintética**, e **a relação simultânea de passividade e atividade entre a ação verbal e o sujeito**.

ATIVIDADES

1. Leia esta tira de Fernando Gonsales.

Fernando Gonsales. *Níquel Náusea*. Disponível em: <https://etecalcidiobiblioteca.wordpress.com/2011/04/06/tirinha-6>.
Acesso em: 8 set. 2018.

a) Nela, o que possibilita ao enunciador inferir que as traças são analfabetas?

b) Transcreva, do segundo quadrinho, uma oração na voz passiva analítica e identifique:
   - o sujeito paciente;
   - o agente da passiva.

c) Reescreva essa oração na voz ativa.

d) Ao empregar a voz passiva, no segundo quadrinho, o enunciador quis dar destaque às traças ou aos livros?

2. Leia um fragmento da reportagem publicada no suplemento "Jornal do Carro" sobre a origem dos veículos blindados.

JORNAL DO CARRO

Tudo começou em 2 000 a.C.

Chegar às blindagens atuais [...] remonta ao ano 2 000 a.C.

Naquela época, os chineses já protegiam os ocupantes de seus veículos e navios de guerra com chapas de metal.

Cerca de 3 500 anos depois, Leonardo da Vinci criou o precursor dos atuais tanques de guerra.
[...]
No Brasil, os primeiros veículos de uso civil surgiram nos anos 50. Eram feitos pela Massari.
[...]

O Estado de S. Paulo, 24 jun. 2015. Jornal do Carro, p. 9D.

a) Identifique as vozes verbais das orações.

   I. Naquela época, os chineses já protegiam os ocupantes de seus veículos e navios de guerra com chapas de metal.

   II. Cerca de 3 500 anos depois, Leonardo da Vinci criou o precursor dos atuais tanques de guerra.

   III. [Os veículos] Eram feitos pela Massari.

b) Identifique os tempos verbais das orações I e II. Passe-as para a voz passiva analítica e sublinhe o agente da passiva de cada oração.

c) Leia novamente as orações que você transformou. Quais são as diferenças de sentido das orações I e II no fragmento original e depois de transformadas em passiva analítica?

d) Explique a opção pela voz passiva na oração III.

3. Leia dois títulos de notícia a respeito de um mesmo fato: ajuda humanitária promovida por ONGs de apoio a imigrantes que tentam abrigo na Europa.

Gestante é socorrida por barco de imigrantes e dá à luz em pleno Mar Mediterrâneo

Mapele News. Disponível em: <http://mapelenews.com.br/gestante-e-socorrida-por-barco-de-imigrantes-e-da-luz-em-pleno-mar-mediterraneo/>. Acesso em: 7 jul. 2018.

Espanha decide acolher 600 imigrantes do navio Aquarius

IstoÉ. Disponível em: <https://istoe.com.br/espanha-decide-acolher-600-imigrantes-do-navio-aquarius/>. Acesso em: 7 jul. 2018.

a) O primeiro título é constituído de duas orações. Copie no caderno o sujeito da primeira oração.

b) Em que voz verbal se encontra essa oração?

c) Qual é o sujeito do segundo título?

d) Em que voz verbal se encontra essa oração?

e) Qual é a intenção de cada jornalista ao priorizar a voz ativa ou passiva nos títulos de sua matéria?

f) Em qual dos títulos há agente da passiva? Copie-o no caderno.

- Levante uma hipótese: Por que é importante mencionar nesse caso o agente da passiva?

O QUE APRENDEMOS COM O ESTUDO DE ARTIGO DE OPINIÃO

- O artigo de opinião é um gênero jornalístico em que o produtor expressa sua opinião sobre um tema polêmico de interesse público.
- O artigo de opinião se estrutura a partir de argumentos sólidos: citações de fontes reconhecidas, opiniões de consenso, exposição de raciocínio lógico.
- Para articular opinião e argumentos, no decorrer do texto, são empregadas diferentes conjunções ou locuções conjuntivas.

CAPÍTULO 2

Neste capítulo, vamos continuar nossos estudos sobre o gênero textual artigo de opinião e as vozes verbais passiva sintética e reflexiva.

Antes de iniciar a leitura silenciosa do artigo de opinião, leia o título e reflita:

- A tecnologia tem nos afastado do contato social? Comente suas reflexões com os colegas.

www.diariodepernambuco.com.br/app/noticia/politica/2017/01/19/interna_politica,684956/joao-paulo-s-de-siqueira-o-individualismo-tecnologico.shtml

OPINIÃO

João Paulo S. de Siqueira: O individualismo tecnológico

João Paulo S. de Siqueira é advogado, mestre em Consumo e Desenvolvimento Social, professor e pesquisador-Capes

Por: Diário de Pernambuco
Publicado em: 19/01/2017 07:08

A individualidade, sob amplas e diversas perspectivas, já foi discutida por Platão, Hobbes, passando por Norbert Elias e Bauman. Evidente que não tenho a pretensão de colocar-me no mesmo patamar desses argumentos de autoridade, mas acredito que o tema merece algumas reflexões e ponderações.

É irrefutável a consciência e certeza de que a tecnologia é algo fundamental e imprescindível em nossa realidade contemporânea, e uma de suas principais missões e virtudes seria a de aproximar as pessoas e agregar os indivíduos, mas superando o discurso e a aparência imediata do tema, será que é isso que vemos em nosso cotidiano? A internet e todas as possibilidades cibernéticas estão, de fato, socializando as pessoas, ou estamos cada dia mais individualizados, reclusos e blindados?

Todas as faixas etárias e segmentos sociais estão vivenciando uma epidemia da distração, cujo foco é o celular e não o mundo real no qual estamos inseridos e no qual devemos viver e interagir. Apesar da ilicitude, é comum vermos motoristas usando celulares; em restaurantes, para muitos, é mais importante a qualidade da foto do que o sabor do prato ou a companhia de quem está sentado ao lado.

A sociedade do consumo, da qual somos membros, como atores e autores, nos impõe o estado de constante insatisfação, incluindo o uso da tecnologia, uma vez que somos também principalmente consumidores de sensações e experiências. Há alguns anos, o Orkut supria nossas necessidades de comunicação e interação, de repente ficou obsoleto e surgiu o Facebook, que hoje não é mais suficiente, temos que ter o Instagram, Twitter, Snapchat, WhatsApp e outras possibilidades que logo serão lançadas, impostas e descartadas.

Todas essas ferramentas objetivam promover e facilitar a comunicação, como um intercâmbio de ideias e opiniões, mas, dialética e contraditoriamente, as pessoas estão cada vez mais fechadas em suas bolhas customizadas por seus iPhones, iPads, iPods, iMacs, e esse prefixo inglês, coloca o "eu" como guia de nossas ações e comportamentos.

Sou partícipe e integrante da revolução tecnológica e, mais uma vez, reafirmo a essencialidade da tecnologia e de todas as suas ferramentas, apenas suscito a necessidade de ponderação e racionalização no uso destas possibilidades. Não podemos e nem devemos simplesmente aderir sem questionar a real necessidade, a maneira e a intensidade de usarmos esses instrumentos. Mais que teclar e olhar para uma tela, vamos olhar nos olhos, verbalizar nossos sentimentos, enfim, viver e construir o mundo real. Vale a pena!

Diário de Pernambuco. Disponível em: <www.diariodepernambuco.com.br/app/noticia/politica/2017/01/19/interna_politica,684956/joao-paulo-s-de-siqueira-o-individualismo-tecnologico.shtml>. Acesso em: 23 jun. 2018.

GLOSSÁRIO

Customizado: personalizado.
Dialética: discurso que pretende estabelecer uma verdade conciliando diferentes pontos de vista.
Ilicitude: algo ilegítimo, contrário às leis estabelecidas na sociedade.
Irrefutável: algo que não se pode contestar, contrariar.

Apreciação

1. Você concorda com o advogado João Paulo S. de Siqueira que, embora a principal virtude da tecnologia fosse aproximar pessoas, ela está causando a "epidemia da distração"? Justifique seu ponto de vista apoiando-se em argumentos.

2. Em sua opinião, as *fake news* são decorrentes da tecnologia ou sempre existiram?

Interpretação

1. No segundo parágrafo, o articulista propõe duas questões para o leitor refletir. Faça uma paráfrase da questão reproduzida a seguir, isto é, reescreva-a com suas palavras.

> A internet e todas as possibilidades cibernéticas estão, de fato, socializando as pessoas, ou estamos cada dia mais individualizados, reclusos e blindados?

2. Você já ouviu falar em pergunta retórica? Pergunta retórica é aquela em que o enunciador de um texto propõe, não para ouvir uma resposta "sim" ou "não" de seu interlocutor, mas para chamar atenção dele para o que vai expor e, com base nessa exposição, tomar uma posição.

   a) Podemos afirmar que as duas questões propostas pelo articulista no segundo parágrafo são retóricas?

> Antes observe uma possiblidade de paráfrase do trecho inicial desse mesmo parágrafo:
>
> **Texto original:** "É irrefutável a consciência e certeza de que a tecnologia é algo fundamental e imprescindível em nossa realidade contemporânea [...]"
>
> **Paráfrase:** No contexto atual, não é possível abrir mão da tecnologia. Ela é sem dúvida fundamental.

3. Releia o título e o segundo parágrafo e copie no caderno a alternativa que corresponde à opinião do articulista sobre o assunto.

   a) Ela contribui para ampliar os relacionamentos interpessoais.

   b) Ela é um recurso fundamental para aproximar pessoas.

   c) Ela contribui para o isolamento das pessoas do meio social.

4. Para convencer o leitor de seu ponto de vista, o articulista constrói argumentos. Copie o quadro no caderno e preencha-o com os argumentos do autor, relacionando-os à opinião declarada.

Opinião	Argumento
Vivemos uma epidemia da distração: nosso foco é o mundo virtual e não o real.	
A sociedade do consumo nos impõe a sensação de constante insatisfação, incluindo o uso da tecnologia.	
Embora as redes sociais promovam a integração interpessoal, as pessoas permanecem fechadas em si mesmas.	

5. Para a construção da conclusão, o autor recupera afirmações do primeiro parágrafo e propõe uma sugestão ao usuário de tecnologia. Transcreva no caderno:

   a) o trecho da conclusão em que há recuperação de afirmações anteriores;

   b) o trecho em que se encontram as sugestões de comportamentos para o usuário de tecnologia.

Linguagem

1. Releia o trecho abaixo e observe os substantivos e adjetivos em destaque.

   > É **irrefutável** a **consciência** e **certeza** de que a tecnologia é algo **fundamental** e **imprescindível** em nossa realidade contemporânea [...].

   a) Copie no caderno a alternativa que melhor justifica a escolha pelo autor dos substantivos e adjetivos destacados. Eles têm como objetivo:
   - não deixar dúvida sobre sua opinião quanto ao papel auxiliar das tecnologias nos dias atuais.
   - questionar a importância da tecnologia na sociedade individualista contemporânea.
   - reafirmar que a importância da tecnologia é inquestionável e essencial para nossa sociedade.

   b) Os adjetivos "irrefutável" e "imprescindível" são formados pelos prefixos **-i**, **-im** de igual valor semântico, e pelo mesmo sufixo formador de adjetivos, **-vel**. Essas duas palavras são formadas pelo processo de prefixação e sufixação.

- Copie no caderno os adjetivos que têm os prefixos **-i, -in, -im** com valor semântico de negação.

> impensável – identificável – ingovernável – idealizável
> incrível – imóvel – igualável – indubitável

2. Releia estes trechos extraídos do artigo de opinião de João Paulo S. de Siqueira.

Trecho 1

[...] uma de suas principais missões e virtudes seria a de aproximar as pessoas e agregar os indivíduos, **mas** superando o discurso e a aparência imediata do tema, será que é isso que vemos em nosso cotidiano?

Trecho 2

Apesar da ilicitude, é comum vermos motoristas usando celulares [...].

Trecho 3

Todas essas ferramentas objetivam promover e facilitar a comunicação, como um intercâmbio de ideias e opiniões, **mas**, dialética e contraditoriamente, as pessoas estão cada vez mais fechadas em suas bolhas customizadas [...]

a) Nos três trechos estão destacados elementos que estabelecem uma conexão de sentido entre as orações. Esses elementos são denominados conjunções e desempenham as seguintes funções:

- nos trechos 1 e 3, introduzir uma explicação à ideia anterior, e, no trecho 2, introduzir uma oposição à ideia que será apresentada posteriormente.
- no trecho 2, introduzir uma ideia de oposição à que vai ser apresentada posteriormente, e, nos textos 1 e 3, introduzir uma oposição ao afirmado anteriormente.
- nos trechos 1, 2 e 3, introduzir uma ideia de oposição àquela que foi apresentada pelo articulista anteriormente.

b) Volte ao trecho 3. Que advérbios enfatizam a ideia de oposição introduzida pela conjunção **mas**?

c) Qual é a importância do emprego desses advérbios na construção da argumentação do artigo?

d) Ainda no trecho 3, encontra-se a expressão "todas essas ferramentas". Com que elemento(s) do parágrafo anterior essa expressão estabelece conexão?

181

3. Releia o trecho 3: "as pessoas estão cada vez mais fechadas em suas bolhas customizadas".

   a) Qual é o sentido próprio de bolha?

   b) Qual é o sentido figurado de "bolha customizada"? A que se refere no texto?

   c) Essa expressão confirma ou nega o ponto de vista do articulista de que a internet contribui para o individualismo? Por quê?

4. Observe outro pronome que estabelece conexões entre os elementos do texto.

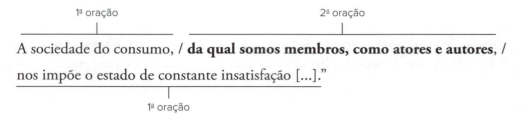

   a) Qual é o sujeito da primeira oração?

   b) Que elemento da segunda oração retoma o sujeito da primeira?

O pronome, além de retomar o termo que vem antes dele, isto é, o antecedente, substitui esse termo na 2ª oração.

> Somos membros, como atores e autores, **da sociedade de consumo**.

Esse pronome é chamado de **pronome relativo**: relaciona orações, isto é, estabelece coesão entre elas e substitui o termo anterior na oração que introduz.

• A oração introduzida por esse pronome amplia o sentido da primeira oração. Por quê?

5. Conheça mais um pronome relativo no trecho a seguir.

> Todas as faixas etárias e segmentos sociais estão vivenciando uma epidemia da distração, / **cujo** foco é o celular e não o mundo real / **no qual** estamos inseridos e no qual devemos viver e interagir.

   a) Que relação o pronome **cujo** estabelece entre "epidemia da distração" e **foco**: de posse ou de lugar?

   b) O pronome "(n)o qual", na última oração, retoma que palavra da oração anterior?

   c) Que outra palavra ou expressão poderia substituir "no qual" nesse contexto?

Pronomes relativos e seus usos

- **Que:** pode ser substituído por: o/a qual; os/as quais – refere-se a pessoas ou coisas.
- **Quem:** usado especialmente para referir-se a pessoas ou seres personificados.
- **Cujo(a), cujos(as):** indica relação de posse.
- **Onde:** para substituir termos que se referem a lugar.
- **Quanto(a), quantos(as):** referem-se a pessoas ou coisas.

ESTUDO DA LÍNGUA

Voz passiva sintética e voz reflexiva

No capítulo anterior, estudamos a voz passiva analítica, que é formada com o auxiliar **ser** ou **estar** e o particípio do verbo principal.

Mas há ainda outro tipo de voz passiva que dispensa o verbo auxiliar. Trata-se da **voz passiva sintética**, que veremos a seguir.

Voz passiva sintética

1. Leia este anúncio.

↑ Anúncio publicitário Caça talentos, da MCamara Comunicação.

a) Quem é o produtor do anúncio?

b) Qual é o objetivo desse anúncio?

c) O anúncio está coerente com seu objetivo?

d) No anúncio, as palavras escondidas formam orações. Encontre as orações do Caça talentos e transcreva-as.

e) Por estar inserida em um pretenso jogo, a primeira oração não foi pontuada. Escreva-a e pontue-a com vírgulas. Justifique o emprego desse sinal de pontuação.

f) Identifique o verbo da primeira oração e classifique-o segundo a transitividade.

g) Em que pessoa está conjugado esse verbo?

h) Qual é a palavra que segue o verbo?

183

> Quando um **verbo transitivo** direto, na **3ª pessoa**, é seguido do pronome oblíquo **se**, temos a **voz passiva sintética**. Ao pronome **se** dá-se o nome de **pronome apassivador** ou **partícula apassivadora**.
>
> VTD (3ª pessoa) + se (pronome apassivador) = voz passiva sintética.

2. Passando a oração da passiva sintética para a voz passiva analítica, com o auxiliar **ser**, temos:

> Redator publicitário, criativo, talentoso, divertido **é contratado**.

a) Qual é o sujeito da oração na passiva analítica, com o auxiliar **ser**?
b) Qual é o núcleo do sujeito?
c) O sujeito é agente ou paciente?
d) Qual é o sujeito da oração da voz passiva sintética em estudo?
e) Classifique o sujeito da oração.

ATENÇÃO!

Lembre-se de que o **objeto direto da voz ativa** torna-se o **sujeito paciente da voz passiva**, mesmo na passiva sintética. Portanto, na oração "Contrata-se redator", redator é o **sujeito paciente**, e não o objeto direto.

Veja:

3. A segunda oração do Caça talentos poderia ter sido redigida assim:

> Candidatos devem enviar currículos para Mariana.

- Passemos essa oração para a voz passiva analítica e, em seguida, para a voz passiva sintética.
- **Voz passiva analítica**: Currículos devem ser enviados para Mariana.
- **Voz passiva sintética**: Devem-se enviar currículos para Mariana.

a) Por que o verbo da locução da passiva sintética está no plural?

Salvo casos muito especiais, o verbo sempre concorda com o sujeito, seja este agente, seja paciente.

b) Observe as duas formas da voz passiva.

> Na passiva sintética, o agente da passiva não é nomeado.

- Qual das duas formas de passiva é mais formal?

Agora vamos passar ao estudo da **voz reflexiva**.

Voz reflexiva

1. Leia a notícia de um estudo científico conduzido pelo neurocientista brasileiro Miguel Nicolelis.

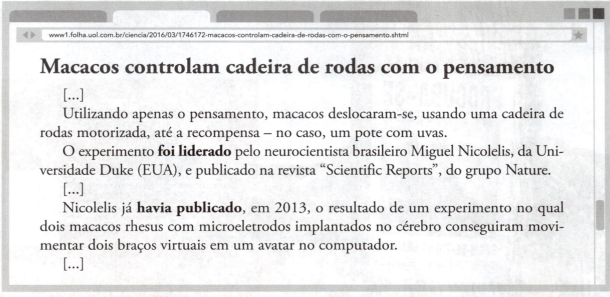

Folha de S.Paulo. Disponível em: <www1.folha.uol.com.br/ciencia/2016/03/1746172-macacos-controlam-cadeira-de-rodas-com-o-pensamento.shtml>. Acesso em: 31 ago. 2018.

a) Resuma a notícia.
b) Observe as locuções verbais destacadas. Em que voz elas estão?
c) Em "macacos deslocaram-se", quem pratica e quem sofre a ação do verbo?

Quando o sujeito é simultaneamente **o ser que age e que recebe a ação do verbo**, dizemos que esse verbo está na **voz reflexiva**.

DICAS

► ACESSE

Museu do videogame: <www.museudovideogame.org/>. O *site* traz informações sobre as exposições do museu itinerante (que leva exposições rápidas a várias regiões do Brasil). Seu acervo dispõe de 200 consoles e milhares de jogos de todas as gerações.

► ASSISTA

Catfish, EUA, 2010. Direção: Ariel Schulman e Henry Joost, 87 min. Esse documentário foi inspiração para um *reality show* com o mesmo nome, transmitido pela MTV. Um fotógrafo de 24 anos inicia um romance virtual e embarca em uma viagem com três amigos para conhecer a moça pessoalmente. No entanto, constata que as relações virtuais muitas vezes não são confiáveis, e o filme tem um desfecho espantoso.

► LEIA

O círculo, de Dave Eggers. Tradução de Rubens Figueiredo (Companhia das Letras). O livro inspirou um filme de mesmo nome. Conta a história de uma jovem, Mãe, contratada para trabalhar em uma grande corporação de tecnologia: O Círculo. A companhia cria uma nova era, oferecendo serviços que conectam os indivíduos a um sistema operacional universal. A princípio, a jovem acredita ter sorte por ter conseguido esse emprego. No entanto, sua percepção é modificada quando questões importantes, como democracia e, principalmente, o direito à privacidade, são colocadas em risco.

E se? Respostas científicas para perguntas absurdas, de Randall Munroe (Companhia das Letras). Randall é considerado o garoto prodígio da Nasa. Alimenta um *blog* bem-humorado sobre ciência e tecnologia, o qual inspirou o livro em que o autor expande e busca responder a perguntas de modo surpreendente e cômico.

ATIVIDADES

1. Leia o texto da campanha contra o tráfico de animais selvagens.

Campanha de Combate ao Tráfico de Animais Selvagens do Conselho Federal de Medicina Veterinária (CFMV), set. de 2013. *EcoDebate*. Disponível em: <www.ecodebate.com.br/2013/09/26/campanha-nacional-do-cfmv-mobiliza-populacao-contra-trafico-de-animais>. Acesso em: 8 ago. 2018.

a) Qual é a relação entre o título da campanha "Procura-se" e seu objetivo?
b) Que efeitos o tráfico de animais pode causar, segundo o cartaz?
c) Qual é o apelo que ele faz? De que forma o leitor deve atender a esse apelo?
d) Por que você acha que o sagui-de-tufos-brancos está presente no cartaz?
e) Qual é a oração do texto do cartaz? Em que voz ela está?
f) Passe a oração para a voz passiva analítica com verbo auxiliar.
g) Justifique a opção pela passiva sintética no cartaz.

2. No texto da campanha temos a seguinte frase:

> O tráfico de animais selvagens está esvaziando nossas florestas.

a) Identifique em que voz está essa frase.
b) Passe-a para a voz passiva analítica.
c) Identifique o sujeito e o agente da passiva da oração que você escreveu.
d) Explique a opção pela voz ativa na campanha.

3. Você sabe o que é um **classificado**? Onde ele costuma ser publicado e com que intuito? Qual é o formato desse texto: é longo ou curto? Como você imagina que um classificado humorístico pode ser criado?
Leia um classificado bem-humorado do escritor Luis Fernando Verissimo.

O classificado através da história

[...]
LEÃO – Oferece-se para *shows*, aniversários, quermesses etc. Fotogênico, boa voz, experiência em cinema. Tem referências da MGM, para a qual trabalhou até aposentadoria compulsória.

Luis Fernando Verissimo. *Comédias para se ler na escola*. Rio de Janeiro: Objetiva, 2001. p. 143.

> **GLOSSÁRIO**
> **MGM:** estúdio de cinema Metro Goldwyn Mayer.
> **Aposentadoria compulsória:** é a aposentadoria do trabalhador independentemente de sua vontade.

Por ser um classificado em que a intenção é o humor, a leitura admite duas interpretações. Veja:

Hipótese 1: O leão é o enunciador do classificado.

Leão **oferece-se** para *shows*, aniversários, quermesses etc.

Hipótese 2: O enunciador é alguém que oferece o leão.

Oferece-se leão para *shows*, aniversários, quermesses etc.

a) Identifique a voz do verbo na hipótese 1. Justifique sua resposta.
b) Identifique a voz do verbo na hipótese 2. Justifique sua resposta.

> O leão do classificado é bastante conhecido.
> Você sabe quem é ele? Veja a seguir.
> Trata-se do leão que aparece rugindo nas telas de cinema, em filmes da Metro Goldwyn Mayer.

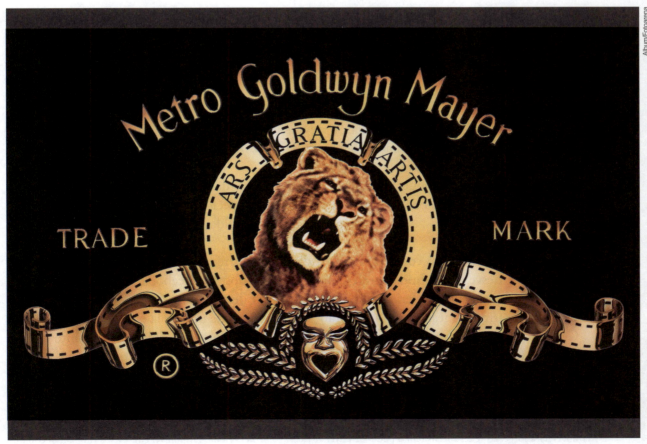

↑ Leo, o Leão, é o mascote do estúdio de cinema Metro Goldwyn Mayer.

187

Artigo de opinião

Você estudou dois artigos de opinião, observou que os produtores desses textos alicerçam sua opinião em argumentos fortes para convencer seus leitores ou ouvintes. Nesta proposta, vamos escrever um artigo de opinião que será publicado no *blog* da turma.

Além do artigo, você vai construir argumentos críticos sobre a posição dos colegas.

Para começar

Você já leu comentários em caixas de resposta publicados em *sites* de jornal ou nas redes sociais? Uma característica fundamental desse gênero textual é a presença de argumentos.

Tanto no artigo de opinião como nos comentários críticos, para ser convincente, empregue argumentos que fujam do senso comum. Releia a questão 7 do primeiro capítulo e as questões 4 e 5, do segundo. Nelas você encontrará diferentes tipos de construção de argumentos.

Para ajudá-lo na produção de seu artigo e dos comentários críticos, aqui estão dois fragmentos de textos cujos autores apresentam opiniões antagônicas. Leia-os com atenção e pesquise também outras posições a respeito do assunto.

Texto 1

www1.folha.uol.com.br/poder/2015/02/1591573-mariliz-pereira-jorge-as-redes-sociais-tem-o-poder-de-estreitar-lacos.shtml

Apenas reproduzimos nas redes sociais o que somos na vida *offline*. Mas hoje convencionou-se que tudo é culpa da tecnologia. A previsão é sempre de um futuro sombrio, onde as pessoas não se relacionam, não se falam, não se encontram.

Falava-se a mesma coisa da TV. [...]

Não dou conta de responder a todos os e-mails, *inbox* do Facebook, mensagens de WhatsApp. Fico na intenção. Correspondência lida e esquecida no "buraco negro das mensagens não respondidas". Não é egoísmo. É falta de habilidade em ser onipresente em todas as plataformas.

Nunca estivemos tão em contato mesmo à distância. As redes sociais têm o poder de estreitar laços e desvendar afinidades até com desconhecidos. O Facebook não me avisa apenas de aniversários que eu teria esquecido – e lembrar de uma data é uma demonstração e tanto de carinho, mesmo que a lembrança tenha vindo de uma cola eletrônica.

Curto as férias de um amigo, fico sabendo da promoção de outro. Sinto-me presente em festas da família, que acompanho por fotos ou pelo Skype. Falo diariamente com amigas de São Paulo. A amizade se mantém viva graças à web. Talvez por isso eu faça todo o possível para ir aos eventos do grupo. [...]

Mariliz Pereira Jorge. As redes sociais têm o poder de estreitar laços. *Folha de S.Paulo*. Disponível em: <www1.folha.uol.com.br/poder/2015/02/1591573-mariliz-pereira-jorge-as-redes-sociais-tem-o-poder-de-estreitar-lacos.shtml>. Acesso em: 27 jun. 2018.

Texto 2

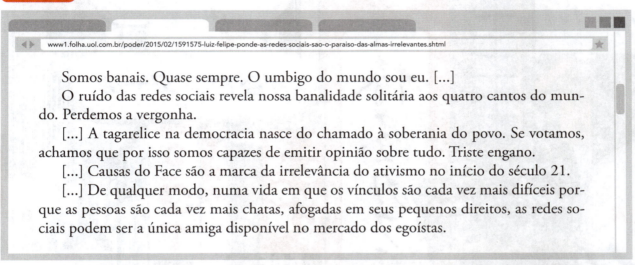

Somos banais. Quase sempre. O umbigo do mundo sou eu. [...]

O ruído das redes sociais revela nossa banalidade solitária aos quatro cantos do mundo. Perdemos a vergonha.

[...] A tagarelice na democracia nasce do chamado à soberania do povo. Se votamos, achamos que por isso somos capazes de emitir opinião sobre tudo. Triste engano.

[...] Causas do Face são a marca da irrelevância do ativismo no início do século 21.

[...] De qualquer modo, numa vida em que os vínculos são cada vez mais difíceis porque as pessoas são cada vez mais chatas, afogadas em seus pequenos direitos, as redes sociais podem ser a única amiga disponível no mercado dos egoístas.

Luiz Felipe Pondé. As redes sociais são o paraíso das almas irrelevantes. *Folha de S.Paulo*. Disponível em: <www1.folha.uol.com.br/poder/2015/02/1591575-luiz-felipe-ponde-as-redes-sociais-sao-o-paraiso-das-almas-irrelevantes.shtml>. Acesso em: 27 jun. 2018.

Planejar

Caso a turma ainda não tenha um *blog*, vocês podem escolher algum aluno para administrá-lo, com a orientação do professor, e inscrever os alunos para postarem seus textos e fazerem seus comentários nos textos dos colegas. Os comentários desrespeitosos serão deletados.

Desenvolver

1. Opte por um ponto de vista: a internet favorece o individualismo ou não favorece esse comportamento, e problematize a discussão.
2. Escolha os argumentos favoráveis e coerentes à posição escolhida.
3. Empregue elementos coesivos – pronomes, conectivos – para articular os parágrafos.
4. Lembre-se: a escolha de substantivos, adjetivos e advérbios pode colaborar para a argumentação.
5. Inicie seu comentário crítico fazendo referência ao artigo que está sendo comentado. Observe uma possível introdução: *O autor, (nome do aluno), tem 50% de razão, pois...*

Revisar e editar

Empregue a variedade-padrão da língua: fique atento às regras de concordância nominal e verbal, à regência verbal e à pontuação. O emprego da voz passiva sintética confere ao texto um registro mais formal. Poste o artigo de opinião e seus comentários.

Compartilhar

De acordo com as orientações do professor, verifique os comentários dos colegas sobre seu texto e procure responder a todos eles, empregando sempre linguagem argumentativa e respeitosa.

UNIDADE 7
Criatividade e persuasão

NESTA UNIDADE
VOCÊ VAI:

- ampliar seus conhecimentos e refletir sobre propaganda e publicidade;
- analisar as relações estabelecidas pelos conectivos coordenativos e sua função de ampliar as ideias do texto;
- estudar as orações coordenadas e as subordinadas;
- identificar palavras formadas pelo processo de composição e pelo emprego do hífen;
- produzir um anúncio de propaganda.

1. Qual sua sensação ao observar essa imagem?
2. O que se pode deduzir sobre a sociedade representada na imagem?
3. Você costuma ser capturado por anúncios publicitários? Em geral, você precisa realmente do produto anunciado?

CAPÍTULO 1

Neste capítulo, você vai estudar não só a intencionalidade das propagandas como também os recursos empregados em sua linguagem verbal e não verbal. Ainda estudará o período composto por coordenação e sua importância na progressão das ideias do texto.

ANTES DE LER

Você sabe o que é uma propaganda? Converse com os colegas e com o professor sobre esse gênero textual.

1. Onde propagandas podem ser encontradas?

Vamos entender a diferença entre propaganda e publicidade.

- A **propaganda**, cuja raiz **propagand-** (do latim *propagare*), tem o sentido de "aquilo que precisa ser espalhado", divulga ideias e pessoas; busca a adesão a alguma campanha ou comportamento; visa à aproximação ideológica com o público-alvo para estimulá-lo, por exemplo, a alterar algo em seu modo de vida.
- A **publicidade**, palavra derivada de **público** (do latim *publicus*), é uma forma de comunicação que divulga produtos e serviços. Tem o objetivo de promover a venda do que é anunciado ou fortalecer a marca do anunciante.

2. Você já ouviu falar da organização Greenpeace? A que causas ela se dedica?

3. Em sua opinião, propagandas como essa são eficientes para conscientizar leitores sobre as ameaças a que o planeta está exposto?

192

 **LEITURA**

Observe com atenção as imagens e os textos verbais que acompanham os cartazes de cada uma dessas campanhas do Greenpeace.

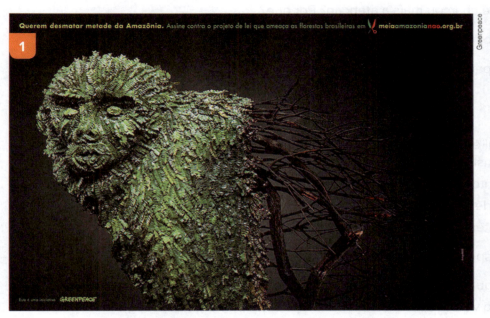

Greenpeace é uma organização internacional sem fins lucrativos e totalmente financiada por seus apoiadores. Não aceitamos dinheiro de empresas e governos com o objetivo de manter a independência da nossa atuação. [...]
O Greenpeace está presente em mais de 55 países e desenvolve campanhas globais coordenadas entre vários escritórios. [...]
[No Brasil] [...] pessoas estão conosco para dizer NÃO ao desmatamento, à poluição, à injustiça, à ganância e se manifestando pelo SIM às energias limpas, às cidades mais humanas, aos alimentos mais saudáveis, à solidariedade.

Greenpeace. Disponível em: <greenpeace.org/brasil>. Acesso em: 2 set. 2018.

# ESTUDO DO TEXTO

Apreciação

1. Qual propaganda lhe chamou mais a atenção? Por quê?

2. Na propaganda escolhida, o que mais atraiu você: o texto verbal ou o não verbal? Por quê?

3. Em sua opinião, propagandas como essas são importantes? Por quê?

Interpretação

1. Em sua opinião, qual é o principal objetivo dessas propagandas? Copie no caderno a alternativa que considera correta.

    a) Divulgar um produto a ser consumido.

    b) Divulgar a marca de um produto conhecido.

    c) Conscientizar o interlocutor de um problema.

2. De acordo com a resposta anterior, do que tratam as propagandas?

3. Vamos estudar a linguagem verbal e a linguagem não verbal de cada propaganda.

    a) Que elemento não verbal chama a atenção do leitor na primeira? E na segunda?

    b) Releia os títulos que acompanham cada imagem:

    > Querem desmatar metade da Amazônia.
    > Não deixe que as florestas do Brasil fiquem no passado.

    - Em sua opinião, por que eles estão em destaque?
    - Que palavra do título é retomada em cada imagem?

    c) Cada publicidade denuncia uma ameaça às florestas. Copie em seu caderno o item que corresponde a cada uma:
    - Extração ilegal de madeira
    - Construção de hidrelétricas, exploração de minerais, pastagem para agropecuária

    d) Releia agora os demais textos verbais de cada publicidade. Que atitude cada cartaz espera do leitor?

4. Descreva como as imagens e os textos articulados impactam o leitor sobre as ameaças às florestas brasileiras.

5. Quem é o público-alvo dessas peças publicitárias? Justifique a resposta.

6. Onde você imagina que essas peças sejam veiculadas?
    - Em sua opinião, esses suportes (veículos) conseguem atingir um grande público?

7. Podemos dizer que esses textos são argumentativos, como os artigos de opinião que você leu na unidade anterior?

Linguagem

1. Observe a oração.

> Querem desmatar metade da Amazônia.

a) Que tipo de sujeito aparece nessa oração?

b) Embora o sujeito tenha essa classificação, o leitor atento e conhecedor dos fatos políticos e econômicos do país tem condições de apontar a quem o verbo se refere. Em sua opinião, quem quer desmatar metade da Amazônia?

2. A linguagem da propaganda e da publicidade é persuasiva, isto é, induz o interlocutor a tomar uma atitude, abraçar uma causa, um projeto etc. Vamos estudar como essa persuasão é trabalhada nas propagandas analisadas.

a) Observe os verbos destacados nos trechos a seguir:

> **Assine** contra o projeto de lei [...].
> Não **deixe** que as florestas do Brasil fiquem no passado.
> **Junte**-se ao Greenpeace e **faça** parte da mudança.

- Eles se dirigem diretamente ao interlocutor do anúncio?
- Em que modo verbal eles se encontram: indicativo, subjuntivo ou imperativo?
- O produtor das propagandas, ao empregar esse modo verbal, pretende que seu interlocutor aceite uma recomendação, atenda a um pedido ou convite ou cumpra uma ordem?

b) Observe o título da segunda propaganda:

> Não deixe que as florestas do Brasil fiquem **no passado**.

A expressão sublinhada pode ser substituída por:
- no coração.
- na memória.
- no pensamento.

c) O emprego dessa expressão é um apelo à emoção do interlocutor? Por quê?

3. Os dois títulos apresentam diferença quanto à estrutura. Em sua opinião, por que o primeiro título é mais curto que o segundo?

4. A segunda propaganda, além do título, é acompanhada de um texto que amplia o apelo ao leitor.

> Não há mais tempo, florestas brasileiras estão sendo dizimadas e, se não agirmos agora, elas farão parte do passado. O Brasil pode se desenvolver sem desmatamento. [...]

a) Observe o primeiro período e copie-o, em seu caderno, separando as orações.

b) Entre as orações desse período, qual delas funciona como uma ameaça para o leitor?

c) E quais apelam para a persuasão emocional?

d) Copie a alternativa correta. Os dois conectivos presentes no texto **e** e **se** funcionam como elementos que colaboram para a ampliação das ideias do texto, pois, respectivamente, possibilitam:

- o acréscimo de mais uma ideia que confirma a conclusão "elas farão parte do passado"; o acréscimo de uma explicação para o fato de que "elas farão parte do passado".
- o acréscimo de uma ideia oposta à conclusão "elas farão parte do passado"; o acréscimo de uma explicação para o fato de que "elas farão parte do passado".
- o acréscimo de mais uma ideia que confirma a conclusão "elas farão parte do passado"; o acréscimo de uma condição que, se ocorrer, levará à conclusão: "elas farão parte do passado".

O QUE APRENDEMOS COM O ESTUDO DE PROPAGANDA

- A propaganda institucional busca divulgar uma ideia, a ideologia de uma instituição ou organização, sem estar diretamente vinculada a um produto ou serviço a ser comprado.
- Em geral, essas propagandas usam verbos no modo imperativo, deixando clara a intenção de convencer o leitor da necessidade de uma mudança de comportamento.
- A propaganda institucional procura fazer com que as pessoas se interessem por um assunto e tomem uma atitude no sentido de apoiar uma causa ou ajudar a resolver um problema.
- São publicadas em locais de grande circulação de pessoas ou em veículos em que possam atingir o público-alvo.

AQUI TEM MAIS

O publicitário

O publicitário é o profissional especializado na criação e divulgação de produtos ou de serviços. Ele é responsável pelo planejamento de propagandas e anúncios para jornais, revistas, televisão, cinema, *outdoor*, rádio e internet, divulgando um produto, uma marca ou uma ideia.

Para se tornar um publicitário, é necessário ter formação superior em Publicidade e Propaganda. Essa área exige um profissional criativo, com espírito idealizador e capaz de trabalhar em equipe.

1. Uma das tarefas do publicitário é identificar o público-alvo de um produto e criar um anúncio publicitário que desperte o interesse dessas pessoas.

- Em sua opinião, qual é a melhor definição para **público-alvo**? Copie no caderno as opções mais adequadas.

a) Um conjunto específico de pessoas com características comuns (idade, sexo, escolaridade, profissão, interesses etc.) ao qual se dirige uma campanha publicitária.

b) Pessoas para quem um publicitário dedica suas ações de comunicação.

c) Pessoas que compram produtos de qualquer marca.

2. Outra atribuição do publicitário é criar um *slogan* para a marca ou o produto que quer divulgar. Um *slogan* é parte importante de um anúncio publicitário.

- Você consegue se lembrar de um *slogan* que tenha ouvido ou visto em um anúncio publicitário? Conte para os colegas.

1. Observe, a seguir, uma charge criada por Dalcio Machado.

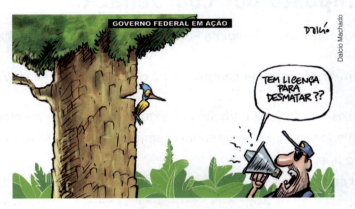

2. Relate o que você vê na imagem.
3. Relacione o título da charge à ação do guarda florestal, representante do governo federal. Qual é a crítica implícita na charge?
4. O que há em comum entre as propagandas analisadas e a charge de Dalcio Machado?

> **Charge** é uma ilustração humorística feita com o objetivo de satirizar algum acontecimento da atualidade. As charges são muito usadas para fazer críticas sobre questões sociais e políticas. São normalmente publicadas em jornais e revistas. Para interpretar o significado de uma charge, é necessário ter informações sobre os acontecimentos políticos ou sociais aos quais ela se refere. Em outras palavras, para entender uma charge, é preciso estar bem informado.

CURIOSO É...

Pica-pau

Você reconheceu o pássaro que aparece na charge? Ele é uma das 180 espécies de pica-pau. Na charge, a ave estava bicando uma árvore. A maioria das espécies de pica-pau faz isto, buracos nas árvores, em busca de alimento: insetos. Essa ação do pica-pau beneficia as árvores, porque esse pássaro come insetos prejudiciais a elas.

→ Benedito-de-testa-amarela ou pica-pau-de-fronte-amarela, na Mata Atlântica em Tapiraí (SP).

197

ESTUDO DA LÍNGUA

Período composto por coordenação

1. Leia este adesivo criado para divulgar a Fundação Amazonas Sustentável, que luta contra o desmatamento no Brasil.

   a) O adesivo para divulgação da campanha foi distribuído no Dia da Árvore. Descreva o texto não verbal.

   b) Que relação existe entre cada oração do texto verbal e os elementos do texto não verbal?

   c) O texto verbal é formado por um período composto. Justifique essa afirmação.

   d) Que conectivo une tais orações?

   e) Copie em seu caderno o sentido que esse conectivo estabelece entre as orações:
   - contradição;
   - adição;
   - explicação.

2. Observe, a seguir, que é possível transformar esse período composto em dois períodos simples:

Todos gostam de sombra. Poucos cuidam das árvores.
sujeito   VTI   OI   sujeito   VTI   OI

   a) Quanto ao aspecto sintático, essas orações estão completas?

   b) Releia o texto verbal da campanha e verifique se o sentido que existia entre as orações do período composto permanece com as orações no período simples.

As orações que compõem o texto verbal da campanha de conscientização da importância das florestas brasileiras formam um **período composto por coordenação**.

As orações do período composto por coordenação são chamadas de **orações coordenadas**, pois são independentes entre si do ponto de vista sintático.

Como você viu, cada uma delas apresentava sujeito + predicado (VTI + OI).

Relações que se estabelecem entre as orações coordenadas

Como já observamos ao estudar a linguagem de alguns textos, os conectivos unem orações, estabelecem relações de sentido entre elas e contribuem para o desenvolvimento das ideias do texto.

3. Leia as propagandas a seguir e indique a intenção comunicativa de cada uma.

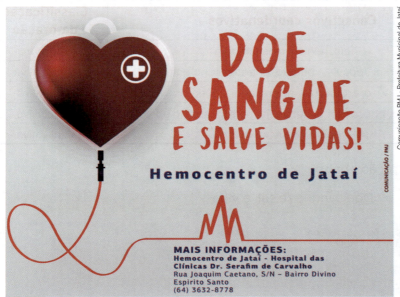

Disponível em: <www.jatai.go.gov.br/hemocentro-abrira-no-sabado-dia-20-para-estimular-a-doacao-de-sangue-por-pessoas-que-nao-podem-doar-durante-a-semana/>. Acesso em: 8 set. 2018.

Disponível em: <www.melhoramentos.com.br/v2/campanha-doe-sangue-salve-vidas-em-sua-segunda-edicao/>. Acesso em: 3 set. 2018.

- Nos dois títulos dos anúncios, há um período composto por coordenação. O que você nota de diferente entre a forma como as orações de cada período se relacionam?

199

As orações coordenadas do período composto podem se relacionar por meio de um conectivo coordenativo ou se apresentar apenas justapostas. No primeiro caso, a oração se classifica como **coordenada sindética** e, no segundo, **coordenada assindética**.

As orações coordenadas sindéticas são classificadas de acordo com o conectivo coordenativo que as introduz.

Ideia expressa	Conectivos coordenativos	Classificação da oração
adição; acréscimo	e, nem, não só, mas também	aditiva
oposição; contradição	mas, porém, todavia, contudo, entretanto, no entanto	adversativa
alternância; exclusão	ou, ora, ou...ou, ora...ora, quer... quer	alternativa
conclusão	logo, portanto, por conseguinte, então, pois (posposto ao verbo)	conclusiva
explicação	pois, porque, que	explicativa

4. Observe o exemplo de classificação abaixo.

ATIVIDADES

1. Leia este cartaz de uma campanha de utilidade pública promovida na cidade de Blumenau (SC).

  a) Qual a finalidade dessa propaganda?

  b) Observe o último período do texto. As orações que o compõem visam orientar o comportamento dos donos de animais.

  • Copie o período e separe as orações.

  c) Como se classificam as orações coordenadas nesse período?

  d) Transcreva a alternativa que melhor justifica a ausência de conjunção entre as orações.

  • Trata-se de uma sequência de orientações aos donos de animais de estimação.

  • Os sinais de pontuação substituem os conectivos.

  • Nos anúncios, a linguagem verbal deve ser econômica.

Disponível em: <www.hachiong.org.br/files/2014/11/2014.jpg>. Acesso em: 1 jul. 2018.

2. Leia com atenção os pares de períodos e identifique a diferença de sentido entre as orações coordenadas introduzidas pelo mesmo conectivo.

  a) Trabalharam até mais tarde, pois esqueceram o computador ligado.

  Esqueceram o computador ligado; trabalharam, pois, até tarde.

  b) Ele anda de bicicleta e fica cansado.

  Ele anda de bicicleta e não fica cansado.

200

3. Leia a tirinha a seguir, do Níquel Náusea.

Fernando Gonsales. Disponível em: <www1.folha.uol.com.br/ilustrada/cartum/cartunsdiarios/#7/12/2014>.
Acesso em: nov. 2018.

a) A tira estabelece intertextualidade, isto é, faz referência a um livro infantil.
- Qual é esse livro?
- Qual é a função do personagem Grilo Falante nesse romance?

b) O último quadrinho é responsável pela construção do humor. Justifique essa afirmação.

c) Na tirinha, há um único período composto. Identifique as orações que o compõem.
- Explicite as relações que as orações desse período estabelecem entre si e com outras orações da tirinha.

4. Observe as frases a seguir. Elas são empregadas de acordo com o interlocutor.

O relógio não despertou, **portanto** estou atrasada.

O relógio não despertou, **mas** compensarei as horas perdidas em outro dia.

a) Que enunciado o locutor escolheria se estivesse se dirigido a um chefe muito exigente?
b) E se o interlocutor fosse uma pessoa mais íntima, de seu círculo de amizade?

> ! **CURIOSO É...**
>
> ## Abandono de animais aumenta 20% nas férias, diz ONG de São Carlos, SP
>
> [...]
>
> Durante os meses de dezembro e janeiro o número de casos de abandonos e maus-tratos de animais aumenta 20% em São Carlos (SP). A constatação é do canil municipal e da ONG Cão Ajuda, que realiza um trabalho de acolhimento na cidade. Casos de maus-tratos devem ser denunciados à Polícia Ambiental.
>
> Um dos motivos para os casos de abandono é que durante esses meses muitas pessoas aproveitam para viajar e ficam dias fora de casa, apontou a presidente da ONG, Flávia Rosseler. [...]
>
> Alguns donos enjoam do animal e não se preocupam em procurar um novo lar para o bicho. A presidente da ONG disse que falta conscientização e que as pessoas devem considerar o animal como um membro da família, o que seria uma forma de diminuir os casos de abandono.
>
> [...]
>
> *G1*. Disponível em: <http://g1.globo.com/sp/sao-carlos-regiao/noticia/2014/01/abandono-de-animais-aumenta-20-nas-ferias-diz-ong-de-sao-carlos-sp.html>. Acesso em: 31 out. 2018.

CAPÍTULO 2

Neste capítulo, você vai estudar as características de um anúncio publicitário – linguagem verbal e não verbal e recursos persuasivos. Ampliará também o estudo do período composto, agora por subordinação, estudará o processo de formação de palavras por composição e o emprego do hífen. Produzirá ainda um anúncio de propaganda para diferentes mídias.

O texto que você vai ler é um anúncio publicitário.

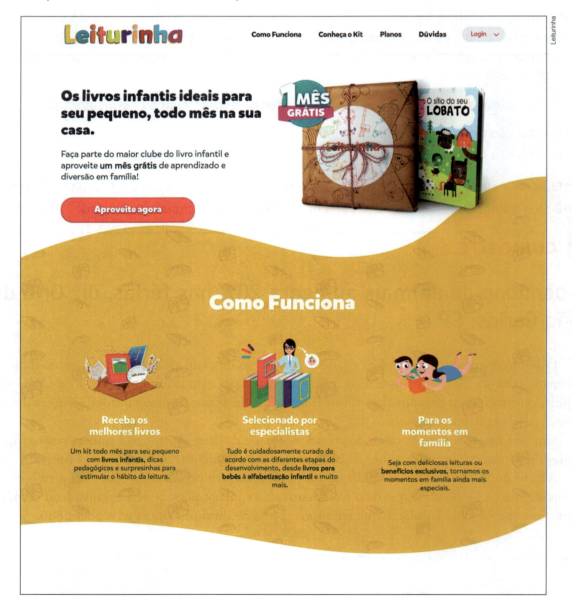

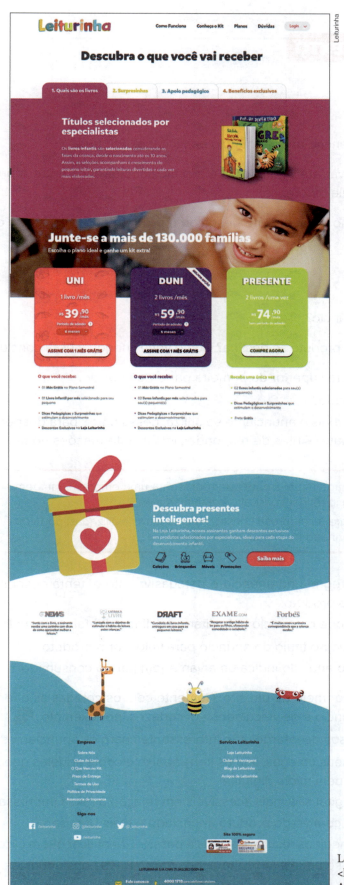

Leiturinha. Disponível em: <https://leiturinha.com.br/>. Acesso em: 3 nov. 2018.

ESTUDO DO TEXTO

Apreciação

1. O que chamou mais sua atenção nesse anúncio publicitário? Por quê?

2. Pelo que você pôde observar até agora, qual é a principal diferença entre a propaganda e o anúncio publicitário? Formule hipóteses.

3. Achou criativo o modo como o anunciante destacou o produto que está sendo oferecido? Comente com os colegas.

Interpretação

1. Qual é o objetivo desse anúncio?

2. A que tipo de consumidor o produto se destina? Como você chegou a essa conclusão?

3. Observe com atenção a parte superior da primeira parte do anúncio.

  a) O que está sendo anunciado?

  b) De quais recursos não verbais o anunciante se utiliza, nessa parte, para despertar o interesse do consumidor pelo produto? Antes de responder, leia as informações no quadro a seguir.

> **Logo**: uma imagem (um ícone) que representa uma empresa; também definido como a identidade visual de uma marca.
>
> **Logotipo**: nome da empresa construído com letras estilizadas; pode ou não ser acompanhado de símbolos ou ícones.

  c) A linguagem verbal empregada no anúncio é persuasiva, isto é, tenta despertar o interesse do leitor/consumidor pelo produto.
  - Que palavras mostram que o anúncio publicitário se dirige diretamente ao leitor?

  d) Que adjetivo é empregado no título do anúncio para valorizar o produto?
  - Que palavra no texto do anúncio indica uma vantagem para o consumidor?

4. Esse anúncio é veiculado por meio de um *site*. Comente com os colegas as diferenças que você identifica entre esse anúncio e os veiculados em cartazes, por exemplo.

  a) Em sua opinião, os recursos da internet são interessantes para os anunciantes?

  b) Após ouvir a opinião de seus colegas, leia os itens abaixo e copie aqueles que justificam o interesse dos anunciantes pela mídia digital.
  - Os espaços na mídia digital são mais acessíveis em relação à mídia impressa.
  - A identificação do público-alvo do produto anunciado é mais precisa.
  - A mídia digital permite medir os resultados, pois é possível identificar quem clicou o anúncio.
  - A mídia digital permite, se necessário, alterações mais rápidas nos anúncios.
  - Os anúncios digitais são normalmente mais atrativos para o consumidor.

204

5. Se a parte superior do anúncio capturar a atenção do leitor/consumidor, este certamente seguirá à parte seguinte, "Como funciona", e obterá novas informações sobre o produto.

   a) Descreva as imagens presentes nessa parte do anúncio.

   b) Como você já estudou, a linguagem da publicidade é persuasiva. E existem várias estratégias para convencer o consumidor a se interessar pelo produto anunciado.
   - Segundo o texto verbal que integra o item à direita, quem receberá as vantagens do produto caso o consumidor se interesse em adquiri-lo?
   - Releia o título do primeiro item (à esquerda) e o texto do terceiro item (à direita), e responda: Que adjetivos são empregados para valorizar o produto?
   - No item do meio, o emprego do advérbio **cuidadosamente** também tem função persuasiva. Por quê?

6. Mais adiante na página, o consumidor encontrará o título: "Descubra o que você vai receber".

   a) A estrutura dessa parte do anúncio diferencia-se das anteriores, pois apresenta quatro abas. Identifique-as.

   b) Qual é a função delas no anúncio?

   c) Com base apenas na leitura dos títulos das abas, qual delas, em sua opinião, não trata especificamente do produto oferecido?

   d) Levante hipóteses: qual assunto é tratado na aba identificada no item **c**?

7. Observe esta parte do anúncio para responder às perguntas a seguir.

   a) Qual é a finalidade dessa parte?

   b) Leia as três opções e justifique por que a segunda opção é destacada como a melhor delas.

8. Na última parte do anúncio há logotipos de cinco diferentes veículos de informação, na forma de *hiperlinks*. Por que essa ferramenta é também uma importante estratégia de persuasão?

9. Você concorda com a ideia de que a publicidade estimula o consumo? A publicidade na internet facilita a adesão do consumidor? Justifique.

10. Você já comprou algum produto influenciado pela publicidade? Ficou satisfeito ou se arrependeu? Você realmente precisava do produto que comprou? Conte aos colegas.

Linguagem

1. Observe o nome do produto anunciado e justifique o emprego desse substantivo no grau diminutivo.
   - Em que outras partes do anúncio o emprego do diminutivo tem essa mesma justificativa?

2. Como o produto anunciado destina-se ao público que está fazendo suas primeiras leituras, palavras pertencentes ao campo semântico da infância são bastante empregadas. Releia o anúncio e copie no caderno no mínimo quatro delas.

3. Os modos verbais são empregados nos anúncios publicitários também com o objetivo de fazer o consumidor adquirir o produto.

   a) Copie no caderno uma frase em que o modo imperativo é usado para:
      - convidar o leitor a conhecer o produto.
      - estimular o leitor a adquirir o produto.

O QUE APRENDEMOS COM O ESTUDO DE ANÚNCIO PUBLICITÁRIO

- O **anúncio publicitário** tem como objetivo vender um produto ou divulgar uma marca.
- O intuito é incentivar o consumo, isto é, chamar a atenção do leitor para que ele compre o que está sendo anunciado.
- Um anúncio publicitário deve fazer uso da linguagem verbal e da não verbal, criando um todo harmônico.
- É importante adequar a linguagem utilizada ao público-alvo.

Período composto por subordinação

No capítulo anterior, estudamos como os processos de coordenação possibilitam a ampliação das ideias do texto por meio da articulação de orações. Neste capítulo, estudaremos outro recurso que permite ao usuário da língua articular orações e ampliar as ideias do texto.

1. Você já sabe que os anúncios publicitários e as propagandas têm um título. Leia atentamente estes títulos de propagandas e identifique a ideia que cada um veicula.

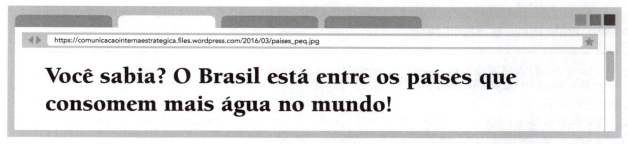

Disponível em: <https://comunicacaointernaestrategica.files.wordpress.com/2016/03/paises_peq.jpg>. Acesso em: nov. 2018.

Disponível em: <https://1.bp.blogspot.com/-v1zXUNtKTEc/VSULy1YveBI/AAAAAAAAEm4/Tkd_NTIfO3w/s1600/campanha-transito1.jpg>. Acesso em: nov. 2018.

Disponível em: <www.meioemensagem.com.br/home/comunicacao/2018/02/07/didaticas-campanhas-de-carnaval-combatem-assedio.html>. Acesso em: nov. 2018.

a) Esses títulos são formados por períodos simples ou compostos?

b) No caderno, divida os períodos compostos em orações. Eles são independentes semanticamente?

2. A oração destacada a seguir relaciona-se a que termo da oração anterior?

> O Brasil está entre os países **que consomem mais água no mundo**!

a) Se substituíssemos a oração por "maiores consumidores de água", que função sintática essa expressão exerceria na oração: núcleo do sujeito, adjunto adnominal ou adjunto adverbial?

b) Escreva no caderno a circunstância que a oração destacada a seguir atribui a outra oração.

> O trânsito só muda **quando a gente muda**.

A oração que atribui uma circunstância a outra oração exerce função de um **adjunto adverbial**.

> Quando a mulher usa roupas curtas, significa **que ela está querendo vestir roupas curtas**.

c) Observe a segunda oração. O verbo **significa** é transitivo ou intransitivo?

d) Qual é o complemento desse verbo no período?

Essa oração que completa o sentido de um verbo da oração anterior exerce a função sintática de **objeto direto** do verbo **significar**.

> Como você pôde observar, além da **dependência semântica**, as orações desses períodos apresentam também **dependência sintática** (adjunto adverbial, adjunto adnominal e predicativo do sujeito) em relação a outra oração do período.
>
> Períodos compostos com essas características são denominados **compostos por subordinação**. A oração que desempenha a função sintática é a **oração subordinada**, e a que é complementada por tal função denomina-se **oração principal**.
>
> As **orações subordinadas**, como vimos, podem ter valor **adjetivo**, **adverbial** ou **substantivo**, de acordo com a função sintática que desempenham.

ATIVIDADES

1. No trecho que você vai ler o autor expõe uma das intenções do anúncio publicitário: levar o interlocutor a sonhar com algo!

> **Faça o público-alvo sonhar, remeta-o a um cenário incrível**
>
> Argumento
>
> Você já foi ao Tahiti? Provavelmente, não. Mesmo assim, tenho certeza de que você tem em sua cabeça uma imagem tão cristalina daquelas paragens quanto as águas ▲.
>
> Então, quero convidar você para um rápido passeio até lá! Esta será uma viagem de contrastes, ▲. Para chegar lá, você cruza a Cordilheira dos Andes. Da janela do avião, vê aquela imensidão de montanhas incrivelmente altas, recortadas com seus picos eternamente cobertos por uma neve tão branca ▲ de estender a mão para tocá-la.
>
> No Chile você descobre ▲ deixar de conhecer Viña Del Mar, uma cidade que se tornará tão inesquecível para você ▲. [...]
>
> E lá vai você, feliz, voando sobre um oceano infinitamente azul [...].

Zeca Martins. *Redação publicitária: a prática na prática*. São Paulo: Atlas, 2003. p. 129.

- Leia o trecho e copie, em seu caderno, as frases do quadro abaixo que substituem os ▲ do texto, na ordem de ocorrência.

> porque começa a partir de Santiago, no Chile – que dá vontade – que as circundam
>
> quanto as águas douradas pelo sol do entardecer do Pacífico – que é impossível

a) O publicitário quer despertar o interlocutor para uma viagem. Você ficou interessado nesse passeio?

b) Para interessar o interlocutor, o autor privilegiou que classe gramatical?

c) Transcreva em seu caderno as orações do texto com valor adjetivo.

d) Das orações com as quais você completou o texto, transcreva:
- a de valor substantivo.
- as que apresentam valor adverbial.

2. Explique por que todas as orações trabalhadas na atividade anterior são orações subordinadas.

208

Anúncio de campanha

Você fará parte de uma equipe de uma agência de publicidade encarregada de criar um anúncio de propaganda para difundir e incentivar a prática da doação de órgãos em sua cidade. Cada grupo divulgará essa ideia em diferentes mídias: cartazes, *banners* e *indoor* (propagandas estrategicamente posicionadas em balcões de lojas, próximo a caixas de supermercado, recepções de consultórios, de escolas etc.).

Para começar

O que leva as pessoas a resistir à doação de órgãos de entes queridos falecidos? Pesquisem quais são os órgãos do corpo humano mais aguardados nas filas de transplante e como funciona a doação entre vivos.

Em seguida, escolham a mídia pela qual divulgarão essa ideia. Se optarem pelo cartaz, decidam antecipadamente onde ele será afixado e peçam autorização para fazê-lo.

No caso do *banner*, vocês podem divulgá-lo no *site* ou rede social da escola. Para se apropriar dessa tecnologia, pesquise *sites* a respeito, como este: <www.canva.com/pt_br/criar/banners/>.

Em relação à mídia *indoor*, o anúncio pode estar em cartões fixados em lugares públicos, no adesivo de algum objeto em destaque no ambiente ou em um vídeo de transmissão contínua.

Planejar

Nesta etapa, decidam o órgão que será objeto de seu trabalho (coração, rim, córnea etc.). Busquem imagens desse órgão, estudem sobre ele e o que determina a necessidade de transplante.

Desenvolver

1. Definam a imagem e o tom da linguagem — intimidador, emocional etc.
2. Criem um título e um texto para a imagem.
3. Usem adjetivos e substantivos que valorizem a ideia e verbos no modo imperativo.
4. Mantenham a interlocução com o leitor.
5. Observem as cores empregadas e criem um *slogan* e/ou um logotipo.

Revisar e editar

1. Apresentem à turma os esboços da propaganda e avaliem os comentários.
2. Façam os acertos e publiquem propagandas nas diferentes mídias.

Compartilhar

Afixem os cartazes, posicionem as propagandas *indoor* e divulguem os *banners* para que todos tenham acesso.

Processos de formação de palavras

1. Leia este anúncio publicitário e tente identificar o personagem a que ele se refere.

- Releia o título e explique como ele é retomado pela linguagem não verbal.

> A Hortifruti apresenta: a incrível rúcula.

> *O incrível Hulk* foi uma série da televisão norte-americana, que virou filme em 2008, baseada nos quadrinhos da Marvel Comics. Nela, o personagem Dr. David Bruce Banner descobre que a **radiação gama** poderia gerar força descomunal e resolve testá-la em si mesmo. Tempos depois, descobre que, sob pressão, transforma-se num homem monstruoso, de pele verde, grande e musculoso.

2. Que palavras ou expressões diferenciam o produto oferecido pela Hortifruti nesse anúncio?

Nos anos anteriores e em alguns estudos da linguagem do texto deste volume, vimos que as palavras em português são formadas por radicais aos quais podem se acrescentar **afixos** (sufixos e prefixos). A esse processo dá-se o nome de **derivação**.

Neste capítulo, vamos ampliar nosso conhecimento sobre os processos de formação de palavras.

3. Observe estas palavras e descreva como elas são formadas.

| SUPERPODERES | HORTIFRUTI |

Como você pode observar, cada uma dessas palavras foi formada com base na união de dois **radicais**. Esse processo de formação de palavras é denominado **processo de composição**.

Esses radicais podem ser **justapostos**, como em: **superpoderes** ou **bem-estar**, (os radicais se mantêm íntegros); ou **aglutinados**, isto é, quando a união traz alteração nos radicais, por exemplo: **pernalta** (perna + alta); **boquiaberta** (boca + aberta).

Uso do hífen

1. Leia as palavras abaixo e indique em quais delas o hífen (-) foi empregado para unir radicais e formar novas palavras.

> micro-ondas – trazê-lo – bem-sucedido – deixando-as – cana-de-açúcar

a) Em qual delas o hífen foi utilizado para marcar a ligação entre o verbo e o pronome oblíquo?

O hífen (-) é um sinal gráfico usado na língua portuguesa basicamente em quatro contextos:

- unir elementos de palavras compostas (como as palavras que você indicou no item **a**);
- unir elementos de palavras formadas por derivação prefixal;
- marcar ligações entre o verbo e o pronome (como as palavras que você indicou no item **b**);
- separar sílaba em final de linha.

Emprega-se hífen	Exemplos
Quando o prefixo termina com vogal e o segundo elemento se inicia com a mesma vogal.	anti-inflamatório, arqui-inimigo, contra-argumento, micro-ondas, micro-ônibus, semi-interno, ultra-apressado
Quando o segundo elemento se inicia com a letra **h**.	anti-herói, ultra-humano, super-homem
Com os prefixos **circum-** e **pan-**, quando o segundo elemento se inicia por vogal ou pelas letras **h**, **m** ou **n**.	pan-americano, circum-navegação
Com os prefixos **hiper-**, **inter-** e **super**, quando o segundo elemento se inicia por **r**.	hiper-requintado, inter-racial, super-restrito
Com os prefixos tônicos acentuados graficamente **pré-**, **prós-** e **pós-**, quando o segundo elemento é independente semanticamente.	pré-natal, pós-guerra, pró-europeu
Nos compostos com os prefixos **ex-** e **vice-**.	ex-marido, vice-diretor
Em palavras compostas que designam animais ou plantas.	bem-te-vi, bem-me-quer, beija-flor, couve-flor
Em palavras compostas formadas por elementos repetidos.	lenga-lenga, tico-tico, reco-reco
Em palavras compostas que não apresentam o elemento de ligação e mantêm uma unidade semântica e sintagmática.	azul-escuro, médico-cirurgião, guarda-chuva, segunda-feira

Não se usa hífen	Exemplos
Em geral, com o prefixo **co-**, mesmo que o segundo elemento se inicie com a mesma vogal.	cooperar, coordenação
Nos compostos em que o prefixo termina em vogal e o segundo elemento se inicia com **r-** ou **s-**. Nesse caso, essas consoantes se duplicam.	antirrugas, semirreal, contrassenso, ultrassonografia

ATIVIDADES

1. Nos títulos de livros a seguir, indique a palavra composta por justaposição.

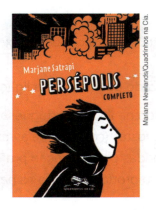
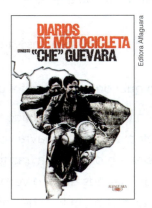

2. Corrija, no caderno, as palavras em desacordo com a regra do hífen nos textos abaixo.

a)

Furacões no Atlântico

Durante os meses de agosto e setembro, os países insulares da América Central, como Cuba, Haiti, República Dominicana e Jamaica, e os estados da costa sul do litoral norte-americano foram duramente atingidos por quatro furacões: Fay, Gustav, Hanna e Ike.

Disponível em: <www.noticias.uol.com.br/especiais/retrospectiva-2008/ultnot/2008/12/16/ult7037u9.jhtm>. Acesso em: 3 set. 2018.

b)

Uso de antiinflamatório deve ser acompanhado

Os alertas sobre os riscos de antiinflamatórios de última geração [...] deixam uma mensagem bem clara: o uso desses remédios, mesmo daqueles que parecem ser inofensivos e são vendidos sem receita, deve ser com acompanhamento médico.

Disponível em: <www1.folha.uol.com.br/fsp/cotidian/ff2111200408.htm>. Acesso em: 3 set. 2018.

c)

Aplicativo "anti-social" te ajuda a fugir de pessoas indesejadas

Ao inverso dos aplicativos que conectam pessoas próximas umas das outras, ele funciona como uma espécie de radar de pessoas que você quer evitar

Disponível em: <www.infomoney.com.br/minhas-financas/gadgets/noticia/3269721/aplicativo-anti-social-ajuda-fugir-pessoas-indesejadas>. Acesso em: 3 set. 2018.

DICAS

ACESSE

Desygner: <https://desygner.com/pt/>. Aplicativo para Android ou iOS com acesso gratuito, apresenta *layouts* para a criação de peças publicitárias, imagens para redes sociais e *banners* de propagandas.

ASSISTA

Filosofia: um guia para a felicidade. Reino Unido e Irlanda do Norte, 2000. Direção: Celia Lowestein, 130 min. Minissérie com seis capítulos, produzida pela PhilosTV, inspirada em livro do escritor Alain Botton, apresentador da série, conhecido por buscar a popularização da Filosofia.

Anúncios publicitários antigos

Durante mais de três séculos, no Brasil, os anúncios eram praticamente orais. Com o primeiro jornal "Gazeta do Rio de Janeiro" veio também nosso primeiro anúncio classificado e rapidamente este se multiplicou. Eram anúncios de unguentos, pós faciais, livros, retratistas, cocheiros etc. com raros avisos. E o mais vergonhoso de nossa história: havia também os classificados com os traços dos escravos foragidos para aqueles que ganhavam a vida com tais recompensas.

No século XIX, artistas e poetas, cada um com sua arte, produziam grandes cartazes com anúncios. Entretanto, foi na virada do século, precisamente em 1900, que o anúncio publicitário semelhante ao que conhecemos hoje se consolidou.

As revistas "Fon-Fon", "A Revista da Semana", "Cri-Cri", entre outras, passaram a publicar lindas peças publicitárias, sob a influência francesa da art-noveau, acompanhadas de textos dos poetas Casimiro de Abreu, Olavo Bilac, príncipe dos poetas, por exemplo.

Fonte: Ricardo Ramos. *Contato imediato com a propaganda*. São Paulo: Global, 1987. p. 25-26.

Veja a seguir alguns anúncios publicitários antigos:

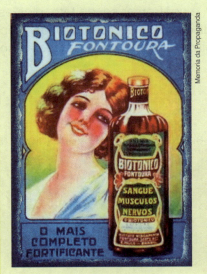

↑ Anúncio da primeira metade do século XX.

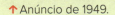

↑ Anúncio de 1949.

↑ Anúncio do início do século XX.

1. Converse com os colegas sobre as questões a seguir.
    a) O que esses anúncios publicitários têm em comum?
    b) Que texto vem em primeiro plano e com mais destaque?
    c) Comparando-os com anúncios publicitários que você vê atualmente, o que mudou no decorrer do tempo?
    d) Você acha que esses anúncios publicitários são mais convincentes do que os atuais? Explique sua resposta.

CONSTRUIR UM MUNDO MELHOR

O jovem adolescente tem voz ativa!

Você conhece seus direitos como adolescente? Sente que eles são respeitados? Já ouviu falar no Estatuto da Criança e do Adolescente (ECA)?

O ECA é um conjunto de normas que visa garantir proteção integral à criança e ao adolescente.

O ECA está estruturado em dois livros: o Livro I, que trata dos direitos sociais de todas as crianças e adolescentes, e o Livro II, voltado a crianças e adolescentes em situação de risco pessoal e social, seja por sua conduta, seja pela ação ou omissão dos responsáveis — os pais, a sociedade e o Estado.

O que fazer?

Que tal pesquisar sobre alguns direitos garantidos pelo ECA e confrontar se, de fato, eles estão sendo cumpridos no dia a dia? Organizem-se em grupos para discutir sobre esses direitos. Depois, construam anúncios de propaganda com o intuito de conscientizar outros alunos da escola sobre esse documento.

Pesquisar

Pesquise um dos direitos do estatuto relacionados a seguir e anote os itens que você julgou mais importantes.

- Direito à Liberdade: Capítulo II, artigos 15 e 16.
- Direito ao Respeito: Capítulo II, artigo 17.
- Direito à Dignidade: Capítulo II, artigos 18 e 18-A.
- Direito à Educação: Capítulo IV, artigo 53 e parágrafo único.
- Direito à Cultura e ao Esporte: Capítulo IV, artigos 58 e 59.

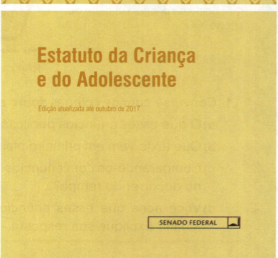

Discutir

Reúna-se com os colegas que optaram pelo mesmo direito e conversem sobre os itens que cada um identificou. Em seguida, discutam se esses direitos realmente são assegurados para todos.

Elejam um porta-voz do grupo. Ele deve expor os artigos discutidos e as conclusões a que o grupo chegou.

Preparar

Parte 1

1. Em grupo, construam um esquema para o artigo lido em um cartaz ou, se possível, em um programa de apresentação gráfica. Vejam um exemplo de esquema do artigo 81, Capítulo II – Da Prevenção Especial.

2. O porta-voz do grupo deve apresentar o direito escolhido e o esquema do artigo. Em seguida, comentará a opinião do grupo a respeito do cumprimento efetivo da lei.

Parte 2

O professor, como mediador, deve resumir e organizar os diferentes comentários e propor a execução do passo seguinte: conscientizar outras crianças e adolescentes da escola a respeito dos direitos garantidos pelo ECA.

Parte 3

1. Os grupos elaborarão dois ou mais anúncios de propaganda sobre os artigos estudados.
2. Cada anúncio deve ser apresentado em mídias diferentes. Como circularão na escola, é possível utilizar gravação de vídeos e/ou áudios.
3. É preciso deixar claro o direito do estatuto a que o anúncio se refere.
4. Combinem com o professor como os áudios e vídeos serão apresentados aos colegas das outras turmas.

Apresentar

Depois de produzidos, verifiquem, nos anúncios escritos, a ortografia, as regras de concordância e de regência verbal. Nos anúncios orais, cuidem das regras de concordância e de regência. Em ambos, observem se a linguagem figurada foi utilizada, se imagem e texto verbal estão bem articulados, se o anúncio apresenta *slogan* e cumpre sua função persuasiva.

Avaliar

Acompanhem o envolvimento dos interlocutores. Certifiquem-se de que a intenção persuasiva foi obtida e se há, por exemplo, alunos discutindo sobre o material apresentado.

UNIDADE 8
A palavra é poesia

↑ Estátua em homenagem a Carlos Drummond de Andrade, criada por Leo Santana. O local escolhido para ela, na praia de Copacabana, Rio de Janeiro, era um lugar especial para o escritor. Fotografia de 2018.

NESTA UNIDADE
VOCÊ VAI:

- ler poemas e refletir sobre a linguagem poética;
- analisar uma tela de Pablo Picasso;
- estudar figuras de linguagem;
- aprender a contar sílabas poéticas;
- criar lambe-lambes com poemas.

1. Você já leu um poema de Drummond? Em caso afirmativo, comente-o com seus colegas.
2. No banco, onde repousa a imagem do poeta, lê-se o verso: "No mar estava escrita uma cidade", que compõe o poema "Mas viveremos". Que pensamentos, sentimentos ou emoções esse verso desperta em você?
3. O verso pode se referir a qualquer cidade? Troque a expressão indicativa de lugar "No mar" e reescreva esse verso pensando em sua cidade.

CAPÍTULO 1

Neste capítulo, você vai ler e analisar um poema de Carlos Drummond de Andrade e uma tela do pintor Pablo Picasso. Vai ainda estudar alguns recursos poéticos, como figuras de linguagem, e selecionar poemas para apresentá-los num sarau.

ANTES DE LER

1. Você já percebeu que em algumas histórias – como Ali Babá ou Harry Potter – os protagonistas necessitam de palavras mágicas para ter êxito? Por que crianças adoram brincar com palavras? Já pensou por que as palavras encantam?

2. Para um famoso poeta brasileiro, José Paulo Paes, fazer "poesia é brincar com palavras". Você percebe alguma relação entre a palavra poética e os jogos de palavras?

3. Alguns poemas nos divertem, outros nos tocam profundamente, abrem nossos corações e nos fazem pensar. Algum poema já o encantou? Qual? Sabe dizer o porquê?

4. Você conheceu Carlos Drummond de Andrade como cronista. Agora vai conhecer o poeta Drummond, grande mestre da palavra poética. Você já leu alguns dos poemas dele? Em caso positivo, comente-o(s) com a classe.

5. O poema que vamos ler a seguir chama-se "Lembranças do mundo antigo". O que você imagina quando lê esse título?

6. O poeta guarda lembranças. De que tipo elas podem ser? Que sentimentos podem trazer ao poeta?

"Lembranças do mundo antigo" integra os 28 poemas do livro *Sentimento do mundo*, o terceiro do poeta Carlos Drummond de Andrade. Os poemas que compõem essa obra foram escritos entre 1935 e 1940 – período em que, mal o mundo se recuperara da Primeira Guerra, já se iniciava a Segunda Guerra Mundial. A Alemanha mostrava seu poder bélico; a Espanha passava por uma guerra civil; e a China, por revoluções. É nesse contexto histórico que Drummond compõe o poema em estudo.

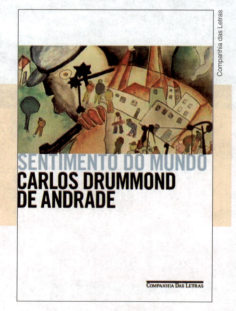

Leia todo o poema em silêncio.

Lembranças do mundo antigo

Clara passeava no jardim com as crianças.
O céu era verde sobre o gramado,
a água era dourada sob as pontes,
outros elementos eram azuis, róseos, alaranjados,
o guarda-civil sorria, passavam bicicletas,
a menina pisou a relva para pegar um pássaro,
o mundo inteiro, a Alemanha, a China, tudo era tranquilo em redor de Clara.
As crianças olhavam para o céu: não era proibido.
A boca, o nariz, os olhos estavam abertos. Não havia perigo.
Os perigos que Clara temia eram a gripe, o calor, os insetos.
Clara tinha medo de perder o bonde das 11 horas,
Esperava cartas que custavam a chegar,
Nem sempre podia usar vestido novo. Mas passeava no jardim, pela manhã!!!
Havia jardins, havia manhãs naquele tempo!!!

Carlos Drummond de Andrade. "Lembranças do mundo antigo".
Sentimento do mundo. Rio de Janeiro: Editora Aguillar, 1988. p. 72.

Carlos Drummond de Andrade estreou na literatura escrevendo poemas: seu primeiro livro, *Alguma poesia*, foi publicado em 1930. Até hoje Drummond é considerado um dos mais influentes poetas brasileiros do século XX, reconhecido nacional e internacionalmente. Prova disso são as homenagens que ele recebeu. Além da famosa estátua na praia de Copacabana, há a escultura *Dois poetas* (que também homenageia Mário Quintana) em Porto Alegre (RS) e o poema *Papel* pintado numa parede da cidade de Leida, na Holanda. Em Itabira (MG), sua terra natal, está o Memorial Carlos Drummond de Andrade, que abriga um rico acervo sobre sua vida e obra.

Apreciação

1. Que sentimentos a leitura do poema lhe trouxe?

2. No seu ponto de vista, o que torna o texto poético?

3. Você conseguiu visualizar o cenário do poema?

4. Imagine-se dentro daquele cenário. Que emoções você experimentaria?

5. E se você vivesse no tempo do poeta, ao escrever o poema? Como descreveria os jardins?

6. Que lembranças do mundo de hoje você guardaria daqui a trinta anos?

Interpretação

1. O poema "Lembranças do mundo antigo" é predominantemente descritivo. Há descrições do espaço externo e do interno.

    a) Qual é o espaço externo descrito?

    b) Do que se trata o espaço interno?

2. Identifique no poema os versos que correspondem às descrições do espaço externo.

3. Identifique os versos que correspondem ao mundo interior de Clara.

4. Na descrição do espaço externo predominam elementos visuais, com os quais o eu lírico constrói um cenário.

    a) Transcreva esses elementos visuais.

    b) Que efeitos de sentido são obtidos com essa descrição visual?

5. Que figuras compõem o cenário?

6. Observe este verso.

    > [...] o guarda-civil sorria, passavam bicicletas [...].

    Há no verso um recurso da linguagem figurada, a **metonímia**, que consiste no emprego de uma palavra por outra. Assim, é possível inferir que, além das figuras humanas explícitas no poema, existem mais pessoas.

    • Quem são as outras pessoas no trecho? Explique como a metonímia permite a dedução.

7. Observe este verso do poema.

    > [...] o mundo inteiro, a Alemanha, a China, tudo era tranquilo em redor de Clara.

    • Considerando o contexto social em que o poema foi escrito, explique a menção a esses países.

8. Releia os versos a seguir.

    > As crianças olhavam para o céu: não era proibido.
    > A boca, o nariz, os olhos estavam abertos. Não havia perigo.

    • Que sentimentos são expressos nos versos?

9. Leia os versos.

    > Os perigos que Clara temia eram a gripe, o calor, os insetos.
    > Clara tinha medo de perder o bonde das 11 horas [...].

    • Como você caracteriza os temores de Clara, considerando que ela vivia no "mundo antigo"?

10. O verso abaixo contém duas orações.

    > Nem sempre podia usar vestido novo. Mas passeava no jardim, pela manhã!!!

a) Observe a primeira oração e reflita.
- Qual é o sentimento de alguém que vai usar uma roupa nova?
- Clara vive esse sentimento com frequência?

b) A segunda oração expressa oposição à anterior.
- Que palavra introduz a oposição? O que está sendo contraposto?

11. O conjunto das figuras do poema (cenário, jardins, afirmações sobre Clara, menção à tranquilidade na Alemanha e na China) compõe uma só figura de linguagem, que constrói um sentido implícito.

a) Qual é esse sentido implícito? Copie a alternativa correta no caderno.
- No mundo antigo, tudo estava em segurança, em paz.
- No mundo antigo, os guardas não prendiam ninguém.
- No mundo antigo, os jardins eram frequentados por todos.

b) Que figura de linguagem é usada para representar as figuras do mundo antigo?

c) A qual realidade o mundo antigo se contrapõe? Como o leitor chega a esse sentido oculto no poema?

12. Qual é o tema de "Lembranças do mundo antigo"? Copie a alternativa correta no caderno.

a) A felicidade de Clara no mundo antigo.

b) As lembranças do eu lírico no mundo antigo.

c) A felicidade perdida no presente do eu lírico.

Linguagem

1. Observe os verbos do poema. Qual é o tempo verbal predominante? Relacione o título do poema a esse tempo verbal.

2. Em um único verso empregou-se o pretérito perfeito do indicativo.

> [...] a menina pisou a relva para pegar um pássaro [...].

a) Qual é o efeito de sentido obtido com esse tempo verbal?

b) Ao mencionar esse fato inesperado, o poeta, por oposição, nos remete à incerteza do presente do eu lírico. Tendo em vista o contexto histórico do poema, qual poderia ser um fato inesperado? Quais seriam as infrações?

3. Reflita sobre o último verso do poema.

> Havia jardins, havia manhãs naquele tempo!!!

a) As palavras **jardins** e **manhãs** estão empregadas no sentido metafórico. Explique as metáforas, relacionando o sentido denotativo com o metafórico.

b) Qual é o tempo verbal empregado no verso? O que isso indica ao leitor?

c) Observe no verso a repetição intencional da forma verbal **havia**. Trata-se de uma figura de linguagem comumente encontrada nos poemas: a **anáfora**. Com que intenção comunicativa ela foi empregada?

d) Como você justifica os três pontos de exclamação no final do verso?

Poesia: entre a música e a pintura

Para expressar a emoção, o pensamento e a beleza, o poeta reinventa as palavras, explorando analogias e recursos sonoros para criar novos significados.

Mas é preciso que os novos sentidos das palavras poéticas se confirmem ao longo do poema, isto é, que haja coerência para se chegar à significação.

As palavras poéticas nem sempre têm os significados que estão registrados no dicionário. Dependendo da imaginação do poeta ao compor seu poema, elas ganham novos significados.

Nas palavras, assim como nas notas musicais, os sons podem ser abertos (cl**a**ro, c**é**u, s**o**l), fechados (l**o**do, ch**u**va), agudos (ap**i**to, s**i**no), graves (gr**u**ta, m**u**do), longos (**a**nda, p**e**nso, c**i**nza, f**o**nte, n**u**nca, v**ão**) e breves (av**e**).

As palavras têm ritmo, como na música. Os poetas estão atentos aos sons das palavras e se aproveitam do número de sílabas, das sílabas tônicas e até das pausas para criar ritmos, que podem ser lentos, longos e melancólicos, ou compassos mais vivos e apressados, que trazem alegria.

As letras das palavras também têm forma. Umas são redondas (O), outras finas (I), outras altas (L), outras volumosas (D e B). Todas elas ajudam o poeta a exprimir emoções.

As palavras também podem ser usadas para desenhar. Os arranjos sintáticos das palavras nos versos e a pontuação são recursos explorados para construir a significação.

4. A sonoridade, o ritmo e a sintaxe são também recursos poéticos para construir significados. Observe.

Clara passeava no jardim com as crianças.
O céu era verde sobre o gramado,
a água era dourada sob as pontes,
outros elementos eram azuis, róseos, alaranjados [...].

a) Quais vogais tônicas predominam no primeiro verso? Elas têm sons breves ou longos?

b) Leia em voz alta o primeiro verso e perceba o ritmo construído pelas pausas, tônicas e átonas.
- Qual é o ritmo do poema? Como é a melodia?
- Que efeito de sentido é obtido pelo ritmo e pela sonoridade?

c) Excetuado o primeiro verso, os outros três apresentam um verbo que se repete, constituindo uma figura de linguagem: a anáfora.
- Transcreva o verbo repetido.
- Classifique esse verbo e explique o efeito de sentido que se obtém pela repetição.

A hora e a voz da poesia

Depois do estudo do poema, chegou a hora de declamá-lo e ouvi-lo.

A voz da poesia não pode ficar só nos livros ou entre as quatro paredes da classe. Precisa ser divulgada! Para isso, temos uma proposta: um sarau, que será apresentado à comunidade de sua escola, é um bom espaço para disseminar a voz da poesia.

Para começar

1. Junte-se a alguns colegas e formem um grupo (de três, quatro ou cinco integrantes, conforme a conveniência).

2. Primeiramente, vocês vão se sensibilizar com o texto poético e experimentar a beleza e as emoções da poesia, que se comunica não só pelas palavras, mas também pela sonoridade e pelas imagens construídas. O professor vai ajudá-los a conhecer poetas brasileiros de diferentes épocas e sugerir poemas que vocês vão ler e selecionar. Outra sugestão é pesquisar em *sites* e bibliotecas a trajetória desses poetas.

> **! CURIOSO É...**
>
> ## Sarau
>
> Você já reparou que muitas crianças, adolescentes, jovens e adultos gostam de recitar poemas, tirar versos e fazer brincadeiras de rimas? Esse gosto tem sido pouco explorado em virtude de outras ofertas de entretenimento e atividades variadas que ocupam grande parte do tempo de nossas crianças e jovens, bem como por causa das exigências do currículo escolar. No entanto, recentemente, os saraus literários voltaram a florescer em diversos espaços por todo o país.
>
> [...]
>
> > O termo **sarau** vem do latim *seranus*, que dá origem à palavra *serao* e, posteriormente, **serão**, em português.
> >
> > Sarau é um evento cultural em que as pessoas se encontram para se manifestar artisticamente. Em geral, o evento envolve dança, poesia, leitura de poemas, narrativas, música, teatro e artes plásticas (pintura, escultura etc.).
>
> [...]
>
> Experimente – Realizar um sarau com a turma. Plataforma do Letramento.
>
> Disponível em: <www.plataformadoletramento.org.br/acervo-experimente/605/realizar-um-sarau-com-a-turma.html>. Acesso em: 7 set. 2018.

Organizar

1. Após a escolha dos textos, declamem os poemas nos grupos para perceber a sonoridade, as imagens criadas pelos recursos poéticos e o que querem expressar. Troquem ideias, sempre tendo o texto como apoio, e procurem também a ajuda do professor.
2. Procurem ouvir declamações de mestres, por exemplo, Paulo Autran e Maria Bethânia, que podem ser encontradas em canais de vídeos na internet.
3. Repitam a declamação dos poemas, decorando-os (de preferência). Declamar implica expressividade: emissão (voz alta, boa dicção, respiração), entonação e modulação da voz para marcar o ritmo e enfatizar palavras. As pausas também constroem o ritmo e a expressividade.
4. Se houver, no grupo ou na classe, alunos que cantem ou toquem algum instrumento musical, seria muito interessante que acompanhassem as leituras e declamações.
5. Organizem a agenda de modo que haja espaço para os ensaios, que são indispensáveis. É o momento de ver o que está bom e preparar-se para melhorar o que não está.
6. Se forem usar aparelhos no dia da apresentação, como microfone, verifiquem com antecedência se estão funcionando adequadamente e treinem o uso desse recurso.
7. Confeccionem convites para o público. Usem imagens e linguagem atraente para chamar os espectadores ao sarau. Mencionem alguns poetas e poemas. Combinem com a escola como será a distribuição dos convites. Se for possível, que tal um convite eletrônico publicado na página da escola?

Apresentação

No dia marcado para o sarau, verifiquem se está tudo preparado conforme planejaram. O local precisa ser confortável tanto para quem se apresenta quanto para quem assiste. Vocês podem decorar o ambiente com cartazes dos poemas que serão declamados.

ENTRELAÇANDO LINGUAGENS

Como já vimos, o poema "Lembranças do mundo antigo", de Carlos Drummond de Andrade, critica indiretamente o contexto político-social do final dos anos 1930 e começo dos anos 1940, opondo a delicadeza e a paz do mundo antigo à brutalidade e à violência dos anos de guerra.

Uma das obras primas do pintor espanhol Pablo Picasso, *Guernica*, mostra de forma ainda mais contundente os horrores trazidos pela guerra civil espanhola e pelo fascismo.

1. Observe os detalhes da tela.

© Succession Pablo Picasso / AUTVIS, Brasil, 2018. Museu Nacional Centro de Arte Rainha Sofia, Madri

> Fascismo é um movimento político e filosófico que privilegia a ideia de nação ou raça em detrimento dos valores individuais. Surgiu durante a Primeira Guerra Mundial e serviu de modelo para regimes ditatoriais.
>
> O movimento fascista desenvolveu-se na Itália durante a década de 1920, e expandiu-se para a Alemanha, Espanha, Portugal e, mais tarde, para o Brasil, com Getúlio Vargas, em 1937.
>
> Fonte: Cláudio Fernandes. Fascismo. *História do Mundo*.
> Disponível em: <https://historiadomundo.uol.com.br/idade-contemporanea/fascismo.htm>. Acesso em: 8 set. 2018.

a) Como você pode justificar a escolha das cores branca, cinza e preta para compor a obra?

b) Observe as figuras que compõem a tela. Como o pintor as retrata? Que emoções o conjunto das figuras suscitam?

2. Leia o que disse Picasso sobre a tela *Guernica*.

> Não, não é uma pintura de bom gosto para decorar apartamentos. Ela é uma arma de ataque e defesa contra um inimigo terrível chamado fascismo.

- De que forma *Guernica* pode servir de arma contra a opressão e a brutalidade?

Guernica, obra-prima de Pablo Picasso

[...]

Guernica é a obra mais emblemática da carreira de Pablo Picasso, que nasceu em Espanha, em 1881, e morreu em França, em 1973, e talvez também da arte do século XX.

A pintura a óleo sobre tela, de 349,3 cm de altura e 776,6 cm de largura, mostra os horrores do bombardeamento à cidade basca de Guernica, por aviões alemães do regime nazista, apoiando o ditador Francisco Franco, em 26 de abril de 1937, durante a Guerra Civil Espanhola, naquele que foi visto como um teste dos bombardeamentos aéreos da Segunda Guerra Mundial (1939-1945).

Alguns anos antes de morrer, Picasso pediu para que o quadro só fosse devolvido a Espanha quando as liberdades públicas fossem restauradas nesse país.

Guernica chegou a Espanha em 1981, depois da morte do ditador Francisco Franco (1939--1975) e da restauração da democracia, em 1977.

Guernica, obra-prima de Pablo Picasso. *Revista Prosa Verso e Arte*. Disponível em: <www.revistaprosaversoearte.com/guernica-obra-prima-de-pablo-picasso/>. Acesso em: 5 set. 2018.

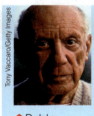

↑ Pablo Picasso: uma das principais figuras da história das artes plásticas.

Pablo Picasso (1881-1973) é considerado um dos mais importantes artistas plásticos do século XX. Além da pintura, destacou-se em diversas áreas das artes plásticas como escultura, artes gráficas e cerâmica.

Ele nasceu na cidade espanhola de Málaga e desde criança mostrava talento para o desenho e as artes plásticas. Estudou na cidade de Barcelona, mas foi na França onde passou a maior parte da sua vida.

Sua obra costuma ser classificada em períodos. A Fase Azul (1901-1904) foi o período em que os tons de azul (com alguma pequena intervenção do verde) predominaram em suas obras. Nesta fase, o artista retrata a solidão, a pobreza, a velhice, pessoas com deficiência e em situação de rua. Na Fase Rosa (1905-1907), predominam as cores rosa e vermelho. Durante esse período, suas obras ganharam uma conotação lírica ao retratar mulheres e artistas de circo.

Influenciado pelo artista francês Paul Cézanne (1839-1906) começa a desenvolver o estilo artístico que ficou conhecido como cubismo. O marco inicial deste período é a obra *Les Demoiselles d'Avignon*, de 1907.

Entre suas obras mais famosas estão *A vida* (1903), *Autorretrato* (1907), *Dora Maar com gato* (1941) e *Mulher sentada* (1949).

Fonte: <www.suapesquisa.com/picasso>. Acesso em: 7 nov. 2018.

226

ESTUDO DA LÍNGUA

Figuras de linguagem

Vamos retomar algumas figuras de linguagem abordadas anteriormente e ampliar esse estudo, refletindo sobre outros casos.

Assim como Picasso expressou, no quadro *Guernica*, os horrores causados pelos bombardeios à cidade basca de mesmo nome, o poeta brasileiro Vinicius de Moraes expôs, em "A rosa de Hiroshima", os horrores advindos da explosão da bomba atômica sobre essa cidade japonesa, em 1945, no final da Segunda Guerra Mundial.

Leia o poema com atenção.

A rosa de Hiroshima

Pensem nas crianças
Mudas telepáticas
Pensem nas meninas
Cegas inexatas
Pensem nas mulheres
Rotas alteradas
Pensem nas feridas
Como rosas cálidas
Mas oh não se esqueçam
Da rosa de Hiroshima
A rosa hereditária
A rosa radioativa
A rosa com cirrose
A rosa antirrosa atômica
Sem cor sem perfume
Sem rosa sem nada.

Vinicius de Moraes. In: Italo Moriconi (Org.). *Os cem melhores poemas brasileiros do século*. Rio de Janeiro: Objetiva, 2001. p. 147.

Vamos observar os recursos expressivos que tornam o poema impactante.

1. O título traz o nome de uma flor, mas é, na verdade, a **metáfora** da bomba atômica.

a) Quais analogias entre a flor e a bomba atômica constroem a metáfora?

b) Qual é o impacto construído por essa figura de linguagem?

2. A rosa também está presente nos versos a seguir do poema, contribuindo para a construção de outra figura de linguagem: a **comparação**.

> Pensem nas feridas
> Como rosas cálidas [...].

a) Quais são os termos comparados? Quais as semelhanças entre eles?

b) Qual é a palavra que indica a comparação?

3. A **anáfora** é outra figura de linguagem bastante usada nesse poema, presente nos sete primeiros versos. Identifique-a e explique os efeitos de sentido construídos por ela nesses versos.

4. Outros recursos sonoros, como a **aliteração** (repetição de sons consonantais idênticos ou semelhantes), tornam o poema mais expressivo. Observe estes versos.

> A rosa radioativa
> A rosa com cirrose [...].

Simone Matias

a) Qual fonema consonantal se repete nos versos?

b) Copie a frase a seguir no seu caderno e substitua o ▲ pela alternativa correta.

O som do **r** forte dos versos constrói sons semelhantes ao som produzido pela ▲ de um objeto.

- corrosão
- queda
- quebra

c) Cirrose é uma doença hepática que destrói o fígado e pode ser fatal. Qual a analogia entre o verso "a rosa com cirrose" e essa doença?

5. Outra figura sonora presente no poema é a **assonância** (repetição proposital de sons vocálicos idênticos ou semelhantes). Observe os versos.

> Mas oh não se esqueçam
> [...]
> A rosa radioativa
> A rosa com cirrose
> A rosa antirrosa atômica [...].

- Qual é o fonema vocálico que se repete? Quais os efeitos de sentido obtidos pela repetição?

Figuras de linguagem

Aliteração: repetição de sons consonantais idênticos ou semelhantes em palavras de uma mesma frase ou de versos de uma poesia para criar sonoridade.

Assonância: repetição proposital de sons vocálicos idênticos ou semelhantes em palavras de uma mesma frase ou de versos de uma poesia para criar sonoridade.

Anáfora: repetição de uma ou mais palavras no princípio de versos sucessivos.

Metáfora: substituição de um termo por outro por meio de uma relação de **analogia** entre ambos.

Metonímia: emprego de uma palavra por outra, com a qual estabelece uma relação de proximidade. A metonímia pode resultar da substituição do efeito pela causa; do possuidor pela coisa possuída; etc.

Personificação: atribuição de vida ou qualidades humanas a seres inanimados, irracionais ou abstratos.

ATIVIDADES

1. Leia estes versos de um poema de Chacal (pseudônimo de Ricardo de Carvalho Duarte).

rápido e rasteiro

vai ter uma festa
que eu vou dançar
até o sapato pedir pra parar

Italo Moriconi (Org.). *Os cem melhores poemas brasileiros do século*. Rio de Janeiro: Objetiva, 2001. p. 271.

a) No poema, Chacal opta pela variante popular. Quais são os indícios do uso dessa variante?

b) Justifique a opção do poeta por essa variante.

c) O título do poema contém uma figura de som. Qual é ela? Que efeito de sentido ela cria?

d) Outra figura de linguagem está presente em "até o sapato pedir para parar". Identifique-a e explique seu efeito de sentido.

2. Leia este poema de Olga Savary:

Ycatu*

E assim vou
com a fremente mão do mar em minhas coxas.
Minha paixão? Uma armadilha de água,
Rápida como peixes,
Lenta como medusas,
Muda como ostras.

*Do tupi: água boa

Olga Savary. In: Italo Moriconi (Org.). *Os cem melhores poemas brasileiros do século*. Rio de Janeiro: Objetiva, 2001. p. 273.

a) No poema encontramos uma figura de linguagem: a comparação. Identifique quais termos estão sendo comparados.

b) Como você entende a metáfora "uma armadilha de água"?

CAPÍTULO 2

Neste capítulo, você lerá o poema "Canção do exílio", de Gonçalves Dias, e um poema de Mário Quintana inspirado nesse. Vai aprender a contar sílabas poéticas e analisar como os recursos de versificação colaboram para o ritmo e a melodia dos poemas. Vai preparar lambe-lambes com poemas e distribuí-los no pátio da escola.

LEITURA

"Canção do exílio" é um dos mais belos e populares poemas de nossa literatura. Gonçalves Dias, seu criador, figura entre os mais respeitados poetas brasileiros.

A palavra **canção** também significa "poema melódico". **Exílio** é desterro; estar, por vontade ou não, distante da pátria.

1. O que o título "Canção do exílio" pode antecipar sobre o poema?

Canção do exílio

Minha terra tem palmeiras,
Onde canta o Sabiá;
As aves, que aqui gorjeiam,
Não gorjeiam como lá.

Nosso céu tem mais estrelas,
Nossas várzeas têm mais flores,
Nossos bosques têm mais vida,
Nossa vida mais amores.

Em cismar, sozinho à noite,
Mais prazer encontro eu lá;
Minha terra tem palmeiras,
Onde canta o Sabiá.

Minha terra tem primores,
Que tais não encontro eu cá;
Em cismar – sozinho, à noite –
Mais prazer encontro eu lá;
Minha terra tem palmeiras,
Onde canta o Sabiá.

Não permita Deus que eu morra,
Sem que eu volte para lá,
Sem que eu desfrute os primores
Que não encontro por cá;
Sem qu'inda aviste as palmeiras,
Onde canta o Sabiá.

Alexei Bueno (Org.). *Gonçalves Dias: poesia e prosa completas.* Rio de Janeiro: Nova Aguilar, 1988.

Gonçalves Dias (1823-1864) foi um poeta, professor, jornalista e teatrólogo brasileiro. [...] Nasceu nos arredores de Caxias, no Maranhão, no dia 10 de agosto de 1823. [...] iniciou seus estudos no Maranhão e ainda jovem viajou para Portugal. [...] Em 1840 matriculou-se na Universidade de Direito de Coimbra, onde teve contato com escritores do romantismo português [...]. Ainda em Coimbra, em 1843, escreve seu famoso poema "Canção do exílio", onde expressa o sentimento da solidão e do exílio.

Disponível em: <www.ebiografia.com/goncalves_dias>. Acesso em: 5 set. 2018.

ESTUDO DO TEXTO

Apreciação

Leia o poema, primeiramente em silêncio. Depois, releia-o sentindo-o e refletindo sobre ele.

1. "Canção do exílio" é um poema clássico da literatura brasileira. Um emblema da brasilidade. Você já o conhecia? Em caso positivo, conte sua experiência aos colegas.

2. Não apenas "Canção do exílio" remete ao Brasil, mas outros belos poemas de Gonçalves Dias, principalmente aqueles cujo tema é o índio. Você conhece algum? Se conhece, fale sobre ele.

Interpretação

1. O poema "Canção do exílio", composto em Portugal, é uma exaltação ao Brasil. Copie no caderno as alternativas corretas.
   Para louvar a pátria, o poeta:
   a) estabelece uma comparação entre os dois países;
   b) ressalta claramente a natureza do Brasil;
   c) explicita os aspectos negativos da cultura portuguesa;
   d) ressalta o valor do povo brasileiro.

2. Pensando na composição desse poema, em que ele difere de "Lembranças do mundo antigo", estudado no Capítulo 1?

3. De quantas estrofes o poema é composto? Quantos versos há em cada uma delas?

4. Qual é o papel das duas primeiras estrofes?

5. Na terceira e na quarta estrofes, o eu lírico expressa seu mundo interior.
   a) Que sentimento o invade? Qual é a atmosfera que propicia esse sentimento?
   b) Copie as alternativas corretas no caderno. O primeiro verso da terceira estrofe contribui para a construção do estado melancólico do eu lírico por meio:
      - do ritmo pausado do verso;
      - da longa duração das sílabas tônicas das palavras cis**mar**, so**zi**nho, **noi**te;
      - da seleção lexical (cismar, sozinho, noite);
      - da ausência de rima e repetição do verso.

6. Copie a frase a seguir no caderno e substitua o ▲ pela alternativa correta.

   A última estrofe, de grande intensidade dramática, é ▲ do eu lírico.

   a) uma súplica
   b) uma despedida
   c) um arrependimento
   d) uma resignação

7. A visão da pátria em "Canção do exílio" obedece a um critério crítico, objetivo e racional ou a um critério subjetivo e sentimental? Justifique sua resposta.

Linguagem

Em "Canção do exílio", a linguagem é simples, moderada, de fácil compreensão, mas rigorosamente selecionada para construir musicalidade e imagens emblemáticas e marcantes.

1. Sem mencionar o nome do país do exílio nem o da terra natal, o poema possibilita localizar, geograficamente, as passagens em que o eu lírico se refere ao Brasil e aquelas nas quais se refere a Portugal.

   a) Que palavras do poema remetem a Portugal?
   b) Qual palavras remetem ao Brasil?
   c) A que classe gramatical essas palavras pertencem?

2. Apesar de descrever a pátria com profunda exaltação, nas estrofes que a caracterizam não há um só adjetivo, o que não impede o leitor de vislumbrá-la perfeitamente. Observe o trecho a seguir.

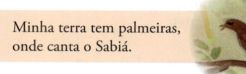

   a) Qual substantivo está sendo caracterizado? Que palavras substituem adjetivos no primeiro verso?
   b) Qual é a palavra-chave na caracterização da terra?
   c) No segundo verso, que palavra retoma "Minha terra"?
   d) Qual é a palavra-chave no segundo verso?
   e) Copie no caderno as alternativas que justificam a criação dessas palavras-chave.
      - As palavras-chave imprimem ritmo e melodia brasileiros, como **sabiá**, de origem tupi.
      - As palavras-chave são ícones da brasilidade: o sabiá, ave brasileira, e as palmeiras, próprias de países tropicais.
      - As palavras-chave expressam a inferioridade da terra do exílio, por sua natureza hostil.

3. Leia em voz alta os versos da segunda estrofe. Procure ouvi-los observando o ritmo e a melodia.

   a) Tanto na música como no poema, o ritmo e a melodia expressam emoção. Na estrofe, o ritmo melódico é também obtido pela sucessão alternada de sons tônicos e átonos.
      - Quais palavras têm a sílaba tônica de maior duração nos versos da estrofe? Copie-as no caderno.
      - A que classe de palavras elas pertencem?
   b) Que imagem essas palavras constroem, em conjunto, no poema? Que emoção elas provocam?
   c) Em relação à musicalidade, que efeitos de sentido essas palavras constroem?
   d) Existem, na estrofe, muitas repetições.
      - Quais palavras se repetem?
      - A repetição é um recurso rítmico e expressivo. Estudamos no Capítulo 1 que a repetição de uma ou mais palavras no início do verso chama-se **anáfora**, sendo empregada para aumentar a expressividade e enfatizar uma ideia. Qual ideia o poeta quer realçar nessa estrofe?

AQUI TEM MAIS

Um poema, várias interpretações

"Canção do exílio" serviu de inspiração para vários poetas, que criaram seus poemas estabelecendo uma relação intertextual com o de Gonçalves Dias.

Um deles é o poema "Uma canção", de Mário Quintana, composto na década de 1960. Leia-o com atenção:

Uma canção

Minha terra não tem palmeiras…
E em vez de um mero sabiá,
Cantam aves invisíveis
Nas palmeiras que não há.

Minha terra tem relógios,
Cada qual com a sua hora
Nos mais diversos instantes…
Mas onde o instante de agora?

Mas onde a palavra "onde"?
Terra ingrata, ingrato filho,
Sob os céus de minha terra
Eu canto a Canção do Exílio.

Mário Quintana. *Antologia poética*.
Rio de Janeiro: Editora do Autor, 1966.

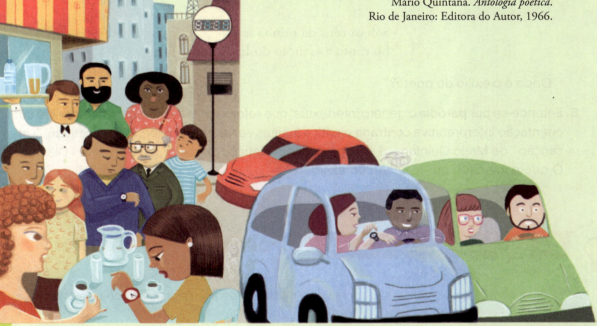

1. Quais elementos do poema de Mário Quintana retomam o poema de Gonçalves Dias e revelam a intertextualidade?

233

2. Apesar de tomar de empréstimo o poema de Gonçalves Dias, "Uma canção" não expressa a mesma visão idealizada, de exaltação à pátria, do poema-base; na verdade, contraria-o.

   a) Busque, na primeira estrofe do poema de Quintana palavras e/ou expressões que denunciam essa oposição.

   b) Qual é a oposição expressa?

3. A presença de palmeiras e sabiás, em "Canção do exílio", de Gonçalves Dias, colabora para a exaltação da natureza brasileira. Copie a alternativa correta no caderno.

   • No poema de Quintana, palmeiras e sabiás estão ausentes, o que possibilita inferir que a intenção do poeta é expressar:

   a) a degradação dos espaços urbanos.

   b) a falta de beleza de nosso país.

   c) a falta de organização em nosso país.

4. A segunda estrofe aborda a complexidade de nosso país, de múltiplas facetas.

   • Quais palavras da estrofe justificam essa afirmação?

5. No último verso da segunda estrofe e no primeiro da última, podemos identificar a **anáfora**.

   • Quais palavras se repetem? Explique o efeito de sentido obtido por seu emprego.

6. O título do poema de Mário Quintana é "Uma canção", em que o artigo indefinido **uma** antecede o substantivo **canção**, e não há determinante para caracterizar esse substantivo.

   • Explique o efeito de sentido obtido com essa construção.

7. Releia os dois últimos versos do poema:

   > Sob os céus da minha terra
   > Eu canto a Canção do Exílio.

   • Onde é o exílio do poeta?

8. Entende-se por **paródia** o gênero intertextual que retoma o texto-base para conferir-lhe uma orientação interpretativa **contrária** e **crítica** (muitas vezes com humor). Nesse sentido, "Uma canção", de Mário Quintana, é uma paródia de "Canção do exílio", de Gonçalves Dias. O que é criticado em "Canção do exílio"?

O QUE APRENDEMOS COM O ESTUDO DE POEMA

- Poema é um gênero textual construído por meio da musicalidade e da linguagem conotativa (figuras de linguagem).
- Todo poema tem ritmo – versos com alternância de sons fortes e fracos.
- Alguns versos obedecem à metrificação – mesmo número de sílabas poéticas.
- Há versos com rimas que podem ser externas, isto é, ao final.
- Os versos compõem as estrofes do poema.

ESTUDO DA LÍNGUA

Sílabas poéticas

Neste segundo capítulo, vamos retomar alguns recursos de versificação que ajudam a construir o ritmo e a melodia nos poemas e canções.

Lembre-se de que as sílabas de um poema não são contadas como as sílabas gramaticais. Poema pressupõe sonoridade; portanto, o critério é auditivo.

> Para contar corretamente as sílabas poéticas, devemos seguir alguns critérios, como:
> - contar as sílabas até a tônica da última palavra do verso;
> - os ditongos (duas vogais seguidas na mesma sílaba) têm valor de uma só sílaba poética;
> - duas ou mais vogais, átonas ou até mesmo tônicas, podem fundir-se entre uma palavra e outra, formando uma só sílaba poética.

1. Leia uma estrofe de uma popular cantiga de roda. Procure ouvi-la internamente.

   > O cravo brigou com a rosa
   > Debaixo de uma sacada
   > O cravo saiu ferido
   > E a rosa despedaçada

   - Agora divida a estrofe em sílabas métricas (ou poéticas). Quantas sílabas há em cada verso?

2. Repita, na primeira estrofe de "Canção do exílio", o procedimento feito na atividade anterior: divida a estrofe em sílabas métricas e indique quantas sílabas há em cada verso

   > Minha terra tem palmeiras
   > Onde canta o Sabiá;
   > As aves que aqui gorjeiam,
   > Não gorjeiam como lá.

3. O que há em comum entre os versos de "Canção do exílio" e os da cantiga de roda?

   > Os versos de **sete sílabas métricas**, a metrificação preferida em língua portuguesa, são chamados de **redondilha maior**.
   >
   > A redondilha maior é bastante simples e bem ao gosto popular, encontrada nas **quadras** (estrofes de quatro versos), trovas populares e cantigas de roda, canções.

4. Em "Canção do exílio", quais versos funcionam como refrão?

5. De que forma o refrão colabora para o ritmo do poema?

235

6. Leia agora estes versos de grande musicalidade do poema indianista "I-Juca-Pirama", também de Gonçalves Dias.

> I
> No meio das tabas de amenos verdores,
> Cercadas de troncos – cobertos de flores,
> Alteiam-se os tetos de altiva nação; [...]
> São todos Timbiras, guerreiros valentes!
> Seu nome lá voa na boca das gentes,
> Condão de prodígios, de glória e terror!
> [...]
>
> IV
> Meu canto de morte
> Guerreiros, ouvi:
> Sou filho das selvas,
> Nas selvas nasci.

a) Em relação a canto I, responda:
- De quantas sílabas métricas são compostos os versos?
- Quais são as sílabas tônicas dos versos?
- Qual é o ritmo construído por esses versos?

b) Releia o canto IV e responda, atendo-se à musicalidade:
- De quantas sílabas métricas são compostos esses versos?
- Quais são as sílabas tônicas?
- Qual é o ritmo construído?

> O verso de cinco sílabas métricas é chamado de **redondilha menor**.
>
> Um poema pode ou não ter número fixo de sílabas métricas, mas não há poema sem ritmo. Poesia implica ritmo e musicalidade.
>
> Chamamos de **versos livres** os versos que não apresentam número fixo de sílabas métricas, como vimos no poema de Drummond "Lembranças do mundo antigo", que também apresenta **versos brancos**, isto é, versos sem rima.

I-Juca Pirama

Este belo poema narrativo, considerado a obra-prima do poeta Gonçalves Dias, foi publicado pela primeira vez em 1851 no livro *Últimos Cantos*.

"I-Juca-Pirama" significa, em língua tupi, "aquele que deve morrer". Esse título se deve à situação do protagonista: um guerreiro Tupi que cai prisioneiro dos Timbira e é condenado à morte.

O poema se divide em dez cantos. O canto IV, o "canto de morte", narra a história de bravuras do guerreiro. Entretanto, ao se lembrar do pai cego e sozinho, ele chora e implora para não morrer. No canto V, o chefe dos Timbira liberta o jovem alegando covardia, pois, para eles, um guerreiro que chora diante do próprio sacrifício não é digno do ritual de morte e pode contaminar os outros guerreiros. O canto VI narra o encontro entre pai e filho. Ao contar ao pai tudo o que aconteceu, o velho decide levá-lo de volta aos Timbira, declarando-o indigno sobre a terra. No canto IX, o guerreiro lança um grito de guerra e ataca a tribo rival para provar sua coragem. Com esse gesto, ele ganha o respeito dos Timbira e o rito se inicia.

Fonte: Enciclopédia Itaú Cultural de Arte e Cultura Brasileiras. São Paulo: Itaú Cultural, 2018.
Disponível em: <http://enciclopedia.itaucultural.org.br/obra69869/i-juca-pirama>. Acesso em: 7 de Nov. 2018.

ATIVIDADES

1. Poesia implica ritmo e melodia. Leia e tente ouvir internamente esta quadra popular de grande musicalidade.

> Sete e sete são catorze,
> com mais sete, vinte e um
> Tenho sete namorados
> só posso casar com um

a) Copie a quadra no caderno, divida os versos em sílabas poéticas e assinale as mais fortes e longas de cada verso. Lembre-se de que o critério é auditivo.

b) Como você traduz o ritmo da quadra? Copie a alternativa correta no caderno.
- Ligeiro e alegre.
- Lento e solene.
- Suave, vagaroso.

c) Quais fonemas consonantais mais se repetem no poema para criar sonoridade?

d) Como se chama essa figura de linguagem?

2. Leia a primeira estrofe do poema "Liberdade", do poeta português Fernando Pessoa:

Liberdade

Ai que prazer
Não cumprir um dever,
Ter um livro para ler
E não o fazer!
Ler é maçada
Estudar é nada,
O sol doira
Sem literatura.

Fernando Pessoa. In: Vera Aguiar, Simone Assumpção e Sissa Jacoby (Coord.). *Poesia fora da estante*. Ilustração de Tatiana Sperhacke. Porto Alegre: Projeto, 2002. v. 2, p. 42.

a) Há rima no poema? Justifique sua resposta.

b) Quais versos do poema abordam o prazer e a liberdade? Como o ritmo expressa a alegria e a descontração? Diga em voz alta esses versos.

c) Quais versos falam sobre o desprazer? Como o ritmo expressa aborrecimento? Diga em voz alta esses versos.

d) Nos dois versos finais da estrofe, o eu lírico explica por que a literatura é nada. Como você entende essa explicação?

237

Poemas – lambe-lambes

Você vai criar um lambe-lambe. Lambe-lambes são cartazes com conteúdos artísticos ou críticos, produzidos em larga escala e espalhados em lugar de grande visibilidade.

O lambe-lambe ocupa as ruas da cidade; por isso, dizemos que ele é uma intervenção urbana, como o grafite.

O conteúdo de sua produção será **a paródia** de um dos poemas estudados no capítulo ou de outro que você pesquisar e gostar. Quando seu lambe-lambe estiver pronto, ele será colado nos muros do pátio da escola, mediante autorização da Direção.

Você e sua turma devem escrever uma carta à Direção apresentando o projeto e justificando o pedido de autorização do uso daquele espaço.

Para começar

Primeiramente leia, com atenção, alguns lambe-lambes, e discuta com os colegas a linguagem empregada.

Disponível em: <https://followthecolours.com.br/art-attack/projeto-comum-a2/>. Acesso em: 12 jul. 2018.

Afixado em uma parada de ônibus na cidade de São Borja, Rio Grande do Sul. Disponível em: <http://dspace.unipampa.edu.br/bitstream/riu/2552/1/Maria%20Augusta%20Reys%20Victor%20Rodrigues%20%282017%29.pdf>. Acesso em: 12 jul. 2018.

Produto da oficina de lambe-lambes do Coletivo Transverso. Disponível em: <www.coletivotransverso.com.br/oficinas?lightbox=i45ndb>. Acesso em: 12 jul. 2018.

Criar

1. Releia os diferentes poemas apresentados neste livro, pesquise outros e anote versos que o sensibilizem.
2. Lembre-se de que a paródia retoma o texto-base, geralmente com tom crítico, humorístico.
3. Utilize as figuras de linguagem que você já estudou.
4. Fique atento ao ritmo construído pelas palavras do texto.
5. Crie rimas.

Revisar

Depois de elaborar seu lambe-lambe, troque-o com um colega. Vocês analisarão os aspectos a seguir.

1. É possível identificar o texto-base? Se preciso, mostre ao colega o poema que originou sua paródia.
2. Há exploração de um recurso semântico, isto é, de uma figura de linguagem?
3. Há rimas?
4. Pode-se identificar o ritmo das palavras no texto?
5. A ortografia, a concordância entre o sujeito e o verbo e os tempos verbais estão corretamente empregados?

Compartilhar

1. Crie seu cartaz de lambe-lambe com uma folha de sulfite. Se possível, imprima o texto.
2. Depois, com a ajuda dos colegas e a orientação do professor, planejem como vão distribuir os lambe-lambes nos muros do pátio. Deem preferência para lugares protegidos da chuva.

DICAS

ACESSE

Declamaí (IronSoft Plus). Por meio desse aplicativo, é possível divulgar, promover e acessar poemas. Foi idealizado para estimular a declamação e a leitura de poesias próprias ou não.

PoemApp (Marina Mara). Esse aplicativo, para Android e *website*, foi idealizado pela poetisa Marina Mara. Por meio dele, as pessoas podem publicar eventos, *sites*, saraus, pontos de leitura e divulgar seus trabalhos literários. Também localizam autores, bibliotecas, editoras e feiras literárias. A escritora o definiu como o "Waze da poesia".

LEIA

O livro dos ressignificados, de João Doederlein (Companhia das Letras). É a primeira obra do autor. Com apenas 21 anos, Doederlein, também conhecido como AKA Poeta, procurou fugir da formalidade dos dicionários e repensou o significado das palavras com base em suas experiências, seu tempo e sua geração. Por meio de seus ressignificados, ele conta uma história de amor correspondido.

Quintana de Bolso, de Mário Quintana (L&PM). Esse volume reúne uma parte significativa da obra do poeta. São poemas que expressam, de maneira simples e terna, mas ao mesmo tempo crítica e realista, reflexões sobre temas do cotidiano.

Referências

ANTUNES, Irandé. *Aula de português*: encontros e interação. São Paulo: Parábola, 2004.

_____. *Lutar com as palavras*: coesão e coerência. São Paulo: Parábola, 2005.

BAGNO, Marcos. *Gramática pedagógica do português brasileiro*. São Paulo: Parábola, 2011.

_____. *Nada na língua é por acaso:* por uma pedagogia da variação linguística. São Paulo: Parábola, 2007.

_____. *Preconceito linguístico*: o que é, como se faz. São Paulo: Loyola, 2004.

BAKHTIN, Mikhail. *Estética da criação verbal*. São Paulo: Martins Fontes, 2000.

BECHARA, Evanildo. *Moderna gramática portuguesa*. 37. ed. Rio de Janeiro: Nova Fronteira, 2009.

BRANDÃO, Helena Nagamine (Org.). *Gêneros do discurso na escola*: mito, conto, cordel, discurso político, divulgação científica. São Paulo: Cortez, 2003.

CARVALHO, Nelly de. *Publicidade*: a linguagem de sedução. 3. ed. São Paulo: Ática, 2009.

CASTILHO, Ataliba T. de. *Nova gramática do português brasileiro*. São Paulo: Contexto, 2010.

CITELLI, Adilson (Org.). *Outras linguagens na escola*. 3. ed. São Paulo: Cortez, 2001.

DIONÍSIO, Angela. Paiva; BEZERRA, Maria Auxiliadora; MACHADO, Ana Rachel (Org.). *Gêneros textuais e ensino*. Rio de Janeiro: Lucerna, 2007.

DOLZ, Joaquim; SCHNEUWLY, Bernard. *Gêneros orais e escritos na escola*. Roxane Rojo e Glaís Cordeiro (Trad. e Org.). Campinas: Mercado das Letras, 2004.

ILARI, Rodolfo. *Introdução ao estudo do léxico*: brincando com as palavras. São Paulo: Contexto, 2002.

KOCH, Ingedore G. Villaça. *Argumentação e linguagem*. 13. ed. São Paulo: Cortez, 2011.

KOCH, I. G. V.; ELIAS, V. *Ler e escrever*: estratégias de produção textual. São Paulo: Contexto, 2009.

_____. *Ler e compreender*: os sentidos do texto. São Paulo: Contexto, 2006.

MARCUSCHI, Luiz Antônio. Gêneros textuais: definição e funcionalidade. In. DIONÍSIO, A. et al. *Gêneros textuais de ensino*. Rio de Janeiro: Lucerna, 2002.

_____. *Da fala para a escrita*: atividades de retextualização. 4. ed. São Paulo: Cortez, 2003.

_____. *Produção textual, análise de gêneros e compreensão*. São Paulo: Parábola, 2008.

_____; XAVIER, Antônio Carlos. (Org.). *Hipertexto e gêneros digitais*: novas formas de construção do sentido. Rio de Janeiro: Lucerna, 2004.

NEVES, Maria Helena de Moura. *Gramática de usos do português*. São Paulo: Fundação Editora Unesp, 2000.

ROJO, Roxane. H. R. *Escol@ conectada*: os multiletramentos e as TICs. São Paulo: Parábola, 2013.

_____; MOURA, E. (Org.). *Multiletramentos na escola*. São Paulo: Parábola, 2012.

SCHNEUWLY, Bernard; DOLZ, J. *Gêneros orais e escritos na escola*. Campinas: Mercado de Letras, 2004.

TRAVAGLIA, Luiz Carlos. *Gramática e interação*: uma proposta para o ensino de gramática. 13. ed. São Paulo: Cortez, 2009.

ZAMBONI, Lilian Márcia Simões. *Cientistas, jornalistas e a divulgação científica*: subjetividade e heterogeneidade no discurso da divulgação científica. Campinas: Autores Associados, 2001.